MERVEILLEUSE NATURE

SOMMAIRE

© 1995, The Automobile Association
© 1996, Editions de la Seine pour l'édition française

Adaptation et composition : LES COURS - Caen ; avec la collaboration de Florence Fruchaud pour la traduction.

Les informations de cette publication sont, au moment de l'impression, correctes. Néanmoins, les éditeurs ne peuvent être rendus responsables pour les erreurs, omissions ou changements dans les détails donnés.

Tous droits réservés. Aucune partie de cette publication ne peut être reproduite, stockée dans un système informatique, ni transmise sous quelque forme que ce soit par tous moyens, électroniques, mécaniques, photocopies ou autre sans autorisation préalable écrite du propriétaire des droits d'auteur.

ISBN : 2-7382-0945-9
Dépôt légal - novembre 1996
Codif. 3359452-96/114

Imprimé en Espagne

INTRODUCTION	4
CARTE DU MONDE	6
L'EUROPE	
L'AURORE BORÉALE	8
LES GRANDS FJORDS DU NORD	10
L'ISLANDE DE GLACE ET DE FEU	12
L'ÎLE DE FAIRE	14
LE GREAT GLEN	16
LA CHAUSSÉE DES GÉANTS	18
LE BURREN	20
DOUVRES AUX BLANCHES FALAISES	22
LE WADDENZEE	24
LES HAUTES-FAGNES	26
LE PARC DES CÉVENNES	28
LA CAMARGUE	30
LES GORGES DU VERDON	32
LA FORÊT BAVAROISE	34
LA FORÊT DE BUAKIWUEZA	36
LE DELTA DU DANUBE	38
LES HOHE TAUERN	40
LE MATTERHORN	42
LE VÉSUVE	44
LES GROTTES DE FRASASSI	46
LES PYRAMIDES DE TERRE DE RENON	48
LES MÉTÉORES	50
LE PIC D'EUROPE	52
LA MESETA	54
LE LAC BAÏKAL	56
LE DELTA DE LÉNA	58
LE PAMUKKALE	60
LA MER MORTE	62
L'ASIE	
LES FORÊTS DU SICHUAN	64
LES MONTS GUILIN	66
LE FLEUVE JAUNE, LE HUANGUE	68
LES SUNDERBANS	70
LA BAIE DU BENGALE	72
L'HIMALAYA	74
LE PLATEAU TIBÉTAIN	76
LE MONT FUJI	78
LES SOURCES DE BEPPU	80
KELI MUTU	82
LE KRAKATOA	84
L'AFRIQUE	
LE NIL	86
LE SAHARA	88

LA RIFT VALLEY DE L'EST AFRICAIN	90
LE LAC NAKURU	92
LES MONTS RUWENZORI	94
LE MONT KILIMANJARO	96
LE CRATÈRE DU NGORONGORO	98
LE FLEUVE ZAÏRE, LE CONGO	100
L'ATOLL D'ALDABRA	102
LE CŒLACANTHE	104
MADAGASCAR	106
LES CHUTES VICTORIA	108
LE DÉSERT DE NAMIBIE	110
LE DELTA DE L'OKAVANGO	112
LE MONT TABLE	114
LE PLATINE, L'OR ET LE DIAMANT	116

LE GROENLAND
LE GROENLAND	118

L'AMÉRIQUE DU NORD
LA FORÊT FOSSILISÉE D'AXEL HEIBERG	120
LES LEMMINGS ET L'ARCTIQUE	122
LA MIGRATION DES CARIBOUS	124
DINOSAUR PROVINCIAL PARK	126
LES SCHISTES DE BURGESS	128
LES CHUTES DU NIAGARA	130
LA BAIE DE FUNDY	132
LE CRABE DES MOLUQUES	134
LA TOUR DU DIABLE	136
DINOSAUR NATIONAL MONUMENT	138
LE PARC NATIONAL DE YOSEMITE	140
LE PARC NATIONAL DE ZION	142
LE GRAND CANYON	144
LES SÉQUOIAS GÉANTS	146
LE MOJAVE ET LE SONORAN	148
METEOR CRATER	150
LA FORÊT PÉTRIFIÉE	152
LES GROTTES DE CARLSBAD	154
LES EVERGLADES	156
LA MER DES SARGASSES	158
LES ÎLES HAWAII	160
KAUAI : L'ÎLE ÉMERAUDE	162

L'AMÉRIQUE DU SUD ET CENTRALE
LE LAC D'ASPHALTE	164
LES CHUTES SALTO ANGEL	166
LE BASSIN DE L'ORÉNOQUE	168
LE BASSIN DE L'AMAZONE	170
CHUTES D'IGUAÇU, CATARACTES DO OGIASSI	172
LES ÎLES GALÁPAGOS	174
LE DÉSERT D'ATACAMA	176
LA TERRE DE FEU	178

L'AUSTRALE ET L'OCÉANIE
LA FOSSE DES MARIANNES	180
LES OPALES DE COOBER PEDY	182
AYERS ROCK ET LE MONT OLGA	184
LA GRANDE BARRIÈRE DE CORAIL	186
L'ORNITHORYNQUE	188
LA TASMANIE	190
RORORUA	192
LES GLACIERS DES ALPES NÉO-ZÉLANDAISES	194

LES MERS AUSTRALES
LA BALEINE BLEUE	196

L'ANTARCTIQUE
LA BANQUISE DE ROSS	198
LE GLACIER LAMBERT	200
LE MONT EREBUS	202
L'ÎLE DÉCEPTION	204
L'ÎLE BOUVET	206

Page de titre : les chutes Victoria, au Zimbabwe (Tony Stone/Ian Murphy).

Ci-contre : Monument Valley, aux États-Unis (Bruce Coleman Ltd/Jules Cowan).

Pages suivantes : les monts Guilin, en Chine.

MERVEILLEUSE NATURE

La Terre est l'une de neuf planètes qui gravitent autour du soleil, lui-même une étoile, qui avec des millions d'autres forment notre galaxie, la voie lactée. L'univers comprend des millions de galaxies. Dans ces conditions, que peut bien avoir notre planète de si remarquable ?

L'humanité a toujours dirigé son regard vers l'infini, mais elle vient seulement de s'engager dans la grande aventure de l'exploration de l'espace. A notre époque de progrès technologiques rapides, il est tout particulièrement important que nous ne perdions pas de vue le fait qu'encore récemment des continents entiers restaient pour ainsi dire inexplorés. En fait, nous ne savons encore presque rien de la plus grande partie des fonds océaniques. Il suffit de feuilleter ce livre pour se rendre compte que la Terre présente nombre de paysages très particuliers, souvent d'une exceptionnelle beauté et majesté, et dans lesquels vivent des êtres extraordinaires. Les merveilles naturelles de notre planète sont innombrables, qui vont du Grand Canyon, gorge immense, creusée sur plus de 2 km de profondeur par le Colorado, dans le désert de l'Arizona, à la plate-forme de glaces flottantes du Ross, la plus grande du monde, en passant par les aurores boréales,

INTRODUCTION

ces magnifiques phénomènes lumineux qu'entraîne la collision de particules dans l'atmosphère. Ce livre ne peut prétendre épuiser les merveilles, grandes ou petites, des mondes animal, végétal ou minéral, de nouvelles découvertes étant faites chaque jour.

Nous risquons pourtant de voir sinon disparaître, du moins changer irrémédiablement, de nombreuses merveilles de notre planète. Bien entendu, l'homme n'est pas responsable de toutes ces modifications – le volcan Krakatoa disparût partiellement, mais pour toujours, à la fin du siècle dernier, alors que les îles Hawaï continuent d'année en année à croître. Mais si l'homme reste impuissant devant la force des manifestations de la nature telles que la dérive des continents, les ravages climatiques et la disparition ou l'évolution naturelles des espèces, l'humanité peut, en adaptant son environnement, accélérer ces transformations et abîmer nombre des magnifiques paysages de la planète. La forêt amazonienne, l'une des nombreuses forêts en danger de la Terre, continue à être détruite à un rythme inquiétant, et ce alors que beaucoup des espèces qui l'habitent ne sont même pas encore identifiées. La couche d'ozone diminue, partiellement par la faute des substances que nous relâchons dans l'air, et laisse passer plus de rayonnements ultraviolets, ce, qui affecte les plantes, les animaux et même les glaces des pôles. Le lac Baïkal, le plus profond du monde, est aujourd'hui tout aussi remarquable par son degré de pollution que par sa beauté naturelle et ses formes de vie animale.

Des phénomènes naturels longtemps considérés comme intemporels sont maintenant en pleine mutation, même si tous ces changements ne sont pas dus à des causes directes. Certaines espèces animales, par exemple, ont presque complètement disparu, non pas parce qu'on les chasse, mais parce que leurs habitats sont détruits. Les individus, les communautés, les nations et l'humanité doivent donc prendre conscience de toutes les conséquences de leurs actes sur l'environnement, non seulement pour leur propre bien, mais pour celui des générations à venir.

Le tourisme permet maintenant à des millions de personnes d'admirer leur planète et de visiter les endroits dont nous parlons. C'est en prenant soin de la nature que l'on permettra à des millions d'autres encore d'apprécier les merveilles et les paysages de ce monde. Ce livre est un panorama des phénomènes naturels les plus beaux de notre planète. En effet, et quel que soit le nombre de planètes qui se cachent dans les profondeurs de l'univers, la vallée de Yosemite, les Galápagos et les grottes de Frasassi sont sans nul doute des spectacles d'une beauté sans égale.

JOHN BAXTER
PETER CLARKSON
ELIZABETH CRUWYS
BEAU RIFFENBURGH

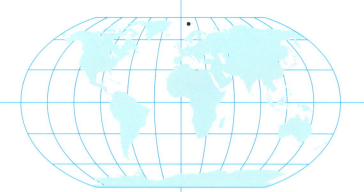

Norvège
L'AURORE BORÉALE

Ces étranges voiles de lumières colorées dansent dans le ciel d'hiver des régions à forte latitude.

Les aurores boréales sont parfois visibles jusqu'au sud de la Grande-Bretagne, mais les phénomènes les plus spectaculaires ont lieu près des pôles. Vous pourrez admirer des aurores boréales de l'île du Spitzberg, au large de la côte nord de la Norvège. Les aurores australes sont bien visibles du continent antarctique.

L'arc-en-ciel

L'arc-en-ciel est un autre phénomène étrange, mais très courant : il suffit pour qu'il apparaisse que se produise la bonne alchimie de soleil et de pluie.

L'arc-en-ciel est causé par la réfraction de la lumière du soleil sur des gouttes de pluie. Plus ces gouttes sont grosses, plus les couleurs sont vives. Il arrive parfois qu'un second arc-en-ciel, plus pâle et aux couleurs inversées, se forme à l'arrière d'un arc-en-ciel particulièrement brillant. Quand l'observateur se déplace, la lumière est réfractée par d'autres gouttes de pluie. Le soleil, qui se trouve toujours derrière l'observateur, éclaire alors sans cesse de nouvelles gouttes, jusqu'à ce que l'arc-en-ciel disparaisse, lorsqu'il n'y a plus de pluie à réfracter.

Ci-dessus, un arc-en-ciel flotte entre nuages et océan.

Page de droite, un arc vibrant de lumière danse au-dessus d'un village de pêcheurs dans le nord de la Norvège.

D'étranges phénomènes lumineux jouent dans le ciel d'hiver, au-dessus de l'Arctique. D'autres arcs lumineux apparaissent tout au sud de la planète, sur le continent antarctique, durant les glaciales nuits d'hiver. Ces lumières peuvent également être admirées dans des régions à moins forte latitude. Quand elles apparurent dans le ciel d'Europe, au Moyen Âge, on pensa à des combats de géants, ou à des lances en feu venues du ciel. Ces phénomènes sont souvent visibles d'Écosse, surtout en avril, et quatre fois par an au nord de la Floride, mais c'est près des pôles magnétiques que l'on peut le mieux les admirer, par exemple au nord du Canada ou sur l'île de Ross.

Les scientifiques nomment ces lumières "aurores boréales" (au nord) et "aurores australes" (au sud). Ce ne sont pas à proprement parlé des phénomènes terrestres : ils sont causés par le soleil et se produisent très haut dans l'atmosphère.

Le soleil, lors de ses éruptions, envoie des particules électrisées à travers l'espace, à la vitesse de la lumière. Le champ magnétique de la Terre fait dévier ces particules, qui entrent alors en collision avec celles de l'atmosphère et les chargent d'électricité. Ces dernières attirées par les deux pôles magnétiques et en contact avec les hautes couches de l'atmosphère, provoqueront une luminescence.

Une aurore boréale ou australe est un spectacle ensorcelant. De grands arcs lumineux colorés, du violet-blanc au jaune-vert et au rouge orangé, en passant par toutes les couleurs du spectre, vibrent dans le ciel, dont ils occupent de vastes zones. Une aurore boréale peut atteindre 4 800 km de longueur et 160 km de hauteur.

Il existe toutes sortes d'aurores, dont l'apparence varie selon la hauteur du phénomène dans l'atmosphère. Les "arcs", manifestation la plus courante, apparaissent à une hauteur de 60 à 100 km, alors que les "rideaux" se forment à environ 110 km. Les phénomènes qui se produisent dans les couches supérieures de l'atmosphère sont visibles jusqu'à une distance de 1 000 km de la surface de la Terre, et il semblerait que les aurores rouges soient plus fréquentes dans les couches supérieures, là où l'atmosphère est plus raréfiée et où les particules ont moins de chances d'entrer en collision. Lorsqu'un plus grand nombre de particules interagissent, la lumière tourne au violet et la couleur la plus fréquente à basses altitudes est le vert.

Bien que ces lumières dansantes des régions polaires aient été expliquées par la science, elles n'en gardent pas moins leur aura de mystère et leur place parmi les plus spectaculaires des phénomènes naturels.

L'EUROPE

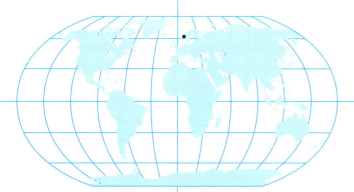

Norvège
LES GRANDS FJORDS DU NORD

Gigantesques découpes de la côte norvégienne, les fjords sont des endroits d'une beauté saisissante.

La côte norvégienne est sur toute sa longueur profondément découpée par les fjords, de celui de Stavanger dans le sud, jusqu'à la frontière russe. Bergen, facile à atteindre que ce soit par air ou par mer, est l'un des meilleurs endroits pour explorer les fjords. Le Sognefjord est l'un des plus impressionnants.

Les falaises à pic du Geirangerfjord font paraître ce bateau minuscule.

L'EUROPE

Dans une petite embarcation entourée des grands murs sévères des fjords norvégiens, on comprend aussitôt d'où viennent les légendes de Valhalla et les sombres divinités nordiques. Il n'est pas plus difficile, par un jour brumeux, d'imaginer sur ces eaux mystérieuses les drakkars vikings et le bruit des rames dans l'eau quand les Scandinaves partirent explorer des terres moins rigoureuses.

Bien que "fjord" soit un mot norvégien qui signifie simplement "bras de mer", les géologues l'on adopté pour désigner de longues découpes du littoral envahies par la mer, et le mot s'utilise dans d'autres pays où l'on trouve ces avancées particulières de la mer dans les terres bordées par des falaises à pic.

Les fjords de Scandinavie furent créés il y a des millions d'années, quand des glaciers rongèrent sur leur chemin la terre, laissant derrière eux de profondes vallées en U. Les pentes verticales qui bordent les fjords gardent du reste les traces du passage des glaces, et sont moins profonds quand ils rejoignent la mer, le glacier n'ayant plus la force nécessaire pour creuser le roc. Les géologues ne sont pas tous d'accord pour dire que les fjords ont tous été créés par l'action des glaciers. On pense en effet que certains des plus profonds, comme celui de Sognefjord en Norvège, qui atteint 1 244 m, n'ont pu être creusés entièrement ainsi.

Les fjords s'étendent donc de la côte à l'intérieur des terres, là où se trouvaient autrefois de grandes calottes glaciaires. Il ne reste presque rien en Norvège des glaces qui dominaient le paysage il y a quelques 10 000 ans, sinon quelques plaques comme le Jostedalsbre au nord du Sognefjord. La pression des calottes glaciaires força la glace à couler vers la mer par différentes vallées glaciaires, comme on le voit actuellement au Søndre Strømfjord, sur la côte ouest du Groenland. Ce glacier avance toujours, et laisse dans les eaux froides de nombreux icebergs bleu-vert.

Les fjords rendent difficiles les communications routières en Norvège. Des villages situés de part et d'autre d'un fjord, ne se trouvant qu'à quelques kilomètres l'un de l'autre à vol d'oiseau, sont souvent séparés par plusieurs centaines de kilomètres de route. Certains hameaux ne disposaient ainsi autrefois d'aucune voie d'accès terrestre.

Sognefjord est le plus grand et le plus beau des fjords norvégiens.

Sognefjord, le roi des fjords

Sognefjord est le plus grand fjord de Norvège ; ses falaises verticales plongent jusqu'à 1 244 m sous le niveau des eaux et s'élèvent à 600 m vers le ciel avant de devenir un plateau. Le bras de mer fait 175 km de long, mais rarement plus de 5 km de large. Il se divise plusieurs fois, et les murs de pierre de l'un de ses bras, le Naeroyfjord, sont si proches les uns des autres que les navires semblent disparaître dans un tunnel. Ce grand fjord barre une terre aride et dénudée pour atteindre les plus hauts sommets du pays. Les falaises se dressent presque tout au long du fjord, dont les eaux restent toujours dans la pénombre.

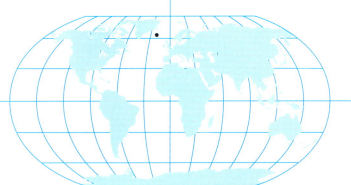

Islande
L'ISLANDE DE GLACE ET DE FEU

L'Islande témoigne d'un perpétuel affrontement entre glaciers et volcans.

L'Islande est située juste au sud du cercle polaire, dans le nord de l'océan Atlantique, entre le Groenland et l'Écosse. Il y a des vols réguliers depuis l'Amérique et le Danemark, l'île pouvant être aussi atteinte par bateau. On s'y déplace en 4x4, ou en montant les fameux poneys.

Des faits et des chiffres

La superficie de l'Islande est de 102 797 km^2, dont 11,5 % sont recouverts par la banquise et les glaciers. Il y a 262 202 habitants (1992). L'intérieur des terres est presque entièrement inhabité, surtout en hiver. Le point culminant est le Hvannadalshnúkur (2 119 m) sur le Öraefajökull dans le sud. L'extrémité nord du pays, Hraunhafnartangi, touche le cercle polaire. Les principales éruptions des fissures de Eldgjá (896) et Laki (1783) ont entraîné des coulées basaltiques typiques causées par la déchirure de la dorsale de l'Atlantique qui se poursuit au rythme de 2 cm par an. Les dernières grandes éruptions furent celles de Surtsey (1963), une nouvelle île qui s'est formée au large de la côte sud, et de Heimaey (1974) à Vestmannaeyjar, qui menaça la population.

Une éruption du geyser Strokkur dans la région des sources chaudes du Haukadalur, au sud de l'Islande.

L'EUROPE

L'Islande est un pays comme nul autre. Il n'y a presque aucun bâtiment de brique dans la capitale, Reykjavik, les toits sont le plus souvent en tôle ondulée et l'on voit partout s'élever de la vapeur. L'Islande, île volcanique, est dépourvue de matériau de construction. La terre constamment recréée par la nature, est déchirée par sa position sur la dorsale atlantique, tiraillée entre le Groenland et l'Écosse qui ne cessent de s'écarter.

L'ouverture de l'océan Atlantique s'amorça il y a quelque 180 millions d'années, et il y a 60 millions d'années que le Groenland et l'Écosse se sont séparés, donnant naissance aux provinces volcaniques tertiaires du nord de l'Irlande, du nord-ouest de l'Écosse et du sud-est du Groenland. En Islande les roches les plus vieilles n'ont pas 60 millions d'années, et l'île ne cesse depuis sa formation de grandir, empilant les couches de laves qui ont jailli des failles, et qui sont de nos jours à la base de l'activité des volcans. Malgré sa température interne élevée, l'île fut recouverte par les glaces durant toute la dernière ère glaciaire, et ce sont ces restes qui forment les calottes glaciaires et les glaciers d'aujourd'hui.

Les boues jaune-brun des sources chaudes de Namaskard, vues du désert de laves de Hverfjall, au nord de l'Islande.

Les traces d'activités volcaniques sont omniprésentes, des volcans actifs les plus importants comme le Hekla (éruption importante en 1947, la dernière datant de 1991) jusqu'aux cratères éteints, dont de nombreux présentent des lacs et des sources thermales magnifiques. Les sources vont des eaux sulfureuses boueuses en ébullition, qui rappellent l'Enfer de Dante, aux sources siliceuses d'un bleu turquoise de cristal et aux geysers. Stori Geysir (le Grand Geyser) à Geysir a donné son nom à toutes les autres sources, et bien que ses eaux ne jaillissent plus aussi souvent qu'autrefois, le spectacle reste admirable. Les eaux chaudes, héritage géologique de l'Islande, sont reconnues depuis fort longtemps. Elles sont pompées pour assurer le chauffage de tous les bâtiments de la capitale. Non loin de là, à Hveragerdi, on peut acheter sur le bord de la route des tomates et des bananes cultivées dans des serres chauffées à l'eau chaude naturelle.

La végétation n'est développée que sur la plaine côtière du sud, où se trouvent la plupart des fermes. L'intérieur des terres présente un paysage aride et lunaire brun mauve. Les seuls arbres sont des bouleaux nains et le saule de l'Arctique fait environ 20 cm de haut.

Les calottes glaciaires

La plus grande, Vatnajökull, comporte de nombreuses sources géothermales, dont l'une a donné naissance au Grimsvötn, un lac unique dont la surface est d'ordinaire gelée. La source du fleuve Jökulsá à Fjöllum se trouve dans le nord de Vatnajökull, et les sources chaudes maintiennent ouverte une cheminée jusqu'au lac. En 1983 une expédition en canoë les descendit par la cheminée jusqu'au tunnel de glace inférieur, et put ainsi rejoindre à la rame la rivière à ciel ouvert, puis l'Atlantique Nord. L'île glaciaire de Langjökull, plus petite, est bordée sur sa côte d'un grand lac souvent rempli d'icebergs découpés dans le front du glacier.

Écosse
L'ÎLE DE FAIR

L'endroit le plus excentré des îles britanniques est le paradis de millions d'oiseaux.

L'île peut être atteinte rapidement en avion, ou après 2 heures et demie de bateau, à partir des îles Shetland.

L'île de Fair est située à peu près à égale distance de North Ronaldsay dans les Orcades et du cap le plus méridional des Shetland, Sumburgh. Elle n'apparaît que comme un point sur la plupart des cartes, mais ses falaises de grès rouge se dressent fièrement au-dessus des eaux, là où se rencontrent l'océan Atlantique et la mer du Nord. Ces eaux sont souvent agitées par les courants contraires des grandes masses océaniques, et des courants de marées s'y croisent. Ces endroits s'appellent en Écosse des *roosts*. L'île de Fair est petite, elle ne fait que 4,8 km de long sur tout au plus 2,4 km de large, et sa superficie totale est de seulement 8 km². Les falaises, qui occupent toute la côte, culminent à l'ouest à 150 m et à l'est à environ 120 m.

L'île de Fair est un point important sur le trajet des grandes migrations d'oiseaux de l'Atlantique Est. De nombreux oiseaux l'utilisent comme étape durant de longs trajets, et d'autres viennent y nicher. Le nombre d'oiseaux qui passent dans l'île est donc considérable – on y a recensé plus de 340 espèces différentes, c'est-à-dire plus

Des visiteurs exotiques

L'île de Fair accueille parfois, outre ses nombreux visiteurs réguliers, un hôte moins fréquent. Des oiseaux tels que la huppe fasciée, le gorgebleue à miroir et le bruant ortolan la fréquentent à l'occasion, que ce soit individuellement ou par groupes, et profitent de cette escale imprévue sur leur parcours pour se reposer.

Ci-contre, l'île de Fair se trouve à mi-distance entre les Shetland et les Orcades, dans l'une des mers les plus agitées de Grande-Bretagne.

Page de droite, en haut, quelque 20 000 couples de macareux reviennent ici chaque année pour pondre.

L'EUROPE

de la moitié des espèces jamais recensées dans les îles britanniques. Seules 35 espèces sont classées comme résidentes ou visiteurs réguliers d'été, et la plus connue est le roitelet de l'île de Fair, *Troglodytes troglodytes fridariensis*.

L'île de Fair sert d'étape aux oiseaux à la fois durant leur migration de printemps vers des zones de reproduction situées plus au nord et pendant leur migration d'automne, quand ils partent vers le sud pour hiverner en Grande-Bretagne, en Europe ou en Afrique. Des visiteurs viennent ainsi régulièrement de régions aussi éloignées que le Groenland, l'Islande, les Féroés et l'Amérique du Nord, la Scandinavie, la Russie et l'Arctique.

Les voyages des ces oiseaux sont d'une longueur impressionnante. Le rougequeue et le pouillot fitis, par exemple, pondent leurs œufs en Scandinavie avant de s'arrêter sur l'île de Fair et d'hiverner en Afrique.

La migration de printemps vers le nord est importante, mais ne dure que quelques semaines ; les oiseaux s'arrêtant brièvement sur l'île pour s'y reposer et s'y nourrir avant de repartir. Les premiers sont le plus souvent ceux qui ont passé l'hiver en Grande-Bretagne ou dans le nord de l'Europe – l'alouette des champs, l'huîtrier-pie et le vanneau huppé. Puis viennent les oiseaux de passage comme le macareux, le guillemot de Troïl et les goélands bruns, suivis par d'autres espèces scandinaves comme le rougequeue à front blanc, le traquet tarier et le gobemouche noir venus d'Afrique.

L'île est occupée tout le long de l'année car les derniers oiseaux à partir pour le Nord ne la quittent que juste avant l'arrivée des premiers qui y reviennent.

L'observatoire de l'île de Fair

L'île de Fair est un lieu d'étude des migrations des oiseaux depuis le début du XXe siècle. William Eagle Clark, conservateur du Royal Scottish Museum, pionnier de ce mouvement, a inspiré un habitant de l'île, Jerome Wilson. Il fut probablement le premier ornithologue embauché par Eagle Clark pour recenser les oiseaux. George Waterson acheta l'île en 1948 et fonda le premier véritable observatoire. Celui-ci fonctionne en coopération avec les autres observatoires d'oiseaux du monde.

Les oiseaux de mer

Les falaises verticales de l'île sont une étape importante non seulement pour les oiseaux migrateurs, mais aussi pour les oiseaux de mer, qui viennent y pondre. Les chiffres varient, mais les falaises sont en été recouvertes de plus de 27 000 couples de pétrels fulmars (soit 5 % de la population des îles britanniques), 1 100 couples de cormorans huppés (3 %), 105 couples de labbes parasites (3 %), 19 500 couples de mouettes tridactyles (4 %). On y trouve en outre 4 espèces de pingouins, 323 300 guillemots de Troïl (3 %), 5 100 pingouins Torda (3,5 %), 380 guillemots à miroir (1 %) et 20 000 macareux moine (3 %). Et comme si cela ne suffisait pas, viennent également un grand nombre de fous de Bassan, de pétrels tempête, de grands labbes, de goélands argentés et de goélands marins, ainsi que quelques sternes communs et arctiques.

Écosse
LE GREAT GLEN

Division naturelle de l'Écosse et canal artificiel.

Le Great Glen s'étend d'Inverness au nord-ouest jusqu'à Fort William au sud-ouest. Les deux villes sont desservies par des trains, et celui de Fort William, même s'il ne passe que lentement et assez peu souvent, traverse, loin des routes, certains des plus beaux paysages d'Écosse, qui ne sont par ailleurs accessibles qu'au marcheur endurci. Le château d'Urquhart est un bon endroit pour admirer le Great Glen.

Le canal calédonien

Les ingénieurs de l'époque victorienne, cherchant à exploiter le paysage naturel, creusèrent une série de canaux le long des différents lochs au Moray Firth et coupèrent ainsi définitivement l'Écosse en deux par le canal calédonien. Ceci permettait aux petits bateaux d'aller directement de la côte ouest à la côte est, sans avoir à passer dans la zone de tempêtes des Hébrides et à contourner le cap Wrath.

Un regard même rapide sur une carte d'Écosse montre que le pays est presque entièrement divisé en deux par une ligne de lochs allant du Moray Firth au sud-ouest jusqu'au Firth de Lorn. Au sud et à l'est se trouvent les Grampians et tout ce que l'Écosse compte de villes ; au nord et à l'ouest s'étendent les Highlands, terres isolées et peu peuplées. Cette division naturelle, le Great Glen, s'étend presque en ligne droite le long de la côte nord-ouest du Moray Firth. C'est la trace d'une ancienne et profonde faille. La plupart d'entre elles sont verticales, l'écorce terrestre s'étant affaissée sur l'un des côtés, mais le Great Glen est l'exemple classique d'un phénomène moins courant de déchirure horizontale ou torsion. Ici, la face nord de la faille s'est déplacée d'environ 90 km vers le sud-est par rapport à la face sud. Ce mouvement a été confirmé par l'observation de similitudes dans l'affleurement de granit de Foyers au sud,

Loch Ness, vu ici de son extrémité sud-ouest, fait partie du Great Glen.

L'EUROPE

près d'Inverness avec les granits de Strontian, à l'ouest de Fort William sur la rive nord.

Des pentes nord de Ben Nevis, point culminant de la Grande-Bretagne, cette grande fissure dans la montage s'étend vers le nord-est. Par beau temps le soleil fait scintiller l'eau des Loch Ness, Loch Oich, Loch Lochy et finalement, au sud-ouest, le long loch maritime de Loch Linnhe.

Cette faille est intéressante d'un point de vue géologique. En remontant l'horloge géologique de la Terre, on réassemble les continents qui bordent l'Atlantique Nord. L'Amérique du Nord et le Groenland s'encastrent alors comme les pièces d'un puzzle gigantesque et viennent buter contre le littoral occidental de l'Europe du Nord. Terre-Neuve se trouve maintenant à l'ouest de l'Irlande, et forme avec elle une faille similaire, qui prolonge celle-ci. Les dimensions réelles du phénomène deviennent alors visibles, et l'on peut s'interroger sur les immenses forces nécessaires à sa création. Le mouvement eût lieu pendant une très longue période de temps et se déroula, comme pour la faille de San Andreas en Californie, par à-coups causés par une série de tremblements de terre. Tout mouvement important a heureusement cessé aujourd'hui, mais de faibles secousses continuent à être enregistrées par les sismographes très sensibles des géophysiciens et des forts tremblements de terre secouèrent la région d'Inverness en 1816, 1888, 1890 et 1891.

Le Great Glen est une frontière naturelle entre l'Écosse du Nord et l'Écosse centrale.

Le monstre du Loch Ness

La célébrité du monstre du Loch Ness ne tient pas à des faits scientifiques mais au mythe, et il est connu dans le monde entier. Des observateurs et des expéditions, certaines se targuant d'un vernis de science, ont passé d'innombrables heures à guetter les eaux sombres du loch.

Le premier témoignage de son existence est celui d'un moine du VIIIe siècle, et plusieurs centaines de personnes ont depuis soutenu l'avoir vu. La photographie la plus célèbre fut prise près du château d'Urquhart ; elle semble assez convaincante, même si prise de loin, mais le monstre pourrait tout aussi bien n'être qu'une bûche flottant sur l'eau. Certains disent l'avoir vu traverser la route sur la berge nord, et ceux qui l'ont "vu" sont bien sûr des convaincus.

Après étude des divers témoignages, les scientifiques s'accordent pour dire qu'il pourrait s'agir d'un animal proche du plésiosaure, sorte de dinosaure aquatique. Certains pensent qu'un survivant a pu se trouver enfermé dans le loch, mais il y a si longtemps que cela suppose qu'il en existe au moins deux. Le loch est très profond, ses eaux très sombres et tourbeuses et ses bords découpés de profondes crevasses. La vérité ne sera pas facile à découvrir.

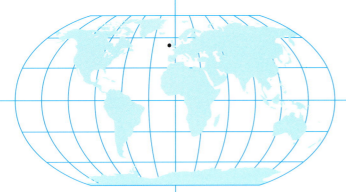

Irlande du Nord
LA CHAUSSÉE DES GÉANTS

Un gigantesque escalier naturel qui mène à la mer.

La Chaussée des Géants dans le comté d'Antrim, est accessible par la route et se trouve à environ 80 km de Belfast et 56 km de Londonderry. Il est assez difficile d'aller sur l'île de Staffa, mais il est parfois possible de prendre le bateau à Oban sur la côte écossaise, à environ 150 km au nord de Glasgow.

La grotte de Fingal

Les colonnes de basalte ne se trouvent pas uniquement en Irlande du Nord. Il y en a également de très belles dans les Hébrides, au large de la côte ouest de l'Écosse. Elles couvrent là une grande part de l'île de Staffa. La mer a érodé les colonnes et creusé la grotte de Fingal, à qui l'on a donné le nom d'un autre géant mythique. Cette grotte, très célèbre, figure dans de nombreux poèmes et romans à travers les âges. Elle a inspiré au compositeur Felix Mendelssohn en 1829 le thème de sa célèbre ouverture connue aujourd'hui sous le titre des "Hébrides".

La forêt de colonnes basaltiques hexagonales de la Chaussée des Géants, sur la côte nord du comté d'Antrim.

Durant les premiers temps de son existence, l'Atlantique Nord, qui séparait l'Amérique du Nord de l'Europe était encore en pleine croissance ; la partie principale de l'Atlantique Nord était en place, mais ses bords étaient encore en perpétuel mouvement. La côte ouest du Groenland se sépara du Canada il y a environ 80 millions d'années, mais la côte sud-est était toujours soudée à la côte nord-

L'EUROPE

ouest des îles britanniques qui lui font face. Elles commencèrent à se séparer environ 20 millions d'années plus tard, et il y avait alors de grands volcans sur les îles actuelles de Skye, Mull Rhum et Aran, sur la pointe d'Ardnamurchan et également au sud de l'Irlande, à Slieve Gullion, Carlingford et Mourne. Des anciens volcans basaltiques il ne reste qu'un plateau. Le basalte est une lave très chaude et très fluide que l'on a vue s'écouler à des vitesses de plus de 48 km/h. Ces laves très fluides s'étalent relativement facilement sur des vastes zones et créent des "coulées" ; elles forment la grande majorité des laves de cette zone volcanique. On trouve aussi de telles coulées basaltiques au Deccan en Inde, où 700 000 km^3 de lave se sont déversés il y a 60 à 40 millions d'années. Tout liquide chaud se contracte en refroidissant, et la lave en fusion ne fait pas exception. Quand elle est suffisamment refroidie pour former des cristaux, elle tend à se fissurer selon un schéma géométrique le plus souvent des prismes hexagonaux comme ceux que l'on voit sur le fond boueux d'une mare asséchée.

La principale différence est que les fissures de la lave s'étendent jusqu'au fond de la coulée. Il en résulte une formation caractéristique de colonnes serrées les unes contre les autres. Les géologues appellent ces fissures des "joints" et l'ensemble orgues ou colonnades. Les colonnes font le plus souvent 50 cm de diamètre, mais il y en a aussi de plus petites comme de plus grandes. La Chaussée des Géants est un remarquable exemple de ce phénomène, et semble bien en effet avoir être creusée pour des géants.

Les colonnes basaltiques surmontées de couches de lave à Staffa, toute petite île des Hébrides, ressemblent aux tuyaux d'un orgue.

Le mythe de la Chaussée des Géants

L'origine de ce nom de Chaussée des Géants remonte au folklore irlandais. On raconte que cette chaussée fut construite par le géant irlandais Finn Mac Cool qui enfonça les colonnes une par une dans la mer pour pouvoir gagner ainsi l'Écosse et combattre son rival Finn Gall. Quand il eut terminé, Finn Mac Cool décida de prendre un peu de repos. Finn Gall pendant ce temps traversa la mer pour confronter son adversaire et fut sidéré et terrifié par la taille du géant endormi, surtout après avoir entendu sa femme dire qu'il ne s'agissait là que de son enfant. Finn Gall battit alors en retraite et regagna l'Écosse, détruisant la chaussée après son passage. Tout ce qui reste du plateau aujourd'hui se trouve sur la côte du comté d'Antrim.

Irlande
LE BURREN

Ce site botanique célèbre du sud-ouest de l'Irlande, culminant à 300 m, descend en pentes douces vers la mer.

On peut arriver au Burren par la route de Dublin, à environ 190 km à l'est, ou par l'aéroport de Shannon, à environ 50 km au sud.

La côte du Burren

Le Burren n'est pas seulement connu pour l'extraordinaire variété de sa flore, mais aussi pour ses côtes. Le littoral de cette partie du sud-ouest de l'Irlande offre une variété fascinante d'espèces que l'on trouve dans ses nombreuses crevasses calcaires formées au cours des siècles par les vagues de l'Atlantique. Les eaux, réchauffées par le Gulf Stream, abritent de nombreuses espèces animales et végétales courantes en Méditerranée, tel l'oursin des rochers, à la carapace vert sombre ou brune recouverte de courtes pointes violettes souvent camouflées par des morceaux d'algues mortes. L'oursin pivote lentement sur lui-même de façon à creuser le rocher et laisse ainsi à son départ ou à sa mort un paysage miné caractéristique.

Ci-dessus, le délicat chêneau des montagnes (Dryas octopetala) en fleur.

Page de droite, le Burren est l'une des zones de calcaire carbonifère les plus importantes d'Europe.

Le mot "burren" signifie littéralement "endroit rocailleux" en gaélique. Le Burren couvre une zone d'environ 375 km^2 et représente l'une des couches carbonifères calcaires les plus importantes et les plus spectaculaires de l'Europe de l'Ouest. Des fossiles de nombreux invertébrés marins primitifs conservés dans le calcaire avant d'être mis à jour il y a environ 250 millions d'années révèlent que la région était recouverte d'une mer tropicale. Le Burren ressemble à première vue à une simple étendue de calcaire assez dénudée, mais un regard plus attentif montre la présence d'une flore luxuriante et très variée dans les fissures des rochers. Le climat doux et assez humide (203 cm de pluies en moyenne par an) est lui aussi responsable de l'apparition de cette flore spectaculaire.

La variété des plantes tout à fait extraordinaire ne se trouve nulle part ailleurs en Europe ; elle comprend aussi bien des espèces lusitaniennes de Méditerranée que des plantes plus caractéristiques des zones tempérées, arctiques ou alpines, et ce mélange est d'autant plus remarquable qu'il s'agit là d'espèces indigènes, même si l'on ne sait pas encore ce qui les a ainsi réunies. Certaines poussent en abondance : le chêneau des montagnes arctiques ou alpines, aux feuilles persistantes duvetées et aux délicates fleurs blanches, le géranium sanguin, rouge pourpre, et des espèces plus méridionales comme l'orchidée de Burren. La juxtaposition de certaines espèces, comme les œillets de mer et le saxifrage, que l'on trouve d'ordinaire dans les montagnes, est unique. Le Burren conserve également un certain nombre de plantes que des variations climatiques ou autres rendent de plus en plus rares, ce qui est le cas pour la violette des marais aux délicates fleurs bleues et blanches, la potentille rampante en buisson et le genêt parasite.

On trouve dans la partie est du Burren des zones d'eaux mortes : les "marl loughs" et les "turloughs" ; situés sur des terrains calcaires d'où l'eau s'écoule facilement. Ils sèchent chaque été avant d'être à nouveau remplis par les pluies d'automne et restent ainsi jusqu'au printemps suivant. La flore y est très particulière avec de vastes étendues de roseaux entourées de plusieurs espèces de laîches, et de rochers couverts d'un lichen noir. Les "marl loughs" sont des eaux mortes permanentes sur des terrains calcaires moins perméables, ce qui entraîne une concentration de carbonate de calcium si forte que le carbonate et la majeure partie du phosphate se transforment en une couche crayeuse connue sous le nom de "marl". Ces éléments nutritifs vitaux ne peuvent être ingérés par le phytoplancton microscopique, et l'eau, très pure, prend une teinte bleutée caractéristique, mais ils peuvent être assimilés par les plantes à racines.

Le Burren est également célèbre pour sa faune, et tout particulièrement pour sa large variété de papillons. Sur plus de 30 espèces de papillons recensées en Irlande, 26 se trouvent dans Le Burren, et c'est le seul endroit du pays où l'on voit encore la fritillaire nacrée.

L'EUROPE

Angleterre
DOUVRES AUX BLANCHES FALAISES

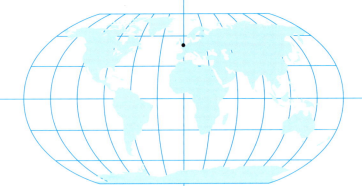

Quand on approche le port de Douvres, connu tout au long de l'histoire comme la "clef de l'Angleterre", on est impressionné par la blancheur des falaises visibles de loin.

Douvres se trouve à environ 130 km du centre de Londres et est reliée à la capitale par de bonnes routes. Les falaises blanches se voient mieux de la mer ; des promenades en bateau sont organisées. Les collines crayeuses de l'arrière-pays sont un bon endroit pour se promener.

Les falaises de Douvres surplombent la mer, et leur blancheur scintillante fut, pour de nombreux marins, leur première vision de l'Angleterre. La proximité de la France, à 35 km de là, a pris dans l'histoire de Douvres une place d'importance stratégique considérable pour la défense du royaume. La forteresse, perchée à 115 m d'altitude sur les falaises blanches, est l'une des plus impressionnantes du monde et fut construite il y a plus de mille ans pour repousser les envahisseurs venus du Continent.

On trouve des falaises de craie tout au long de la côte sud de l'Angleterre, comme celles de Beachy Head dans le Sussex oriental, là où les collines des Downs rejoignent la mer, mais seules celles de Douvres ont inspiré autant de chansons populaires, de poèmes et de peintures.

L'abondance des fleurs qui aiment les terrains crayeux fut remarquée dès l'époque victorienne, lorsque le "père de la botanique anglaise", William Turner, les décrivit en 1548. Ces plantes existent toujours, et l'une des plus connues est le chou marin, aux fleurs jaune vif et aux grosses feuilles épaisses. On peut voir aussi plusieurs espèces d'orchidées sauvages qui ne poussent que sur les terrains calcaires.

Les falaises, composées surtout de roches crayeuses, se sont formées vers la fin du

crétacé, quand les corps de millions de créatures microscopiques aux coquilles riches en carbonate de calcium s'enfoncèrent dans le sol de l'océan. Des couches successives de coquillages s'accumulèrent alors et furent comprimées par un phénomène nommé sédimentation. La craie calcaire tendre ainsi formée fut érodée par la mer et le vent.

Les phénomènes géologiques qui entraînèrent des cassures dans le calcaire et la formation des falaises blanches de Douvres suivent un processus typique. Tout d'abord des points sensibles des falaises sont encore fragilisés par l'eau salée qui pénètre dans les fentes et les crevasses et dissout les roches les plus tendres. Cette eau prisonnière se dilate et se rétracte suivant les variations de température, ce qui fissure le rocher ; les racines des plantes et des arbres y contribuent également.

La seconde étape a lieu lorsque des vagues s'élancent contre le pied de la falaise et font entrer l'eau de mer dans les fissures avec une telle force que le rocher explose littéralement. La succion de l'eau qui se retire est elle aussi très forte, et il arrive que la vague transporte de petits galets qui rongent la falaise lentement mais inéluctablement et qui découpent parfois des surplombs et des grottes. Les couches de craie en surplomb finissent par s'effondrer quand leur support est usé, laissant un mur vertical. Ce processus se répète constamment, et les falaises reculent ainsi petit à petit devant l'avancée de la mer. L'érosion est également responsable des bancs de galets qui apparaissent lorsque les falaises sont minées par la mer.

Les forces géologiques auxquelles on doit les falaises de Douvres ont aussi œuvré à la même époque de l'autre côté de la Manche, à Étretat, juste au nord du Havre. On peut y voir un bel exemple d'érosion, l'Aiguille, qui se dresse 70 m au-dessus du niveau de la mer.

Les fleurs sauvages de l'arrière-pays attirent toutes sortes d'insectes, y compris de nombreux papillons diurnes et nocturnes, ainsi qu'une grande espèce de sauterelles.

Les falaises

L'érosion de la mer a créé dans le monde entier de splendides falaises. Certaines des plus spectaculaires se trouvent dans le parc national de Port Cambell de Victoria, en Australie, où les falaises calcaires subissent l'assaut de vagues très puissantes. Il en résulte une côte de 32 km de long aux formations géologiques tout à fait remarquables, y compris une structure en double arche nommée le pont de Londres. Le Great Blowhole est un tunnel de 100 m de long qui se termine sur un puits naturel de 40 m de diamètre. Les vagues remontent parfois ce tunnel et explosent dans le puits en formant une éruption d'écume semblable à celle d'un geyser.

Les falaises se forment aussi parfois à l'intérieur des terres, comme celles de Bandiagara au Mali, près de Tombouctou, où elles bordent le plateau de grès qui domine les plaines africaines. Le grès déposé dans un bassin naturel il y a environ 600 millions d'années a été poussé vers le haut par des mouvements de l'écorce terrestre ; les bords de la couche, formant aujourd'hui des falaises de 500 m de haut, furent érodés par l'action de rivières qui firent tomber les couches de roche supérieures.

Ces falaises de craie d'une blancheur éblouissante, orientées au sud, furent pendant des centaines d'années un point de repère familier pour les marins.

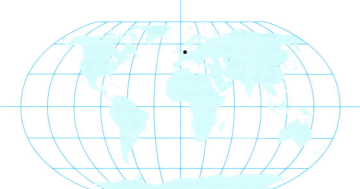

Pays-Bas
LE WADDENZEE

Une étape très importante sur la mer du Nord pour des millions d'oiseaux migrateurs.

Le Waddenzee est une zone complexe d'eaux de faible profondeur et de terrains côtiers qui s'étend le long du littoral de la mer du Nord, de Den Helder en Hollande à la péninsule de Skallingen au Danemark. La côte et les îles qui la bordent abritent de nombreux petits ports. Des bateaux relient les différents ports du littoral et des îles, qu'il faut souvent explorer à pied. L'une d'elles, Texel, peut être atteinte en bateau à partir de Den Helder.

Coques et moules

Les oiseaux ne sont pas les seuls à trouver leur nourriture dans le Waddenzee – les mollusques, y compris les moules y sont depuis longtemps élevés par les hommes. Les coques, qui vivent juste au-dessous de la surface du sable, étaient ramassées au râteau, travail long et intensif qui empêchait une exploitation par trop intense, mais la modernisation des techniques les a fait presque entièrement disparaître, et les coques du Waddenzee ont maintenant rejoint les rangs des espèces surexploitées.

Ci-contre, une nuée de bécasseaux, maubèches et variables.

Page de droit, en haut, les marais salants, en concentrant les particules de sédiments, stabilisent le littoral.

Le Waddenzee, qui s'étend sur plus de 490 km, de Den Helder en Hollande à la péninsule de Skallingen au Danemark, est l'un des marécages les plus importants et les plus productifs d'Europe. Les eaux peu profondes (2 à 3 m), les bancs de sable et de boue et les marais salants, protégés de la mer du Nord par un chapelet d'îles, couvrent une zone d'environ 10 101 km². La valeur de cette région comme habitat marécageux a été reconnue par la communauté internationale sous le nom de Site Ramsar, et les gouvernements des Pays-Bas, d'Allemagne et du Danemark coopèrent activement à sa protection.

Le Waddenzee est un endroit d'importance capitale pour un très grand nombre d'oiseaux. Plus de 50 espèces d'échassiers et d'oiseaux aquatiques y passent l'hiver ou s'y arrêtent pour se reposer et reprendre des forces lors de leurs grandes migrations. Plus de 10 millions d'oiseaux venus d'endroits aussi éloignés que le nord du Canada, le Groenland, l'Islande et la Sibérie s'y retrouvent pour se nourrir des nombreux invertébrés et des

mollusques qui vivent dans le sable et la boue. On y voit notamment un grand nombre d'oies à bec court et de bernaches nonnettes, ainsi que des colverts et des canards siffleurs et des canards pilets qui fréquentent les zones marécageuses peu profondes derrière les digues, alors que les huîtriers, les bécasseaux et les canards eiders se nourrissent de la riche faune invertébrée. De nombreuses espèces viennent également y pondre en été, surtout sur les îles du large ; les plus courantes sont l'avocette à nuque noire, la spatule blanche, le gravelot à collier interrompu et le busard cendré.

Cette région accueille aussi plus d'une centaine d'espèces de poissons, et les phoques gris occupent le Waddenzee pendant une partie de l'année. Certaines des espèces de poissons pêchées couramment en mer du Nord passent les premières années de leur vie dans ces eaux riches – jusqu'à 80 % des carrelets et 50 % des soles, sans parler d'un grand nombre de harengs.

Une bonne partie du littoral sud de la mer du Nord est en cours d'aménagement, et les ports et structures de protection contre la mer construits durant les cent dernières années ont détruit une grande partie du marais salant d'origine. Ce qui en reste représente pourtant la plus grande zone de marais salants d'Europe.

Les rives de la plupart des fleuves qui se jettent dans le Waddenzee comme l'Ems, le Weser et l'Elbe sont elles aussi livrées aux diverses industries, ce qui a entraîné une pollution considérable. La déclaration commune sur la protection du Waddenzee s'est attachée à faire baisser la quantité de nombreuses substances polluantes, et les efforts en ce sens se poursuivent.

La flore des marais

La flore des marais salants du littoral, des lagons et des dunes de sable attire moins l'attention que leurs oiseaux, mais n'en reste pas moins d'un très grand intérêt botanique. Elle comprend de nombreuses espèces qui vivent à la périphérie des marais salants, et sur les dunes ; ainsi que toute une variété d'orchidées, de gentianes des marais et la délicate herbe de Parnassus, aux feuilles en forme de cœur et aux fleurs blanches dont le parfum rappelle celui du miel.

Le phoque gris

La population de phoques du Waddenzee a beaucoup diminué, comme partout ailleurs dans la mer du Nord. L'arrêt de la chasse et la réduction des substances polluantes a fait remonter leur population à près de 10 000 au début des années 80, soit presque 3 % de la population totale de la planète. Leur nombre chuta brutalement à la suite d'une épidémie virale proche de la maladie de Carré en 1988, et on découvrit de nombreux cadavres de phoques en mer du Nord (dont environ 7 000 au Waddenzee). Il semble y avoir un lien entre la violence de l'épidémie et la pollution. Certains pesticides ne disparaissent pas facilement et s'accumulent dans les tissus des animaux et minent leur système immunitaire, les laissant sans défense devant l'infection. Le nombre de phoques a recommencé à croître, mais cela ne doit pas nous faire oublier combien la faune est sensible aux modifications de l'environnement.

Belgique
LES HAUTES-FAGNES

Le magnifique parc national des Hautes-Fagnes est situé sur un haut plateau des Ardennes.

Les Hautes-Fagnes se trouvent dans les Ardennes sur la frontière allemande, près de la ville de Eupen, à environ 65 km de Liège.

Ci-dessus, le crowberry appartient à la famille des bruyères.

Page de droite, la délicate asphodèle des marais, caractéristique des sols humides et acides, est considérée comme toxique pour le bétail.

Il y a quelque 10 000 ans, alors que reculait vers le nord la banquise de la dernière glaciation, une vaste zone de marécages resta découverte et fut progressivement colonisée par des forêts de hêtres, d'aulnes, de tilleuls, de coudriers et de bouleaux. Quand les premiers hommes vinrent s'y installer, ils commencèrent à couper la forêt et à utiliser son bois pour le chauffage et la fabrication du charbon. La forêt fut ainsi rapidement détruite, et avec elle disparurent les animaux qui l'habitaient. Des bêtes autrefois courantes comme le castor, le loup, l'élan et l'ours brun ont péri. Seules les régions les moins hospitalières sont restées relativement intactes. La réserve naturelle des Hautes-Fagnes en Belgique est l'une de ces régions.

La réserve, assez petite (40 km^2), est constituée de hautes tourbières entourées d'une forêt semi-naturelle de chênes et de bouleaux et de quelques plantations d'épicéas. La région se trouve à une altitude relativement élevée (550 m) et reçoit en moyenne 1 400 mm de pluie par an, c'est-à-dire plus du double de la moyenne nationale. Le climat y est également beaucoup plus froid que dans le reste du pays, et il y a en hiver de fortes gelées et chutes de neige.

Les tourbières ont plus de 7 m de profondeur par endroits, et on y retrouve les traces de l'histoire de la flore de la région depuis la dernière glaciation, et aussi des troncs d'arbres entiers et le pollen de plusieurs espèces de plantes. La végétation de surface actuelle est dominée par les espèces courantes, ainsi que par les airelles et la bruyère. Des espèces plus rares comme l'asphodèle des marais et la laîche à bec blanc y figurent aussi, à côté d'autres plus courantes sous les latitudes septentrionales comme la gentiane et l'andromède des marais.

Dans les marécages et les tourbières vivent également beaucoup d'insectes, et en particulier de nombreuses espèces d'araignées. La végétation est magnifique sous la lumière du matin, recouverte de toiles d'araignée pleines de gouttes de rosée.

L'EUROPE

Cette région reste l'un des derniers refuges pour certains gros mammifères : le cerf, le chevreuil, le sanglier et le chat sauvage européen, qui devient de plus en plus rare.

Les Hautes-Fagnes sont aussi une importante zone de nidification pour de nombreux oiseaux, parmi lesquels on trouve le tétras lyre, la pie-grièche grise, plusieurs sortes de grimpereaux, des pics noirs (très rares) et des pics mars. On y voit également toutes sortes d'oiseaux de proie comme la chouette de Tengmalm, le hibou moyen duc, le busard saint-martin et l'autour des palombes.

Une toile d'araignée dans la lumière du petit matin.

Construire une toile d'araignée

Les toiles les plus élaborées, en spirale, sont des pièges d'une géométrie redoutable construits en fils de soie très fins ; ils sont le plus souvent reconstruits chaque jour. L'araignée commence par lâcher l'une des extrémités d'un fil de soie, qui est porté par le vent jusqu'à ce qu'il s'accroche à une plante voisine. Une fois ce premier fil tendu, l'araignée le renforce en le parcourant à plusieurs reprises sur toute sa longueur pour poser d'autres fils. L'insecte se laisse alors tomber du centre de ce fil sur une branche, sur une feuille ou sur le sol et attache là un autre fil qui formera le premier des rayons de la toile. Quand tous les rayons qui convergent au centre sont en place, l'araignée pose la spirale de fil qui retiendra la proie. Elle continue sans cesse à réparer sa toile au fur et à mesure des captures. La façon dont l'araignée évite de rester prise à son propre piège est encore un mystère.

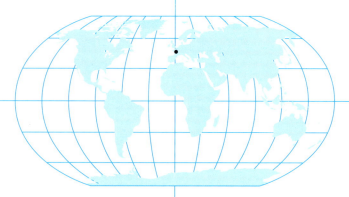

France
LE PARC DES CÉVENNES

Des arêtes de granit couvertes de forêts et des gorges interrompues par le plateau calcaire des Causses forment un paysage sauvage d'une grande beauté.

Le parc national des Cévennes, dans le sud du massif Central, est situé dans le triangle que forment les villes de Mende, d'Alès et de Millau. Il est à environ 2 h de route de Montpellier et de la Camargue.

De l'ordre dans un chaos apparent

Les fourmis, tout comme les abeilles et les guêpes, forment des colonies avec une organisation sociale complexe. Les travaux – construction et défense, élevage des jeunes – sont effectués par les ouvrières. Chaque nid comporte une seule femelle fertile, la reine, dont le seul rôle est de pondre. Les ouvrières sont spécialisées, et de petites variations morphologiques et physiologiques distinguent les ouvrières de l'intérieur, les ouvrières de l'extérieur, les soldats et les constructrices du nid. Les mâles ne jouent aucun rôle n'apparaissant que durant une courte période de l'année, pour fertiliser la reine. Les nids de fourmis sont de formes très variées, avec des chambres souterraines.

Les paysages sauvages des Cévennes comportent aussi bien des pâturages à haute altitude que des crêtes couvertes par la forêt.

L'altitude est élevée dans les Cévennes, et les hivers y sont rigoureux, avec de fortes chutes de neige et des températures très basses ; la région est utilisée depuis des siècles par les bergers des vallées comme zone de pâturages d'été pour leurs moutons, mais peu de personnes l'habitent toute l'année. L'environnement a été influencé par cette longue tradition de pâturage et d'exploitation forestière, mais elle représente encore l'un des rares endroits sauvages en France. Les sommets culminants sont le mont Lozère (1 699 m), le mont Aigoual (1 567 m) et la montagne du Bougès (1 400 m) ; le causse Méjean mesure de 1 000 à 1 200 m. Le parc national et la réserve de biosphère des Cévennes couvrent une superficie totale de 3 285 km^2.

Le pâturage et l'exploitation du bois pour l'industrie du charbon ont réduit la taille des forêts, qui ne représentent plus aujourd'hui que 25 % de ce qu'elles étaient autrefois. Cependant, une partie de la forêt de chênes, de bouleaux et de châtaigniers d'origine subsiste, et on a planté récemment une grande quantité de conifères. Cette grande variété d'habitats abrite toutes sortes de plantes et d'animaux.

Beaucoup de plantes sauvages y fleurissent au printemps et forment de grands tapis colorés de jonquilles, de lis martagon et d'arnica. L'endroit est connu pour ses orchidées (plus de 40 espèces, y compris l'orchidée très rare : lady's slipper, aux magnifiques fleurs brunes et jaunes. Les fleurs printanières des causses, les jonquilles naines et les tulipes sauvages sont aussi très belles.

Comme dans tous les écosystèmes complexes, de nombreuses interactions, parfois très subtiles, régissent la faune et la flore ; le sol de la forêt recouvert de feuilles mortes et de bois pourrissant fournit une riche nourriture à tout une gamme d'invertébrés, qui en recyclent la plus grande partie, alors réutilisée par les plantes. Les bois aux clairières isolées

L'EUROPE

sont peuplés de grands herbivores comme le sanglier et le cerf. La diversité des habitats et des proies se reflète également dans les très nombreuses espèces d'oiseaux ; on y voit plusieurs sortes de pics et leurs parents proches, le torcol fourmilier, l'outarde canepetière, le crave à bec rouge, le merle de roche, de grands tétras et le tétras lyre, ainsi que de nombreux oiseaux de proie : le faucon pèlerin, les busards saint-martin et cendré, l'aigle royal et le hibou grand duc. Le vautour fauve, qui avait disparu de la région, y a été réintroduit ces dernières années. Le castor européen, dont le nombre et la zone d'influence s'étaient réduits sévèrement est une autre des espèces réintroduites avec succès.

Malgré tout, certaines espèces comme le torcol fourmilier et le pic vert sont en déclin, leur aliment principal – les fourmis – a disparu à cause de l'utilisation de fertilisants et d'engrais qui entraîne une croissance trop luxuriante des plantes pour ces insectes. La baisse du nombre de pics verts engendre à son tour une diminution des nids disponibles pour les mésanges, les sittelles et les petits mammifères. Ces derniers ne suffisant plus à nourrir les oiseaux de proie.

Plus de 40 espèces d'orchidées fleurissent dans ces paysages étonnants.

Les orchidées

Il existe environ 30 000 variétés d'orchidées dans le monde, dont la majorité poussent sous les climats chauds et humides des tropiques. La structure de la fleur de nombreuses orchidées est très complexe, avec toutes sortes de motifs de couleurs vives, et de nombreuses espèces ont tissé un lien privilégié avec une variété d'insecte ou d'oiseau qui en transporte le pollen. Les orchidées produisent des graines minuscules, incapables par elles-mêmes de germer avec succès, et il faut l'aide d'un champignon qui pénètre la graine et la nourrit pour que celle-ci se développe. Cette association impose certaines limites à la répartition des orchidées, qui ne peuvent vivre que là où pousse ce champignon.

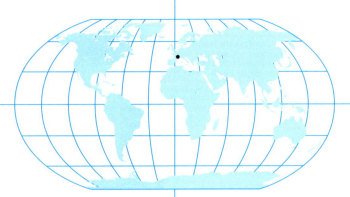

France
LA CAMARGUE

Cette célèbre région de marécages se trouve sur la côte méditerranéenne.

La Camargue est située à l'embouchure du Rhône, sur la côte de la Méditerranée, dans le golfe des Saintes-Maries. L'aéroport international le plus proche est celui de Marseille, à l'est. Tout une série de routes, de voies ferrées et de canaux relient à l'ouest Marseille aux autres grandes villes de la région, Arles, Avignon et Montpellier.

L'artémia

Très rares sont les animaux capables de s'adapter à des conditions de très forte salinité. Ceux qui ont su le faire se reproduisent souvent en très grand nombre, et l'artémia, *Artemia salina*, ne fait pas exception. Cet animal, long de 15 mm, peut vivre dans des eaux dont le taux de salinité va du tiers à plus de 6 fois celui de l'eau de mer. Ceci lui permet de survivre aux périodes d'inondations d'eau douce comme à celles de sécheresses intenses. Sa peau est en effet imperméable à la fois au sel et à l'eau, et les échanges de ces substances n'ont donc lieu que dans des zones précises et bien délimitées de l'animal.

Ce marais, qui abrite la nourriture et les nids de nombreuses espèces d'oiseaux, est également peuplé d'autres animaux, y compris les chevaux blancs à demi sauvages.

La Camargue, la plus grande zone littorale de marécages d'Europe, couvre 1 466 km². Autrefois, à l'apogée des empires grec et romain, la côte de la Méditerranée était très largement couverte de marais, qui furent préservés jusqu'au siècle dernier. On draina alors de vastes surfaces pour les cultiver et pour en éradiquer la malaria en détruisant l'habitat du moustique qui y vivait. Il ne reste que peu de choses de ces marais, mais la Camargue, malgré les modifications apportées au paysage par les interventions humaines (création de salines) est encore plus ou moins intacte. Elle fut désignée comme Site Ramsar en 1970 et comme Réserve de Biosphère en 1977.

La Camargue est un mélange complexe de plages, de dunes de sable, de bancs de roseaux, de lacs saumâtres, de forêts côtières, de pâturages et de salines. La diversité de ses habitats et sa situation géographique privilégiée en font une escale très importante sur la route de migration de nombreuses sortes d'oiseaux – on y a recensé plus de 400 espèces d'oiseaux migrateurs. Des millions de canards, d'oies et d'échassiers y passent chaque année, venus de régions lointaines comme la Sibérie et le nord de l'Europe. Certains sont de passage, d'autres viennent y nicher et y pondre. On trouve parmi ces derniers le pluvier du Kent, des mouettes, des nettes rousses, des échasses blanches, l'œdicnème criard et l'avocette, ainsi que le glaréole à collier qui ne pond nulle part ailleurs en France. Les étendues d'eau douce couvertes de roseaux qui subsistent encore abritent les nids du grand butor, du blongios nain, du héron pourpré, du crabier chevelu, de l'aigrette garzette, du héron gardebœuf, de plusieurs sortes de fauvettes et du majestueux busard des roseaux, que l'on peut voir glisser dans l'air.

Les oiseaux sont attirés par la présence de perchoirs et de nourriture. Les canards passent la plus grande partie de la journée en sécurité dans les mares d'eau saumâtre. On peut les observer au petit matin ou en fin de soirée voler vers les marécages voisins pour s'y nourrir. Beaucoup de ces marécages dépendent d'instances privées, et la chasse y est autorisée, ce qui explique que le nombre d'oiseaux qui viennent passer l'hiver en Camargue ait chuté de 50 % pendant les dix dernières années.

L'EUROPE

Le sel est extrait industriellement des salines de Giraud.

Les salines

L'une des façons les plus simples pour obtenir le sel, qui fut longtemps une importante monnaie d'échange, est de laisser le soleil évaporer l'eau de mer, puis de recueillir le résidu de sel mélangé à d'autres éléments. En Camargue, l'eau de mer, pompée, traverse une série de bassins et devient à chaque étape plus salée jusqu'à atteindre le bassin final, où l'on recueille les cristaux de sel. L'avantage de cette méthode artificielle réside pour les oiseaux dans sa prédictabilité, qui garantit de bonnes conditions pour le perchage, l'alimentation et la ponte. Ce sont ces salines artificielles qui ont fait de la Camargue un site d'importance capitale pour les flamants roses.

Les eaux contenant une quantité inhabituellement forte de sel sont un habitat favorable pour les artémias, dont se nourrissent certaines espèces d'oiseaux et en particulier les flamants roses. Ces oiseaux splendides témoignent du succès de la préservation de la Camargue. Le nombre de couples de flamants roses n'a cessé de croître depuis 1944, et de plus en plus de ces oiseaux viennent y passer l'hiver – on en a recensé plus de 24 000 en 1991. Ils trouvent dans les salines des nids idéaux, ainsi qu'une nourriture toute proche.

La Camargue est également célèbre pour sa race de taureau noir, et surtout pour ses hordes de chevaux blancs à demi sauvages, qui, pense-t-on, descendent directement de leurs ancêtres primitifs. Ces pâles créatures forment un spectacle inoubliable lorsqu'elles traversent au galop les grandes étendues d'eau.

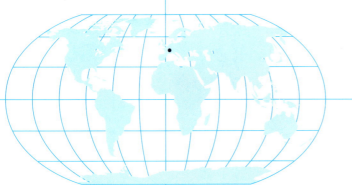

France
LES GORGES DU VERDON

Un extraordinaire gouffre découpé par le Verdon.

Les gorges du Verdon se trouvent en amont de la rivière, dans les Alpes-de-Haute-provence, dans le sud-est de la France. Le Verdon est un affluent de la Durance, qui rejoint le Rhône au niveau d'Avignon. Les gorges sont accessibles par route de Marseille (130 km) ou de Toulon (100 km).

Vue des gorges du Verdon et du lac de Sainte-Croix à l'extrême gauche – remarquez la route accrochée au flanc du canyon.

L'EUROPE

Le Verdon prend sa source à l'extrémité sud-ouest des Alpes, en Provence, il est nourri par la fonte des neiges des collines avoisinantes. Il coule vers le sud, en direction de la côte, pendant 45 km avant de se tourner vers l'ouest sur encore 45 km et d'atteindre la Durance, qui rejoint elle-même le Rhône à Avignon. En tournant vers l'ouest la rivière entre dans les gorges du Verdon, où elle prend rapidement de la vitesse pour parcourir le fond du canyon. Les bords de la gorge deviennent vite très abrupts, et souvent verticaux. Certaines des falaises les plus grandes et les plus hautes

jouissent d'une popularité auprès des amateurs d'escalade. La gorge ne fait que 19 km de long, mais atteint pourtant une profondeur de 700 m du bord de la rivière, ce qui en fait à la fois la gorge la plus longue et la plus profonde de France. Il lui arrive aussi d'être très étroite, et les falaises qui se font face ne sont parfois séparées que de 200 m. Les explorateurs les plus intrépides peuvent, malgré les roches à pic, trouver un sentier pénétrant profondément dans le canyon, qui permet d'admirer les plus beaux paysages des gorges, les murailles de rochers qui dominent les eaux bouillonnantes de la rivière en contrebas, constants rappels des forces mises en œuvre dans la nature. Les promeneurs moins aventureux découvriront des paysages splendides de la route, connue sous le nom de Corniche Sublime, qui longe les falaises ; une autre route, sur la falaise opposée, semble perchée au-dessus du gouffre. Toutes deux, ponctuées de panneaux indiquant où l'on peut jouir des meilleurs points de vue, montrent bien le contraste entre le calcaire pâle et déchiré des falaises et la verdure des pentes plus douces couvertes de forêts.

Le Verdon a découpé ses gorges dans une série d'épaisses strates de calcaire, et la campagne alentour est criblée de grottes. Il est parfois difficile d'imaginer que le calcaire se déposa sous la mer, mais il présente encore les traces d'innombrables invertébrés dont les coquilles calcaires forment la plus grande part du rocher. Les couches calcaires se soulevèrent petit à petit (dans un mouvement géologique analogue à celui qui entraîna la formation des Alpes), et la rivière continua à les creuser.

Un bateau de tourisme donne une idée des dimensions des falaises calcaires dans une portion étroite de la gorge.

Formation d'une gorge

Plusieurs scénarii peuvent déboucher sur la formation de gorges, mais celle-ci diffère toutefois de celle des vallées. Il faut que le cours d'eau continue à creuser son lit plus vite qu'il n'use les berges, et qu'il soit assez fort pour ne pas y déposer sa charge sédimentaire. La pente de la rivière doit donc être relativement forte par rapport à son débit. Un trop grand nombre d'affluents contribuent en outre à l'érosion et à la formation d'une vallée classique.

Dans les régions désertiques la réserve en eau dépend souvent d'orages occasionnels, qui libèrent, pendant un bref moment, d'énormes quantités d'eau ; ce sont là des conditions idéales pour la formation de gorges : le débit est alors très fort, mais une fois l'orage passé le niveau de l'eau baisse brusquement, ce qui l'empêche de ronger les berges, qui restent donc très escarpées.

Le Grand Canyon est un exemple classique de ce phénomène. La formation de gorges sur un terrain calcaire est parfois accélérée par l'effondrement de la voûte d'une rivière souterraine.

Allemagne/République tchèque
LA FORÊT BAVAROISE

La Bayerischer-Wald, vieille et grande forêt, chevauche la frontière entre l'Allemagne et la République tchèque.

La ville de Grafenau est située à 50 km environ au sud du parc national. L'accès du parc est libre, et il est sillonné de multiples sentiers et petites routes.

Les plantes carnivores

Les droseras sont un groupe de plantes qui prospèrent à la surface des tourbières élevées malgré leur faible apport en éléments nutritifs. Ces plantes basses insectivores sont munies d'une rosette de feuilles recouvertes de poils adhésifs rouges translucides. Dès qu'un insecte entre en contact avec le duvet collant, la plante recourbe l'extrémité de ses feuilles et le prend au piège. Les enzymes sécrétées par la feuille digèrent alors l'insecte et absorbent ses éléments nutritifs.

Ci-dessus, une chouette de Tengmalm adulte à l'affût dans son nid installé sur un arbre mort.

Page de droite, les épicéas du parc national de la forêt de Sumava dans la lumière du petit matin.

L'Europe centrale était jadis une étendue sauvage de vastes forêts de conifères et d'arbres à grandes feuilles, interrompue parfois par une rivière ou un lac et traversée par des tourbières. La forêt des régions montagneuses était dominée par l'épicéa, apte à survivre aux grands froids et aux chutes de neige d'hiver. La forêt bavaroise, la plus grande survivante de ce qui était autrefois une forêt autrement plus vaste, se trouve sur la frontière entre l'Allemagne et la République tchèque où elle occupe environ 2 000 km^2.

Malgré son exploitation durant les 150 dernières années, des zones entières sont restées intactes, surtout grâce à leur isolement et, plus récemment, à la protection des pouvoirs publics – le parc national de la Forêt Bavaroise fut créé en 1969. Il est d'ailleurs remarquable de constater que 98 % de sa surface totale (130 km^2) est recouverte de forêt. Avec le parc national forestier de Sumava du côté tchèque de la frontière, qui couvre 1 685 km^2, la plus grande partie de la forêt bavaroise est maintenant protégée. Cette protection fait disparaître toutes traces d'intervention humaine ; la coupe du bois a cessé, les canaux de drainage se rebouchent peu à peu et les zones de tourbières élevées recommencent à vivre.

Le parc national de la Forêt Bavaroise est situé sur un sol principalement composé de granit et de gneiss et recouvert des terres acides propres aux forêts de conifères. Sur les pentes supérieures des plus hautes montagnes, qui dépassent parfois 1 400 m, la forêt est formée d'épicéas et d'un sous-bois d'airelles, de chatons et de mourons. Ils sont remplacés sur les pentes inférieures par l'érable, l'orme, le frêne, l'aulne, le hêtre et le tilleul, l'épicéa, le sapin et parfois un vieil if. Cette forêt mixte possède un sous-bois bien plus varié, avec de la bruyère, et plusieurs plantes à fleurs comme le lis et la très rare gentiane de Hongrie.

La forêt est traversée par des myriades de petits ruisseaux qui dévalent les pentes des montagnes pour venir alimenter les tourbières surélevées du fond de la vallée. La végétation luxuriante du bord de ces cours d'eau comprend le chardon des Alpes, aux fleurs bleu-violet et le bouton d'or des montagnes. Dans la vallée humide dominent les épicéas et les bouleaux des marais, ainsi que d'autres plantes qui aiment l'humidité comme la prêle. Les zones de tourbières élevées formées par d'épaisses couches de mousse de sphaigne se composent aussi de pins, d'airelles et de droseras insectivores.

La forêt et les zones de tourbières découvertes recèlent toute une variété d'animaux et d'oiseaux. Des hardes de cerfs vivent librement dans les bois, avec d'autres espèces plus rares comme le lynx, la loutre et la martre. Toutes sortes d'oiseaux habitent également la forêt, y compris le grand tétras, le coq de bruyère, le gobe-mouches à poitrail rouge et quatre différentes sortes de pics – le grand pic tacheté, le pic à dos blanc, le pic à trois orteils et le pic noir. Il y a aussi de nombreux oiseaux de proie, comme le busard, l'autour, la chouette de Tengmalm et le hibou nain. D'autres espèces, parmi lesquelles il faut citer le hibou grand duc, le hibou de l'Oural et le corbeau, sont progressivement réintroduites dans cet habitat.

L'EUROPE

Pologne
LA FORÊT DE BIALOWIEZA

Cette très vieille forêt au nord-est de la Pologne est restée quasiment intouchée pendant les 500 dernières années.

La forêt de Bialowieza est située à 225 km à l'est de Varsovie (Warszawa) et on peut s'y rendre en voiture ou en train. Une grande partie de la forêt, trop éloignée des voies de communication, trop sauvage et isolée par les accidents de terrain, reste toutefois inaccessible.

Les bouleaux d'Europe centrale

Les bouleaux, qui aiment les terrains assez riches et humides, dominent la majorité des forêts européennes (sauf celle de Bialowieza), mais la plupart des bois ont été coupés, et tout ce qu'il en reste a profondément souffert de l'exploitation intensive du bouleau, dont le bois est très largement utilisé. Les bouleaux, en formant une couverture serrée au-dessus du sol forestier, ne laissent passer que 2 % de la lumière solaire et ainsi affectent considérablement la nature du sous-bois. L'épaisse couche de feuilles mortes ne se décompose alors que très lentement, ce qui limite la croissance de la flore des sous-bois.

Les branches des arbres à feuilles caduques laissent la lumière atteindre le sol où poussent des fougères.

De grandes forêts recouvraient autrefois la plus grande partie des basses terres et des montagnes de l'est de l'Europe. L'intervention de l'homme pendant des siècles a réduit dramatiquement les surfaces boisées, et les forêts ont été coupées pour laisser la place à une terre cultivable, des villages et des villes, et toutes sortes d'activités industrielles.

La forêt de Bialowieza fait 1 220 km², mais elle ne représente qu'une petite partie de celle qui couvrait jadis ces contrées. Au centre de cette forêt se trouve le parc national de Bialowieza. L'endroit n'a survécu pendant si longtemps que grâce à la protection des rois et des tsars successifs de Russie, qui venaient y chasser, mais son importance sur le plan national et

L'EUROPE

international est aujourd'hui reconnue : la forêt, protégée par le gouvernement polonais, a été désignée comme Réserve de Biosphère et Patrimoine mondial.

La flore y est très diversifiée et comprend plus de 26 espèces d'arbres parmi lesquels le pin, l'épicéa, le frêne, le charme, l'aulne, le chêne, le bouleau, le tilleul et le tremble le plus commun. Curieusement on n'y voit ni le hêtre, ni l'if, pourtant si courants dans les autres régions d'Europe, mais des essences caractéristiques de zones très lointaines y sont présentes : le saule de Laponie et le sapin argenté du Sud y côtoient le chêne d'Europe de l'Ouest et le bouleau nain des régions de l'Est. Il y a là au total plus de 700 espèces de plantes à fleurs et toutes sortes de lichens, d'hépatiques, de fougères et de mousses.

Certains endroits de la forêt, vieille d'au moins 5 000 ans, n'ont jamais été coupés ou modifiés par l'homme. La grande diversité des habitats contribue à celle des espèces animales et végétales.

Cette forêt est en effet l'un des derniers refuges en Europe pour de nombreux mammifères comme l'ours brun, le loup, le lynx, l'élan, le sanglier, ainsi que la loutre et le castor. Le bison d'Europe et le tarpan (cheval sauvage) y vivent également. La plupart de ces animaux dépendent étroitement de leur habitat pour survivre.

La forêt accueille aussi un grand nombre d'espèces d'oiseaux (plus de 160) qui vont du pic, du gobe-mouches à la bécassine et à plusieurs sortes de fauvettes aquatiques qui viennent dans les tourbières et les marécages. Il y a également des oiseaux de proie avec diverses espèces d'aigles, le busard cendré et 9 espèces de hiboux.

L'importance internationale de cette forêt primitive encore intacte ne fait aucun doute et une autre zone, de 870 km^2, sur la frontière biélorusse est elle aussi protégée. On peut donc espérer voir survivre ce qu'il reste de la flore et de la faune de l'ancienne Europe.

Le bison d'Europe figure encore sur la liste des espèces menacées, mais il recommence lentement à se multiplier.

Le bison d'Europe

Le bison d'Europe, comme de nombreux herbivores vivant en troupeaux, était autrefois très courant dans la majeure partie de notre continent. La destruction continue de leur habitat a réduit le nombre d'animaux, et le bison s'est trouvé, au XVIIe siècle, menacé de disparition. On le trouve encore dans deux régions : la forêt de Bialowieza et le Caucase russe. En 1914, il restait environ 700 bisons à Bialowieza, mais dès l'année suivante tous les bisons sauvages étaient morts. Certains bisons de Bialowieza ont survécu en captivité, où ils ont pu se reproduire, ce qui a permis d'en relâcher un certain nombre en 1939. Il y a environ 260 bisons à Bialowieza aujourd'hui, qui représentent, avec ceux du Caucase, la totalité des bisons en liberté restants. Le bison reste menacé, mais le nombre d'animaux augmente d'année en année et la protection de leur habitat permet d'espérer qu'ils survivront.

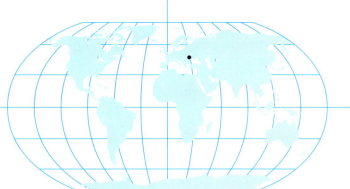

Roumanie

LE DELTA DU DANUBE

La plus grande zone de marécages naturels d'Europe.

La ville principale de la région est Tulcea, à 355 km au nord-est de la capitale, Bucarest (Buchuresti). Des promenades en bateau d'une journée, ainsi que des croisières plus longues, sont organisées sur le Danube.

Les roseaux, des filtres biologiques

De vastes zones du delta ont été récemment draguées de façon à rendre le cours amont du fleuve plus accessible aux bateaux et drainées pour pouvoir cultiver ses riches terres alluviales. Ces interventions ont été effectuées hors de toute structure de contrôle et sans se préoccuper des conséquences globales sur l'environnement ; c'est ainsi que des régions couvertes de roseaux ont entièrement disparu. Ils ne sont pas seulement importants pour les oiseaux qui y vivent ou comme matériau (toiture, industrie du papier), mais aussi comme filtres naturels. Ils croissent dans des zones inondées périodiquement ou en permanence et repoussent chaque année à partir d'un réseau très dense de racines souterraines (rhizomes). Les plantes en décomposition et leurs racines forment un filtre naturel très efficace qui empêche de nombreuses substances polluantes des eaux du Danube de se déverser dans la mer Noire.

L'EUROPE

Le Danube, deuxième fleuve d'Europe après la Volga pour la longueur (2 761 km), prend sa source en Allemagne, dans la Forêt Noire (Schwarzwald) et traverse l'Autriche, la Slovaquie, la Hongrie, l'ex-Yougoslavie et la Bulgarie avant d'atteindre la Roumanie. Son bassin de drainage fait 805 300 km^2, et son delta, là où ses eaux se mêlent à celles de la mer Noire, couvre quelque 6 000 km^2.

Cette vaste zone marécageuse est à cheval sur la frontière qui sépare la Roumanie de l'Ukraine. Le nombre de désignations, y compris celle de Patrimoine naturel, qui lui a été attribué durant

ces dernières années témoigne de son importance.

Le delta du Danube est surtout connu pour ses oiseaux, dont on a recensé plus de 280 espèces. Environ 180 d'entre elles y vivent, les autres, venues de contrées aussi lointaines que l'Arctique, la Chine, la Sibérie et la Méditerranée, y font étape sur le trajet d'une migration plus longue ou l'utilise comme endroit pour hiverner. Beaucoup de ces espèces d'oiseaux sont en danger dans le monde entier, ce qui confère au delta une importance considérable pour leur protection. Quatre espèces dépendent tout particulièrement de cet endroit : le cormoran nain, dont on estime le nombre à 12 000 couples, la bernache à cou roux, dont tous les représentants passent parfois l'hiver dans le delta, 150 couples (soit 10 % de la population totale de la planète) de pélicans frisés, très rares, et un nombre considérable de pélicans blancs.

Le Danube fut pendant des siècles une importante voie commerciale, et l'homme et la nature y vivaient en harmonie. Récemment pourtant le delta a souffert du commerce et de la pollution. De nombreuses espèces de poissons vivant dans les eaux du delta et sur le littoral voisin ont été exploitées. Plus de la moitié des prises faites en Roumanie viennent du delta du Danube, y compris les carpes et les esturgeons à caviar. Le drainage intensif visant à faire de la région une zone agricole – et la pollution qu'il entraîne – menace de nombreuses espèces. La révolution politique de 1989 a vu l'arrivée au pouvoir d'un gouvernement plus concerné par la protection de l'environnement et l'on essaie maintenant de protéger ce qui reste d'une zone écologiquement unique en Europe.

Ci-dessus, des pélicans blancs en plein vol.

Page de gauche, les roseaux sont un élément essentiel de l'économie de la région et d'une bonne gestion du marécage.

Les pélicans

Le pélican est l'une des espèces d'oiseaux les plus grandes et il n'est adapté qu'au seul mode de vie aquatique. Son trait distinctif le plus caractéristique est son grand bec, dont la poche extensible sert à contenir le poisson. Les pélicans, qui vivent en colonies, sont d'excellents pêcheurs et peuvent couvrir, en ligne, tout une zone de bas-fonds. Les roseaux du delta du Danube abritent les nids des deux espèces de pélicans qui y vivent. Le pélican frisé, ce splendide oiseau blanc argenté, figure maintenant sur la liste des espèces globalement menacées, victime de ses propres succès en matière de pêche. Des colonies entières ont en effet été détruites par les pêcheurs de la région, et ce surtout dans le Moyen-Orient, où ces oiseaux sont perçus comme des concurrents directs des pêcheurs.

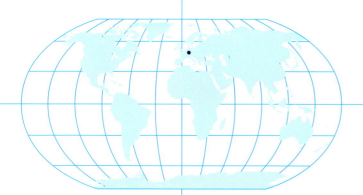

Autriche
LES HOHE TAUERN

La grande chaîne de montagnes d'Autriche occidentale.

Les Hohe Tauern traversent les provinces du Tyrol, de Salzbourg et de Kärnten. Les villes les plus proches sont Innsbruck à l'ouest et Salzbourg au nord, toutes deux desservies par des vols internationaux.

Le parc national des Hohe Tauern

En 1971 les gouvernements des trois provinces du Tyrol, de Salzburg et de Kärnten se sont mis d'accord pour créer le parc national des Hohe Tauern. En 1984, 1230 km² de la région, parmi lesquels se trouvent les principaux sommets montagneux, furent déclarés parc national. A cette zone pourrait être par la suite ajoutés quelque 700 km² du Tyrol, mais le projet se heurte à l'opposition de certains groupes d'intérêts. Le parc national est subdivisé en parcelles plus petites, qui comprennent des zones de protection spéciale de la faune, de la flore et des formations géologiques.

Ci-contre, la beauté froide de cette étendue neigeuse au pied du Grossglockner attire de nombreux alpinistes.

Page de droite, en haut, le glacier du Pasterze dominé par le Grossglockner, s'étend dans une vallée gelée.

Les Alpes orientales, qui couvrent environ 65 % de l'Autriche, limitent considérablement la surface du pays disponible pour l'agriculture et les autres activités humaines. Hohe Tauern est le nom donné aux régions les plus élevées des Alpes autrichiennes, sur la face sud de la vallée du Pinzgau. La région est divisée en trois groupes montagneux : d'ouest en est le Venediger, le Granatespitze et le Glockner. Le Venediger et le Glockner sont des zones de hautes montagnes et de glaciers, reliés en leur milieu par la masse légèrement moindre du Granatespitze, petite arête rocheuse recouverte par les glaces. En Autriche, seules les Alpes de Ötztaler à l'ouest sont une région plus enneigée et plus glacée.

Le point culminant du Venediger est le Grossvenediger (3 674 m), un superbe pic pyramidal recouvert de glace et entouré de neiges. La première ascension fut réussie en 1841, par Ignaz von Kürsinger, accompagné d'un groupe de 40 personnes. L'expédition ne rencontra toutefois pas de difficultés particulières, cette montagne étant accessible à toute personne habituée à l'escalade des glaciers.

Les Granatespitze, moins spectaculaires, culminent au Grosser Muntanitz à seulement 3 232 m et sont aussi moins couvertes par les neiges et la glace. Bien que l'on y trouve des endroits propices à l'escalade, la montagne reste dans l'ombre du Venediger et du Glockner.

Les montagnes de la chaîne du Glockner sont le joyau de la couronne des Alpes autrichiennes. Elles occupent une surface beaucoup plus réduite que le Venediger, mais les paysages sont si spectaculaires que la première impression est celle d'une splendeur sans égale. Le Grossglockner (3 797 m) domine ses voisins ; d'étroites arêtes tombent à pic du sommet, et la montagne est flanquée de vertigineuses pentes de glaces entrecoupées de crevasses et de cascades gelées qui semblent taillées dans du marbre. Plus bas, le glacier du Pasterze, le plus grand des Alpes orientales, s'étend comme un fossé gelé sur plus de 10 km de long. Le comte von Salm, prince

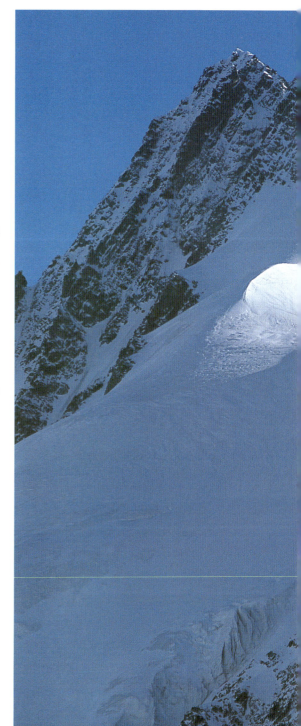

L'EUROPE

et évêque de Gurk, fut en 1800 le premier à atteindre le sommet, qui reste un défi à relever pour les alpinistes.

Les Hohe Tauern sont parcourus d'excellentes routes. De Lienz la route de Mittersill au sud de la chaîne permet, juste avant l'entrée du tunnel de Felbertauern, de bien voir le Grossvenediger. Vous pouvez à Mittersill suivre la vallée de Pinzgau vers l'est, puis prendre la route du Grossglockner de redescendre sur Llenz – un circuit fermé d'environ 182 km. De cette route en partent d'autres, moins importantes mais qui permettent de se rapprocher de la montagne ; la route qui part de l'autoroute de Grossglockner juste au nord de Heiligenblut mène à Franz-Josefs-Höhe près du glacier de Pasterze, considéré comme l'endroit le plus beau de toute la région.

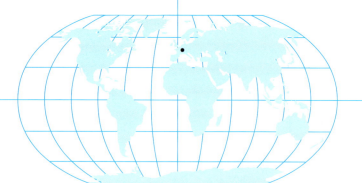

Suisse/Italie
LE MATTERHORN

Dans les Alpes, cette pyramide déchiquetée se dresse vers le ciel.

Le Matterhorn, situé sur la frontière italo-suisse, est accessible de chacun de ces deux pays. Du côté suisse, une route principale longe le Rhône en direction du lac Léman et l'on peut, du côté italien, partir de Turin ou d'Aoste. Le voyageur trouve au pied de la montagne toute une infrastructure de funiculaires qui lui donnent accès aux pentes.

Connu en Italie sous le nom de Monte Cervino et en France sous celui de mont Cervin, le Matterhorn est immédiatement reconnaissable parmi les pics des Alpes.

L'EUROPE

Le Matterhorn (Cervin en français) n'est pas la plus haute montagne des Alpes, mais c'est sans conteste la plus dramatique.

Le Matterhorn (4 480 m) est un pic pyramidal classique de roches cristallines formé par l'activité glaciaire de 2 millions d'années. Ses quatre faces rocheuses, qui se rejoignent au sommet, sont d'un accès si difficile que ce n'est qu'en 1865 que l'on a pu en effectuer l'ascension ; la face sud n'a été conquise qu'en 1931. La montagne doit sa forme caractéristique aux cirques creusés par les glaciers et qui convergent en un point toujours plus petit jusqu'à ce qu'il ne

reste plus qu'une pointe rocheuse acérée – de même que pour l'Everest.

Les Alpes sont apparues lorsque la plaque tectonique d'Afrique, poussée vers le nord, entra en collision avec le sud de l'Europe. Ce processus s'amorça il y a environ 180 millions d'années et atteignit son ampleur maximale il y a 40 millions d'années, lorsque l'écorce terrestre se déforma et se souleva. Le cœur est composé de roches dures (granit, schiste lustré et gneiss), et les bords, de roches plus tendres (grès et schiste argileux). La chaîne longue de 1 200 km, traverse l'Allemagne, la France, la Suisse, l'Italie, l'ex-Yougoslavie et l'Albanie. Les plus grands fleuves d'Europe – le Rhin, le Rhône et le Danube – y prennent leur source, et des lacs célèbres comme le lac Majeur et celui de Lucerne occupent les dépressions creusées par les glaciers de la dernière époque glaciaire.

Un premier groupe d'alpinistes anglais avec Edward Whymper atteint le 14 juillet 1865 le sommet du Matterhorn après avoir franchi un arête sur la face suisse. Trois jours plus tard un groupe d'Italiens dirigés par Giovanni Carrel réussit aussi l'escalade, en passant cette fois par une arête du côté italien. Les Italiens soutinrent par la suite que les alpinistes de Whymper leur avait lancé des pierres, ce que contestèrent vigoureusement les Anglais. Des câbles et des prises artificielles aident aujourd'hui les amateurs à atteindre le sommet, autrefois interdit à tous sauf aux plus passionnés et aux plus résistants.

Hermann Perren, guide et hôtelier à Zermatt, avait pour ambition de faire cette escalade non pas une fois, mais 150 fois. Il mourut malheureusement à la suite d'une chute à l'âge de 68 ans, alors qu'il était sur le point de réaliser son rêve, après plus de 140 ascensions.

Les Alpes sont la chaîne montagneuse la plus importante d'Europe et la source de ses plus grands fleuves.

Les pics alpins

Il y a beaucoup de montagnes célèbres dans les Alpes, et le Matterhorn est l'une des plus connues. La chaîne culmine au mont Blanc (4 807 m), et le Jungfrau est d'ordinaire considéré comme l'un des sommets enneigés les plus beaux de l'ensemble. L'Eiger est réputé comme étant très difficile à escalader ; sa face nord, presque verticale, qui fait 1 600 m de haut, a résisté aux alpinistes jusqu'en 1935. En Autriche le Zugspitze, la plus haute des Alpes bavaroises, est célèbre pour ses pistes de ski et ses parcours d'escalade. Garmisch-Partenkirchen, au pied de la montagne, site des Jeux Olympiques d'hiver de 1936, est également équipé de funiculaires.

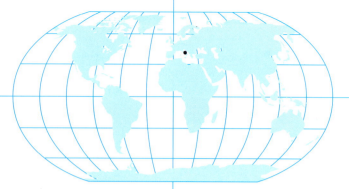

Italie
LE VÉSUVE

Ce volcan de la baie très peuplée de Naples, est toujours en activité. Il crache sans cesse de la fumée et de la vapeur d'eau.

Le Vésuve est situé à 15 km de Naples ; les routes qui relient la ville à Pompéi et Herculaneum (Ercolano) sont excellentes.

Creuser à la recherche du passé

Le site archéologique de Pompéi fut découvert dès les années 1600 et n'a cessé depuis lors d'être exploré. On a étudié ainsi comment vivaient les gens il y a environ 2 000 ans. On a découvert des cadavres de femmes enceintes, de bébés, de vieillards et d'enfants, tous conservés par la lave.

Les scientifiques qui étudient les os ont ainsi pu faire la distinction entre les gens relativement aisés, qui mangeaient à leur faim, et les autres, probablement des esclaves. Les squelettes de ces derniers portent des traces de malnutrition, et des marques d'usure ou de blessures aux bras et à la colonne vertébrale indiquant qu'ils étaient soumis à un dur travail physique.

La lave garde aussi les traces fascinantes de la vie quotidienne : boutons de couleurs vives, un berceau, un très beau meuble de bois, un lit, une baignoire en marbre et une autre en bronze, et même un bateau.

Le cône du Vésuve est situé au milieu du cratère effondré d'un volcan plus ancien.

L'EUROPE

Le 24 août de l'an 79, à environ une heure de l'après-midi, les habitants des petites villes du pied du Vésuve, ce grand volcan endormi à l'est de Naples dans le sud de l'Italie, entendirent un grondement affreux. Les témoignages écrits de cette époque laissent entendre que les gens furent effrayés, mais qu'ils se crurent en sécurité dans leurs maisons. L'explosion qui s'ensuivit transforma la roche en fusion en cendres et en pierre ponce qui tombèrent en pluie sur les villes du littoral.

L'activité du volcan s'intensifia vers minuit et des familles habitant la ville de Herculaneum, quelques kilomètres à l'ouest sur la côte, commencèrent à fuir vers la seule issue possible, la mer. Soudain le volcan cracha une grosse quantité de cendres, aussitôt suivies d'une coulée de lave en fusion. La découverte dans les maisons du port de squelettes en parfait état de conservation montre que les gens n'eurent presque pas le temps de réaliser ce qui se passait – certains moururent dans les bras les uns des autres, d'autres alors qu'ils prenaient la fuite. On retrouva une lampe près d'un groupe, probablement emportée pour éclairer leur fuite. Une série d'explosions enterra la ville sous d'épaisses couches de cendres et de rochers.

La ville voisine de Pompéi fut épargnée jusqu'au lendemain, avant que le Vésuve n'entre à nouveau en éruption, libérant des nuages de cendres et de gaz mortels. On estime à 2 000 le nombre de personnes qui périrent à Pompéi ce jour-là, mais ce chiffre est sans cesse corrigé par les archéologues qui découvrent de nouveaux cadavres.

Le Vésuve, qui culmine à 1 270 m, est deux fois moins haut que l'Etna, mais sa lave visqueuse le rend plus explosif. Des gaz sulfuriques ne cessent de s'élever de l'immense cratère principal, et les rochers près du sommet sont assez chauds pour y cuire des œufs.

Cette première éruption attestée du Vésuve, qui est aussi la plus célèbre, entraîna l'effondrement d'un vieux cratère. Un nouveau cratère nommé caldeira se forma ainsi qu'un nouveau cône. La dernière grande éruption eut lieu en 1944, et, si une promenade au bord du cratère peut laisser croire que le volcan est maintenant inoffensif, les fumées qui s'en dégagent et les traces d'affaissement dans les villes voisines nous rappellent qu'il peut entrer en éruption à tout moment.

L'Etna

L'Etna en Sicile est par comparaison assez inoffensif. Malgré la destruction en 122, de la ville de Catania et la dernière grande éruption de 1979, le volcan n'a jamais causé de pertes humaines à la mesure de celles du Vésuve. Les deux volcans sont très différents : la lave de l'Etna, très fluide, laisse échapper les gaz. Celle du Vésuve, épaisse et gluante, enferme ces gaz, ce qui explique la catastrophe de l'an 79.

L'Etna, âgé de 600 000 ans, est le volcan le plus grand d'Europe. Il se dresse au-dessus de la mer, sur la côte est de la Sicile à 3 322 m. Tout une série d'éruptions lui ont donné une structure complexe, où les cônes secondaires, les cheminées et les cratères inscrits dans d'autres sont particulièrement nombreux.

L'Etna en Sicile, le plus grand volcan actif d'Europe, reste couvert de neiges pendant environ neuf mois de l'année.

Italie
LES GROTTES DE FRASASSI

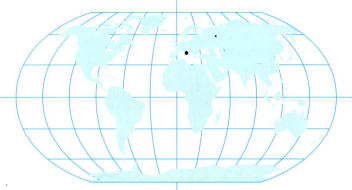

Ces magnifiques grottes du centre de l'Italie renferment des stalagmites et des stalactites parmi les plus impressionnantes du monde.

Les grottes de Frasassi sont situées dans le centre de l'Italie, près du fleuve Esino, à quelques kilomètres de la côte adriatique, au sud-ouest de la ville la plus proche, Ancone. Les liaisons par route avec Florence, qui se trouve à environ 145 km à l'ouest, sont excellentes.

En 1971 un groupe de spéléologues d'Ancone qui explorait le sous-sol calcaire des Apennins fit une découverte stupéfiante. L'ensemble de grottes des gorges de Frasassi (Gola di Frasassi) était alors déjà bien connu des spéléologues et des touristes, mais ce groupe trouva la plus belle salle : la Grande Grotte du Vent, (La Grotta Grande del Vento). Il ne s'agit pas d'une seule grotte, mais d'un ensemble de tunnels de près de 13 km, qui comprend plusieurs énormes salles, chacune assez grande pour y faire entrer une cathédrale ainsi qu'une série de grottes plus petites d'une beauté saisissante. Parmi les plus impressionnantes citons la Salle des

L'extraordinaire collection de stalactites et de stalagmites de l'une des grottes de Frasassi.

L'EUROPE

Chandelles (Sala delle Candeline), dont la voûte est couverte de millions de stalactites d'un blanc d'albâtre et la Salle de l'Infini (Sala dell'Infinito) où les stalactites et les stalagmites poussent depuis si longtemps que nombre d'entre elles ont fini par se rejoindre pour former de majestueuses colonnes. La complexité de leur agencement rappelle les élégantes sculptures de l'architecture gothique, et l'on ne peut s'empêcher de croire qu'elles soutiennent effectivement la voûte.

La beauté est ici omniprésente : une simple promenade permet d'admirer une incroyable collection de formations géologiques qui vont de fragiles rideaux de dépôts minéraux, si fins qu'ils laissent filtrer la lumière, à de grands pics rocheux semblables aux crocs d'un dragon fabuleux. L'eau qui goutte contient dans de nombreuses salles d'autres minéraux que le carbonate de calcium, ce qui donne alors aux structures rocheuses une gamme de teintes éblouissantes allant des bleu-vert les plus tendres à de délicats roses pâles.

La Grotta delle Nottole, ou Grotte des Chauve-Souris, est célèbre pour les milliers de petits mammifères accrochés à la voûte ou volant silencieusement au-dessus des têtes des visiteurs. L'entrée des grottes s'anime brusquement au crépuscule, lorsque des milliers de chauve-souris partent à la chasse des papillons de nuit et autres insectes dans le silence nocturne. Elles localisent leur proie à l'aide d'un système de sonar complexe, non complètement expliqué.

Les grottes de Frasassi sont situées dans un terrain karstique dont les vastes dépôts calcaires ont été miné par la rivière Esino et son affluent le Sentito qui ont ainsi formé de profonds canyons au pied des Apennins. L'eau de ces deux rivières a creusé durant plusieurs milliers d'années certaines des grottes de Frasassi, découpant patiemment les tunnels et les passages dans les roches les moins dures.

Les minéraux contenus dans l'eau qui goutte des stalactites s'accumulent sous celles-ci.

Stalactites et stalagmites

Les colonnes rocheuses qui pendent de la voûte des grottes comme des aiguilles de glace sont nommées "stalactites" ; celles qui se dressent sur le sol sont des "stalagmites". Ces deux types de formation, très courants sur les terrains karstiques, apparaissent lorsque le calcaire le moins résistant est dissous par une eau légèrement acide. Cette eau saturée des minéraux pris dans la roche traverse le plafond calcaire de la grotte et dépose sur la voûte des cristaux de calcite. Ces cristaux prennent tout d'abord la forme d'un tube que l'eau traverse et recouvre. L'eau dépose en coulant de nouveaux cristaux de calcite, le tube s'allonge et devient une stalactite. Les cristaux de calcite commencent alors à s'accumuler au-dessous de celle-ci, sur le sol de la grotte, et forment petit à petit une stalagmite. Après des centaines, voire des millions d'années, la stalactite et la stalagmite se rejoignent pour devenir une colonne.

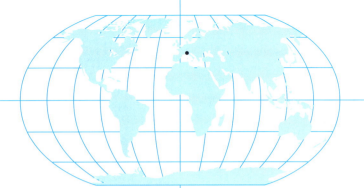

Italie
LES PYRAMIDES DE TERRE DE RENON

*Restes fragiles
de la dernière glaciation.*

Bolzano, situé à 120 km au nord de Vérone sur l'autoroute de Trente, est également accessible par train. Parmi les autres routes, légèrement plus longues mais aussi plus pittoresques, citons celle qui, à l'ouest, longe les rives du lac de Garde.

Trentin-Haut Adige

Les pyramides de terre ne sont pas le seul point d'intérêt de cette magnifique zone montagneuse. 44 % de la région de Trentin-Haut Adige sont boisés, ce qui en fait la seconde région d'Italie pour les forêts. Les altitudes les plus basses sont dominées par le chêne et le châtaignier, qui, plus haut dans les vallées, cèdent progressivement la place aux hêtres et aux conifères, eux-mêmes remplacés par une dernière forêt d'aulnes et de pins nains. On y trouve de nombreuses fleurs sauvages, et la faune y est représentée, entre autres, par le chamois, le cerf et le bouquetin.

Les étranges pyramides de terre de Renon, restes d'une moraine glaciaire, semblent vouloir prendre la forme des arbres qui les entourent.

L'EUROPE

Les Alpes évoquent pour la plupart d'entre nous une vision de sommets enneigés dominant un paysage de glaciers, mais elles prennent en Italie du Nord un tout autre aspect. C'est ici que se dressent les sommets des Dolomites où des falaises à pic et souvent en surplomb découpent le ciel comme des rangées de dents géantes et offrent à l'alpiniste un terrain idéal : les montagnes, d'une altitude raisonnable, sont ensoleillées pendant la plus grande partie de la journée et il n'y a pas de glaciers. Bolzano (3 200 m), à l'ouest du Marmolada, est une crête rocheuse qui comprend certains des plus beaux sommets de la région ; au nord-

est se trouve un vaste plateau formé de collines et appelé le Renon ou Ritten. Il se compose de roches dures contenant de gros cristaux isolés qui contrastent fortement avec le magnésium et le carbonate de calcium sédimentaires des Dolomites. Le plateau culmine à Rittnerhorn (2 261 m) qui offre une vue splendide sur les Dolomites et d'où l'on peut voir, vers l'est, aussi loin que le Grossglockner en Autriche.

Mais la caractéristique la plus remarquable de l'endroit se situe à des altitudes bien plus modestes. Près du village pittoresque de Lengmoos, dans la vallée de Finsterbach, partiellement dissimulés par les arbres des pentes boisées, se dressent les célèbres pyramides de terre de Renon.

Les pyramides elles-mêmes, formées d'entassements de terre évoquent de minces silhouettes drapées dans un vêtement, avançant lentement à travers les arbres, surmontées de petits rochers. L'explication d'un phénomène géomorphologique si étrange est à rechercher dans la dernière glaciation.

Les glaciers en se retirant laissèrent derrière eux des moraines – fragments de roches pris dans la glace qu'elle abandonnait en fondant – et des dépôts erratiques. Ceux-ci contiennent aussi des rochers, mais sont surtout composés d'argile très fine. Cette argile, exposée aux intempéries, est lavée par les pluies sauf là où un rocher posé dessus la protège. Seule l'argile autour du rocher disparaît alors, et celui-ci reste perché sur une sorte de colonne. Avec le temps elle devient trop mince et le rocher tombe. La pluie recommence alors à user le sommet de la colonne, un autre rocher est mis à nu et le processus se répète.

Des falaises de calcaire se dressent dans les Dolomites italiennes.

Pyramides de terre et bad-lands

Un paysage de bad-lands tel qu'on peut en voir, par exemple, dans les westerns d'Amérique du Nord, est la conséquence du pouvoir d'érosion de l'eau de pluie sur une région d'ordinaire relativement aride. Dans un ensemble de couches sédimentaires majoritairement tendres, les couches de roches dures protègent les autres de l'érosion. Il en résulte, sur une grande échelle, un plateau ou mesa, mais lorsque la couche la plus résistante a elle-même avec le temps, subi les effets de l'érosion, il ne reste plus qu'un ensemble de tours ou de colonnes, comme par exemple Bryce Canyon dans l'Utah.

La pyramide de terre représente la dernière étape du phénomène ; la roche plus dure, qui protège la colonne, est alors d'ordinaire un gros galet et non les restes d'une couche. On trouve une formation similaire à celle de Renon à Val d'Herens, sur un affluent du cours supérieur du Rhône. Les colonnes alignées s'y rejoignent et forment une sorte de contrefort ou de long rideau. La vallée de Göreme, en Turquie, à environ 240 km au sud-est d'Ankara, montre une autre de ces formations.

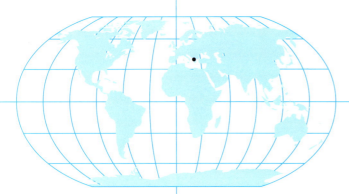

Grèce
LES MÉTÉORES

*D'immenses rochers couronnés
par des habitations.*

Les Météores sont situées au nord de la petite ville de Kalambaka, dans une vallée qui borde à l'est la chaîne du Pinde, en Thessalie. La ville se trouve à environ 275 km au nord-ouest d'Athènes, et à environ 160 km au sud-ouest de Théssalonique, non loin de la route principale.

La ville de Kalambaka est située au pied de la chaîne du Pinde, sur le bord de la grande vallée du fleuve Pénée, dominée par des collines. Mais ce sont, au nord, les étranges sommets rocheux des Météores qui attirent l'attention.

Les rochers se dressent en moyenne à 300 m au-dessus du niveau de la vallée, et

L'ascension

L'escalade de ces sommets abrupts permet souvent d'admirer les paysages splendides de la vallée du Pénée. Certaines des pentes basses sont recouvertes de forêts ombragées, mais les rochers sont, eux, exposés aux rayons impitoyables du soleil de Grèce. Il vaut donc mieux choisir pour l'ascension la fraîcheur du petit matin, avant que les collines lointaines ne s'estompent dans la vague de chaleur de midi.

Les sommets abrupts des Météores semblent vouloir monter la garde sur la vallée telles d'immenses sentinelles pétrifiées.

les plus élevés atteignent 550 m. Leurs faces toujours abruptes, qui deviennent par endroits verticales, sont lisses ou taillées à la serpe, autant de défis pour les passionnés d'escalade. Les rebords étroits et arrondis de la roche et les failles et fissures verticales qui la ponctuent retracent l'origine de ces étranges formations géologiques.

Les diverses couches (grès et conglomérats) ont réagi de façons différentes à l'érosion, entraînant ainsi la formation de corniches et de failles. Le compactage et la diagenèse (la transformation d'une couche de sédiments tendres enfouie sous d'autres en roche sédimentaire à la suite de fortes pressions et températures) qui ont créé les joints verticaux à l'origine des lignes naturelles se fractionnent. Il arrive souvent que, durant la diagenèse, l'eau saturée de calcaire ou de silice pénètre dans les roches et y dépose certains de ses minéraux. Ceci agit comme un ciment pour les grains de sable ou les galets qui s'y trouvent, et la roche devient alors très dure. On pourrait s'attendre à ce qu'une roche donnée présente les mêmes propriétés dans toute la région où elle se trouve, mais c'est en réalité assez rare, et ce phénomène, sans doute frustrant pour le géologue, est à l'origine de paysages toujours plus fascinants les uns que les autres.

Dans certaines régions la diaclase intensive des roches a facilité le travail de l'érosion alors que dans d'autres, le rocher était plus solide et plus à même de résister. Ce sont ces roches les plus dures qui ont, au cours des millénaires, formé les tours de Météores que l'on peut voir aujourd'hui.

L'EUROPE

Les monastères des Météores

Le visiteur des Météores ne reste pas seulement frappé par la beauté de la nature et ses diverses manifestations naturelles, il ne peut manquer de s'émerveiller devant les monastères perchés sur ces sommets. Il semble à première vue impossible d'atteindre les sommets de ces pics rocheux sans avoir recours à une longue et difficile escalade, mais cela n'a pu arrêter les moines des XIVe et XVe siècles qui y ont établi leurs maisons et leurs églises. Le spectacle des matériaux de construction lentement hissés jusqu'en haut et des bâtiments s'élevant petit à petit fut probablement étonnant. Une fois installés ainsi au sommet, les moines, retirant leurs échelles, pouvaient jouir de leur haute position.

Ces monastères commencèrent à tomber en désuétude au siècle dernier, et le nombre de touristes aujourd'hui dépasse de beaucoup celui des moines. L'ascension est également moins dangereuse qu'autrefois, des escaliers et des rampes ayant remplacé les échelles d'origine.

Le monastère d'Haghia Trias, perché sur son pic rocheux.

Espagne
LE PIC D'EUROPE

Les monts Cantabriques longent la côte nord de l'Espagne, couronnés en leur centre par le Pic d'Europe.

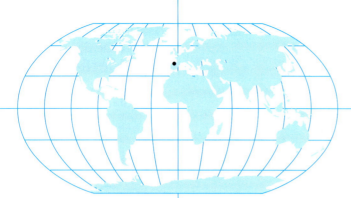

De nombreuses petites routes pittoresques parsemées de villages endormis mènent aux montagnes, situées dans un triangle compris entre le port de Santander, Oviedo et Leon.

Le parc national du Pic d'Europe (72,2 km^2) couvre une région de montagnes déchirées où les forêts, défrichées, ont souvent laissé place aux prairies. Ces montagnes alignent de vertigineux sommets calcaires, qui culminent à Naronso de Bulnes (2 515 m) et Torre Cerreda (2 647 m). De décembre à mai chaque année, et parfois plus longtemps, la région est recouverte d'une épaisse couche de neige, mais à la fin du printemps, avec la fonte des neiges, la végétation repousse

brusquement, et les prairies se couvrent de fleurs multicolores et parfumées.

Toute cette région est restée en l'état pendant au moins les 5 000 dernières années, et la terre a échappé aux fertilisants et aux pesticides modernes. Les prés des pentes basses du Pic d'Europe sont les descendants des bois de chênes et de hêtres mélangés d'autrefois. Les endroits où la forêt a survécu, ainsi que ceux du parc national de Convadonga à l'ouest, et de la réserve nationale de Saja à l'est, sont en Europe les dernières zones d'habitat d'un très grand nombre d'animaux autrefois courants sur tout le continent. On y trouve des espèces en voie de disparition telles que le loup ibérique et l'ours brun, le chat sauvage, la genette, la loutre, la martre des pins et le sanglier. Sur les éboulis des reliefs les plus accidentés vivent des milliers de chamois.

Les papillons et le Pic

Les régions cultivées à l'aide de techniques agricoles modernes voient diminuer avec les prés le nombre de papillons. Le Pic d'Europe abrite plus de 130 espèces de papillons – certains très beaux –, d'autres très rares, d'autres encore qu'on ne trouve nulle part ailleurs au monde. L'azuré de l'Androsace s'est définitivement installé dans ces prairies, tout comme l'argus bleu nacré. Les nuées de petits papillons comme les grands argus bronzés et plusieurs espèces de thède semblent des taches mouvantes de teintes pastel au-dessus des fleurs des prés, et rien n'est plus beau que le grand porte-queue exotique.

Ci-dessus, Les motifs fascinants des ailes de l'Apollo mâle en ont malheureusement fait l'une des proies préférées des collectionneurs.

Ci-contre, couleurs automnales du Pic d'Europe.

L'EUROPE

Le Pic d'Europe accueille aussi beaucoup d'oiseaux, et particulièrement des oiseaux de proie, y compris le vautour pecnoptère et le vautour fauve, l'aigle royal, le circaète jean-le-blanc et l'aigle botté, la buse variable, les busards cendré et saint-martin et le milan. Ils y côtoient le pouillot de Bonelli, le rougequeue noir, le pic noir et aussi le crave à bec rouge et le chocard à bec jaune des Alpes.

Les prairies regroupent les fleurs les plus diverses d'Europe. L'absence d'une espèce dominante explique partiellement que l'on trouve, dans cette région assez peu étendue, plus de 550 fleurs différentes, soit environ un tiers de la flore britannique. Cette richesse et cette diversité sont dues à la fois à longue histoire protégée d'une région aux caractéristiques géologiques variées et à l'altitude à laquelle se trouvent ces prairies. La liste des fleurs qu'on peut y découvrir comprend la vesce rose violacée, l'asphodèle blanc, la gentiane et le narcisse, sans compter quelques espèces très rares comme le lis martagon. Il y a également toutes sortes d'orchidées, y compris l'orchidée parfumée, l'orchidée vanille noire et l'orchidée mouche.

Des remèdes naturels

On trouve dans la nature un remède à la plupart des afflictions humaines. Les racines de bistorte sont ainsi utilisées en cas de troubles intestinaux, et les feuilles de coucou sont riches en vitamine C. Une infusion de mauve est bénéfique en cas de problèmes respiratoires, alors que les fleurs de vesce aident les plaies à cicatriser au plus vite.

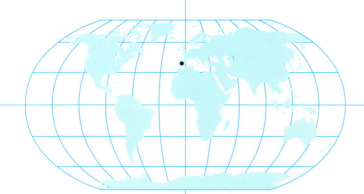

Espagne
LA MESETA

Cet ancien plateau est le cœur du pays.

La Meseta couvre la plus grande partie du centre de l'Espagne. Il est très facile d'y aller de la capitale, Madrid, d'où partent tout une série de routes en étoile.

La péninsule Ibérique, au sud des Pyrénées, comprend l'Espagne, le Portugal et, tout au sud, en face de l'Afrique du Nord, Gibraltar. La plus grande partie de la péninsule est faite d'un ancien plateau qui a pu résister à la lente collision entre le continent africain et le sud de l'Europe. La pression de ce mouvement de plaques fut absorbée au nord par la formation d'une chaîne de montagnes – les Pyrénées. Au sud, le Rocher de Gibraltar est une tranche de la croûte terrestre repoussée vers le nord sur l'Espagne méridionale.

La Meseta n'est pas un plateau ordinaire : des rivières y ont découpé, pendant des millions d'années, de profondes vallées, et on y trouve certaines des chaînes montagneuses les plus élevées de la région, y

Les falaises calcaires rongées par l'érosion du Torcal de Antequera se dressent comme les tours d'une cité pétrifiée.

compris la montagne la plus haute d'Espagne, Mulhacén (3 478 m), dans la Sierra Nevada. L'altitude moyenne de la Meseta est comprise entre 914 et 1 220 m, mais ses points culminants au centre sont le mont Almanzor dans la Sierra de Gredos (2 592 m) et le mont Peñalara (2 430 m), dans la Sierra de Guadarrama, au nord du Tage et au nord-ouest de Madrid. Il existe trois fleuves principaux en Espagne. L'Ebre, qui se situe dans le nord du pays, coule vers l'est et se jette dans la Méditerranée. Le Tage, naît à l'ouest de Madrid et se jette dans l'Atlantique à Lisbonne au Portugal. Enfin le Gualdalquivir, se trouve dans le sud de l'Espagne et va se jeter au sud-ouest de Séville, dans le golfe de Calix.

La Meseta se compose surtout d'anciennes roches cristallines dures du sous-sol métamorphique, mais aussi de zones de calcaire, dont deux sont particulièrement remarquables. Une région de reliefs calcaires située à environ 160 km à l'est de Madrid et connue sous le nom de "Ciutad Encandata", la Cité enchantée couvre quelques 500 acres (201 ha). On croit voir, de loin, les immeubles d'une ville se découper sur le ciel pour se rendre compte en s'approchant qu'il s'agit en réalité d'un étrange paysage naturel. Une eau de pluie légèrement acide attaque toujours le calcaire, mais celui-ci est ici un mélange de calcaire pur (carbonate de calcium) et de dolomite (carbonate de magnésium et de calcium). Le pouvoir d'érosion de la pluie est plus fort sur le calcaire que sur la dolomite, et c'est là ce qui est à l'origine de ces formes étranges. Il n'y a rien d'étonnant à ce que l'endroit soit considéré comme enchanté.

A 30 km au nord de Malaga, le Torcal de Antequera dans la Sierra Nevada, est aussi un plateau calcaire façonné par la nature. L'eau de pluie, en s'infiltrant dans les failles et les fissures naturelles a creusé près du sol un ensemble de grottes. La voûte de la plupart d'entre elles s'est effondrée, laissant des tranchées séparées par des blocs verticaux. Ici aussi on croit voir une cité en ruines et des rues séparées par des bâtiments désaffectés.

L'EUROPE

Paysage calcaire typique de la Serrania de Ronda, près de l'extrémité orientale de la Meseta.

Exploiter le sol

Certaines parties de la Meseta sont assez plates, et Valladolid, dans le nord-ouest, est un centre agricole. Le bassin est en été couvert de champs de blé, de vergers et de vignes. Ailleurs, sur la Meseta, des bergers mènent paître leurs troupeaux de chèvres à long poils et de moutons Mérinos, célèbres pour la qualité de leur laine. Le bétail représente une part importante de l'économie rurale. Ces activités champêtres contrastent avec les mines du nord et de la Meseta – le Bouclier canadien –, à l'est des Rocky Mountains, est un autre exemple célèbre de terrains cristallins riches en minéraux. On extrait du minerai de fer des monts Cantabriques ; la plus grande partie est destinée à l'exportation et le reste fondu dans les hauts-fourneaux, alimentés en charbon par les mines toutes proches d'Oviedo, du port de Gijon. On exploite également le minerai de fer dans la Sierra Nevada, au sud se trouvent les mines de cuivre de Rio Tinto, de plomb et d'argent de Linarès et de mercure d'Almaden. Le plomb est de nos jours de plus en plus souvent remplacé et c'est pourquoi beaucoup de mines de plomb ne peuvent aujourd'hui survivre que grâce à la vente de l'argent qui y est souvent associé.

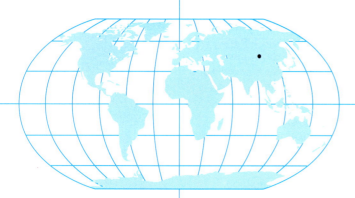

Fédération de Russie
LE LAC BAÏKAL

Ce lac étonnant est situé au sud de la Sibérie, près de la frontière avec la Mongolie.

La ville d'Irkoutsk est située au sud du lac. Le célèbre transsibérien passe au sud du lac, que contourne au nord la ligne principale Baïkal-Amour plus récemment construite.

La pollution du lac Baïkal

Malgré son isolement, le lac, sa faune et sa flore uniques sont menacés par la pollution. La région a vu ces dernières années arriver de plus en plus de visiteurs qui ont souillé le paysage et mis en danger les habitats fragiles de certains animaux.

Les eaux des centaines de rivières qui s'y déversent, apportent avec elles des substances polluantes. De grands complexes industriels, des usines de pâte à papier, des centrales thermiques, des installations chimiques et pétrochimiques, en déversant entre autres du plomb, du zinc et du mercure dans les eaux, ont contribué à la destruction de zones entières. La pêche en a été sérieusement affectée.

Les autorités semblent avoir pris conscience du problème et ont pris des mesures visant à réparer une partie des dégâts et à empêcher toute pollution ultérieure.

Le lac Baïkal aux berges couvertes de forêts s'étend jusqu'à l'horizon.

Quand on tente de décrire le lac Baïkal, les superlatifs viennent aussitôt aux lèvres. Agé de quelque 25 millions d'années, c'est de très loin le plus vieux du monde (le lac Tanganyika, le suivant, n'a que 2 millions d'années). C'est le lac d'eau douce le plus profond (1 620 m), soit 150 m de plus que le Tanganyika (1 470 m). Il fait 636 km de long, soit la distance qui sépare Aberdeen de Londres, 79 km en son point le plus large et 25 à l'endroit le plus étroit, et un périmètre total de 1 995 km.

Sa superficie est de 31 500 km², soit l'équivalent de la Belgique et des Pays-Bas, et son bassin hydrographique s'étend sur 54 545 km². Malgré son classement assez bas (septième position) pour la superficie il contient 23 000 km³ d'eau (c'est-à-dire presque autant que les 5 grands lacs du Canada réunis), ce qui représente environ 20 % de l'ensemble de l'eau douce de la planète.

Le lac est alimenté par plus de 300 cours d'eau, mais un seul, l'Angara, y prend sa source avant de rejoindre l'Iénisseï, qui se jette dans la mer de Kara, bien au-delà du cercle arctique.

Le lac Baïkal n'est pas seulement réputé pour ses paysages pourtant inoubliables, c'est également une région dans laquelle vivent une quantité remarquable d'animaux et de plantes de toutes sortes. On y a recensé plus de 2 600 espèces, dont jusqu'à 960 pour les animaux et 400 pour les plantes. Les eaux du lac sont, malgré leur profondeur, souvent brassées, partiellement par l'action des sources d'eau chaude qui affleurent à 410 m de profondeur.

Le lac contient plus de 50 espèces de poissons, y compris le brochet et la perche, dont presque la moitié sont autochtones. Deux espèces appartenant au genre des *Comephorus* sont complètement transparentes et vivent à des profondeurs d'environ 500 m dans une obscurité totale. Mais la majeure partie des poissons restent dans les eaux littorales peu profondes, et malgré la profondeur globale considérable du lac,

L'EUROPE

seules 5 espèces ont colonisé cette zone :
l'omul (proche parent du saumon),
le silure et le poisson-chat brun, ainsi que
les deux espèces de *Comephorus*.
Ces 5 espèces représentent plus de 75 %
de la population entière du lac.

On y trouve également plusieurs sortes
d'invertébrés, dont un grand nombre
de gammares, animaux qui ressemblent
à la crevette et ont colonisé le lac à toutes
ses profondeurs, certains vivant dans l'eau,
d'autres enfouis dans les sédiments
des fonds. Ils représentent la principale
nourriture des poissons.

L'espèce animale la plus célèbre
et la plus mystérieuse du lac est sans
conteste le phoque du Baïkal, représenté
par plus de 70 000 individus, eux aussi
autochtones.

*Le phoque du Baïkal
ne se rencontre nulle part
ailleurs au monde.*

Le phoque du Baïkal

Le lac Baïkal est le seul endroit de la planète habité par cette petite espèce de phoques d'eau douce. L'animal ne fait qu'1,20 m de long et pèse au maximum 70 kg. Il est recouvert d'une fourrure grise uniforme et ses petits, nés dans des tanières isolées sous les glaces, sont blancs comme neige. Les parents assurent l'aération de la tanière pendant l'hiver en rongeant la glace par dessous. Le nombre des phoques, sévèrement affecté par l'exploitation humaine dans les années 30, s'est remis à croître, et la population actuelle de 70 000 individus représente un succès certain. La présence de ce phoque reste mystérieuse. Une grande mer intérieure, le Paratethys, s'étendait autrefois dans les régions actuelles de la Caspienne, de la mer Noire et de la mer d'Aral. Le phoque du Baïkal et le phoque de la Caspienne en seraient originaires. On suppose ainsi que certains de ces phoques auraient atteint le lac Baïkal lors d'une migration de l'océan Arctique durant la dernière ère glaciaire, quand le système hydrographique de l'Iénisseï et de l'Angara reliaient le lac Baïkal à l'océan.

Fédération de Russie
LE DELTA DE LÉNA

Cet immense fleuve prend sa source près du lac Baïkal, dans les étendues glacées de la Sibérie, et donne naissance à plus de 150 cours d'eau dans la toundra russe.

L'aéroport le plus proche de cette vaste région est celui de Iakoutsk, capitale de la jeune République de Sakha. Le port le plus proche, celui de Tiksi, qui est bloqué durant tout l'hiver par les glaces, se trouve à l'embouchure d'un des cours d'eau du delta de la Léna.

La Léna est, avec l'Ob et l'Iénisseï, l'un des grands fleuves qui traversent du sud au nord la Sibérie centrale. Elle prend sa source dans les montagnes au nord du lac Baïkal, coule sur 4 270 km avant de se jeter dans la mer de Laptev et l'océan Arctique. La Léna forme ainsi la frontière naturelle entre deux régions différentes. A l'ouest se trouve le plateau du centre de la Sibérie, région de taïga dense et continue – épicéas, pins, et surtout mélèzes. A l'est, dans ce qui est l'hiver la région la plus froide du globe mis à part l'Arctique, se dressent les monts Tcherski couverts de forêts impénétrables de cèdres et de pins.

Un voyage de 2 heures en hydravion en suivant le cours du fleuve permet d'atteindre la région (de 80 km de long) des Piliers ou Colonnes de la Léna. Ce sont des falaises calcaires verticales qui brisent la continuité des forêts. L'érosion a donné aux falaises, de 180 m de haut, des formes fantastiques qui rappellent les tours d'une église médiévale. Plus loin en aval se trouve la station hydroélectrique de la Léna alimentée par la puissance énorme du fleuve.

Le delta de la Léna couvre une zone immense (38 070 km^2) ; seul celui du Mississipi aux États-Unis est plus grand encore. Le fleuve s'y scinde en plus de 150 cours d'eau différents. Bien que ce soit le plus grand delta situé sur un terrain au sous-sol gelé en permanence, sa forme change constamment sous l'effet des grandes quantités d'argile et de limon portées par les eaux qui les déposent là. Le fleuve est sous ces latitudes, gelé pendant 6 à 8 mois de l'année, et ne peut donc être utilisé en permanence pour le transport et le commerce. En mai ou juin chaque année les eaux de la Léna se gonflent des glaces qui fondent en amont, et l'on entre dans la saison de ce que les Russes appellent "rasputitsa" – le temps des mauvaises routes –, quand il devient impossible de se déplacer.

Ci-contre, les myriades de cours d'eau du delta s'étendent jusqu'à l'horizon.

Page de droite, en haut, la zibeline est l'une des 29 espèces de mammifères protégés de la région du Delta de la Léna.

Une immense portion du delta de la Léna fut désignée en 1985 comme la réserve naturelle d'Oust-Lenski. Cette zone de 14 323 km² fut ainsi réservée par le gouvernement soviétique comme zone de protection de 29 espèces de mammifères, 95 espèces d'oiseaux et 723 espèces de plantes. On trouve, entre autres, l'ours, le loup, le renne, le putois des sables et le putois de Sibérie, et des oiseaux tels que le cygne Bewick et la mouette de Ross.

Les animaux et les oiseaux qui habitent la région toute l'année doivent utiliser des mécanismes d'adaptation particuliers pour affronter les froids intenses. Certains oiseaux comme le sizerin blanchâtre et la mésange lapone ont un plumage très dense : quand les températures deviennent trop basses ils restent perchés recroquevillés pour conserver leur énergie. Les mammifères comme le renard, le loup gris, la belette, la martre, le vison et la zibeline ont une fourrure spéciale, très épaisse. Celle de la zibeline est extrêmement belle, et l'animal a été impitoyablement chassé. Le campagnol et la musaraigne ont appris à vivre dans les poches d'air plus chaud sous la neige et parviennent à se nourrir durant tout l'hiver de petites plantes et d'insectes.

L'EUROPE

La Sibérie gelée

La Léna est l'un des grands fleuves qui traversent la Sibérie, plus grande région de l'ex-Union Soviétique. La Sibérie couvre 10,4 millions de km² de forêts de conifères, de hautes montagnes, de vastes plaines et de plateaux désertiques. Les températures y sont extrêmes (- 68 °C), mais au-dessus de 30 °C en été. L'écrivain russe Maxime Gorki a appelé la Sibérie la "terre de la mort et des chaînes", pour ses tristement célèbres camps de travail.

L'Expédition de *la Jeannette*

En 1879, sous le commandement de George Washington De Long, le navire *La Jeannette* quitta San Francisco pour faire voile vers le pôle Nord par le détroit de Bering. L'expédition était financée par James Gordon Bennet du *New York Herald*. *La Jeannette*, prise dans les glaces, dériva au nord pendant presque 2 ans avant de couler. L'équipage, réparti dans 3 petites embarcations, tenta de gagner le delta de la Léna. Le premier bateau disparut à tout jamais. Le second atteignit le delta, mais s'y perdit dans un labyrinthe de cours d'eau et d'îlots. Ses occupants, y compris De Long, périrent de faim, de froid et de fatigue avant d'être retrouvés, et il n'y eut que 2 survivants. L'équipage du troisième bateau atteignit le delta et parvint à remonter le fleuve jusqu'à Iakoutsk. Le commandant, George Melville, lança alors une équipe à la recherche des 2 autres embarcations et finit par découvrir des cadavres, qu'il enterra.

Turquie
LE PAMUKKALE

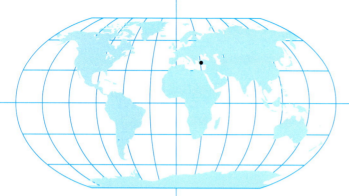

Des cascades dévalent des bassins de roche blanche comme neige sur une colline de la campagne turque.

Pamukkale se trouve dans la vallée de Büyuk Menderes, au bord des montagnes de la Phrygie, à l'ouest de la Turquie. On peut s'y rendre par route ou par rail à partir de l'aéroport de Izmir, à 225 km sur la côte de la mer Égée.

Les eaux minérales

L'eau est sous quelque forme que ce soit un élément indispensable à la vie, mais certaines eaux particulièrement riches en minéraux sont considérées comme bonnes pour la santé – que ce soit quand on les boit ou quand on s'y baigne. Pamukkale est une source thermale connue depuis environ 2 000 ans, c'est-à-dire depuis l'époque où les romains vinrent les premiers boire ses eaux ou s'y baigner. Les touristes qui, effrayés par des tremblements de terre, se firent plus rares au XIVe siècle, se sont remis à fréquenter les sources avec l'émergence des nouvelles thérapies.

Ci-contre, les bassins d'eaux minérales des terrasses de Pamukkale débordent doucement.

Page de droite, en haut, les terrasses de travertin d'un blanc éblouissant des sources thermales.

Le visiteur venu par un beau jour d'été admirer la beauté des sources d'eau chaudes de Pamukkale, région isolée à l'ouest de la Turquie, trouve le spectacle éblouissant – un peu comme celui d'une chute de grêle sur un glacier. Il y a plusieurs siècles que cette région est très connue, mais ses sources et son tuf calcaire datent de bien plus longtemps encore.
Les propriétés médicinales et thérapeutiques de certaines eaux minérales sont renommées depuis l'Antiquité, et les romains ont construit près des sources de Pamukkale la station thermale de Hiérapolis. Elle n'a pas résisté aux ravages du temps aussi bien que le tuf, mais on peut encore en voir les ruines et on a retrouvé aujourd'hui, au même endroit, une station thermale moderne.

Les eaux d'une zone géothermale sont toujours riches en sels minéraux dissous, mais la composition de ces sels varie avec les endroits suivant celle des roches du sol traversé par ces eaux. L'eau, d'ordinaire saturée de sels quand elle atteint la surface, commence à s'évaporer en arrivant en plein air. Au fur et à mesure que la solution s'évapore les sels cristallisent et forment sur le sol des dépôts. La couleur de ces dépôts est liée à la composition des sels, et bien que le plus grand nombre soit blanc, des impuretés les rendent parfois multicolores.

Les sources chaudes de Pamukkale jaillissent de la surface près du sommet de la colline. Ces eaux riches en bicarbonate de calcium et qui émergent à la température de 43 °C s'évaporent en descendant la colline, laissant derrière elles une couche spectaculaire d'un vernis blanc comme neige, le travertin (roche composée de carbonate de calcium), qui recouvre le sol.

Ces sels accumulés au cours des siècles forment aujourd'hui une couche très épaisse d'un dépôt nommé tuf. De tels dépôts ne sont pas rares, mais des formations comme celles de Pamukkale, et sur une aussi grande

L'EUROPE

échelle, sont exceptionnelles. Les bassins forment toute une série de gradins successifs qui dévalent le flanc de la colline sur environ 90 m de hauteur, et rappellent de façon frappante la cour d'un potier qui y aurait aligné son stock de jarres de porcelaine.

On ignore encore pourquoi les dépôts ont formé cet alignement de terrasses. Il n'existe aucune autre région de sources chaudes au monde ayant des formes semblables, décrites tantôt comme une cascade gelée, tantôt comme les murailles et les tours d'une fantastique forteresse.

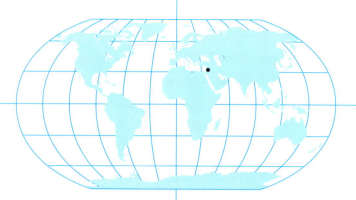

Jordanie/Israël
LA MER MORTE

Les eaux salées du lac le plus bas du monde scintillent constamment sous une très forte chaleur.

La mer Morte est une frontière naturelle qui sépare la Jordanie d'Israël. Les villes les plus importantes de la région sont Jérusalem (à 19 km) et Amman (à 48 km). La route, qui longe la rive ouest de la mer, fait partie de l'autoroute qui va à Eilat est excellente.

Les rouleaux de la mer Morte

Les premiers rouleaux de Qumran furent découverts en 1947 par un jeune bédouin qui cherchait une chèvre. Onze grottes livrèrent des centaines de manuscrits, tous soigneusement rangés dans des jarres de terre cuite, conservés par la sécheresse de l'air. C'est là l'une des découvertes archéologiques les plus importantes de notre siècle, et ces manuscrits, dont certains sont bibliques, ont presque 2 000 ans.

De curieux conglomérats de sels minéraux se sont formés dans les endroits les moins profonds de la mer Morte ; les sels minéraux contiennent, outre le chlorure de sodium bien connu, de la potasse et du magnésium.

L'EUROPE

Bien que le Jourdain ainsi que plusieurs cours d'eau de moindre importance déverse chaque jour jusqu'à 7 millions de tonnes d'eau dans la mer Morte, la chaleur intense de sa vallée ne tarde pas à la faire évaporer, et cette eau ne s'écoule jamais ; ainsi les minéraux et les sels restant font du lac l'un des plus salés du monde. Son taux de minéraux tourne en effet autour de 30 %, contre 3,5 % pour la plupart des océans de la planète. Le nom hébreu de la mer "Yam HaMelah" signifie d'ailleurs "mer de sel".

La mer Morte prend souvent une teinte d'un bleu métallique profond, et les sels rendent ses eaux denses et d'apparence huileuse, insensibles à la brise. Si cette forte concentration en sel fait automatiquement flotter tout corps qui s'y trouve, nager dans la mer Morte n'est pas simple pour autant. Le mieux est de s'asseoir dans l'eau et de se laisser porter comme une balise. Le sel brûle la langue, et la moindre coupure s'enflamme à son contact.

A l'extrémité sud du lac sont installées des sources thermales et des piscines de cette boue riche et noire à laquelle on attribue traditionnellement des vertus curatives – Hérode s'y baignait, dit-on, pour des raisons médicales. Avec le développement du tourisme, sont apparus de nombreux hôtels conçus pour que l'on puisse profiter des bienfaits des bains de boue dans le confort de salles de bains climatisées, sans avoir à affronter la chaleur insupportable des rives du lac.

La mer Morte est située à 396 m au-dessous du niveau de la mer et fait partie de la Rift Valley. En fait il ne s'agit pas d'une mer, mais d'un lac composé de 2 bassins qui, réunis, font environ 72 km de long et 14 km de large. Aucun poisson ne peut survivre dans des eaux d'une telle salinité, mais les scientifiques ont découvert que cette mer n'était pas morte en réalité, car elle abrite de nombreuses bactéries aimant le sel.

Les berges sont aussi remarquables que la mer elle-même. L'eau s'est par endroits évaporée en laissant de grandes croûtes de terre fissurée et saturée de sel, derrière lesquelles s'élèvent les sommets poussiéreux et déchiquetés de collines brunes arides. Plus au nord, les montagnes désertes prennent une teinte plus rouge, et parfois violet vif sous le soleil de l'après-midi, alors que des piliers de sel se dressent à l'extrémité sud du lac.

L'un de ces piliers est lié à une légende : la Bible raconte l'histoire des villes de Sodome et Gomorrhe, corrompues par le vice. Lot, un juste, fut averti que les villes seraient détruites en châtiment de leurs crimes, et qu'il lui fallait fuir avec sa famille. Ils furent prévenus qu'ils ne devaient en aucun cas se retourner. Mais la femme de Lot ne put y tenir, et la légende raconte qu'elle fut transformée en statue de sel – c'est, dit-on, le grand pilier de sel qui se trouve près de la ville moderne de Sedom.

La mer Morte est un endroit plein d'une étrange atmosphère ; c'est également un lieu silencieux, presque sans aucun chant d'oiseau, et l'évaporation constante enveloppe souvent le lac de brumes mystérieuses. La concentration des minéraux et le processus d'évaporation sont responsables de la forte odeur de sulfure qui imprègne l'air, et les températures, qui passent souvent des 40 °C, n'en font pas un endroit où l'on aime à s'attarder.

La mer morte est le point le plus bas du globe.

Mezada et les Romains

Sur un immense socle rocheux surplombant la mer Morte, Hérode construisit la forteresse de Mezada, pratiquement inexpugnable et entourée de tous côtés de falaises abruptes. Le pire ennemi de la forteresse aurait été le manque d'eau si des puits profonds n'avaient été creusés dans le rocher pour l'en alimenter. On y a mis à jour des ruines de maisons et de palais, ainsi qu'une immense structure de murailles défensives et le "palais des plaisirs" d'Hérode, une vaste salle garnie de bains.

Mezada fut par la suite occupée par une colonie d'hébreux. Lorsque les Romains détruisirent le Second Temple à Jérusalem en l'an 72 de notre ère, ils voulurent imposer leur propre loi et leur propre système de gouvernement. Les 960 personnes vivant à Mezada refusèrent de se soumettre, et les Romains passèrent une année entière à construire un dispositif d'attaque. Tous les habitants de Mezada préférèrent la mort à la capitulation, ce qui fait de cette tragédie le plus grand suicide collectif connu de toute l'histoire.

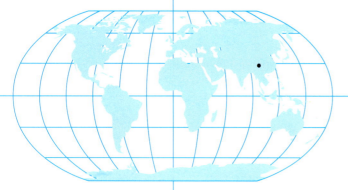

Chine
LES FORÊTS DU SICHUAN

La province montagneuse du Sichuan en Chine centrale est le dernier refuge du panda géant.

Tout comme la plus grande partie de ce vaste pays, le Sichuan commence à devenir plus accessible au voyageur. L'aéroport de Chengdu est le point d'accès le plus direct aux différentes réserves créées pour protéger l'habitat des pandas.

Le singe du Sichuan

Cette créature timide vit dans les fourrés de rhododendrons des forêts, entre 1 500 et 3 350 m d'altitude, et il ne descend au niveau du sol que rarement, pour boire dans une mare ou un ruisseau. Son habitat est recouvert pendant la moitié de l'année par la neige, mais ce n'est que durant les hivers les plus rigoureux qu'il quitte ses montagnes.

Avec moins de 15 000 individus, cette population de singes est en danger. Ces derniers, comme les pandas géants, ont souffert de la destruction de leur habitat, mais ils sont aussi victimes de la chasse. Leur peau a la réputation d'empêcher l'apparition de rhumatismes, et les seigneurs de la dynastie mandchoue portaient des manteaux en fourrure de ce singe.

Les forêts subtropicales du Sichuan sont le dernier habitat du panda géant.

L'ASIE

Les monts Daxiangling, Xiaoxiongling, Qionglai et Min de la province du Sichuan font partie d'un couloir qui s'étend de l'extrémité orientale du plateau du Tibet aux monts Qin Lin dans la province du Shaanxi. Cette étroite bande de terrain est le dernier endroit où vit encore, dans les forêts de bambous, le panda géant. Et même là de grandes étendues de forêt ont été détruites pour laisser la place à des terres cultivées, des villages ou pour l'exploitation du bois comme combustible. Le recul de la forêt fut particulièrement dramatique durant la révolution culturelle de la fin des années 60 et du début des années 70, et les bambouseraies qui occupaient autrefois de vastes portions de la région sont maintenant réduites à des zones isolées.

Les forêts des versants de ces montagnes sont extrêmement riches, surtout en raison des variations climatiques de l'endroit : des glaciers, comme celui du mont Siguniang (8 534 m d'altitude) contrastent avec la forêt subtropicale de conifères située à 1 110 m d'altitude. Cette variété de paysages abrite environ 4 000 espèces de plantes, dont beaucoup sont connues pour leurs propriétés pharmaceutiques et d'autres, comme les rhododendrons de couleurs variées, le magnolia, le buddleia, le cotonéaster ou la rose, sont familières aux jardiniers du monde entier.

La forêt était autrefois immense, à la mesure de la distribution de son habitant le plus célèbre, le panda géant. Le panda a dû reculer avec la forêt, et ne se trouve plus aujourd'hui que dans les derniers restes de cette forêt montagneuse de la province du Sichuan. Mais, là aussi il est menacé par la fragmentation de la forêt et le cycle de vie particulier du bambou, sa seule nourriture. Cette dépendance du panda vis-à-vis du seul bambou a signé son sort ; il n'a pu s'adapter à manger autre chose pour survivre.

Les bambous fleurissent périodiquement en masse avant de mourir, dans un cycle qui se répète tous les 40 à 60 ans. Des zones entières de la forêt fleurissent toutes ensemble, puis disparaissent. Les graines de bambou germent bien mais ne se développent que lentement, et une zone qui vient de mourir ne peut nourrir les pandas géants pendant au moins 10 ans. Une disparition massive des bambous eut lieu au milieu des années 70 dans beaucoup des régions encore boisées, ce qui entraîna la mort de nombreux pandas, affamés et privés d'habitat. L'incident, aussi tragique soit-il, fut pris très au sérieux et entraîna la mise au point d'un large programme de conservation visant à empêcher que les pandas géants et leurs habitats ne disparaissent.

Deux réserves déjà existantes, mais protégeant d'autres espèces, furent ainsi déclarées réserves

de pandas géants, bientôt suivies de neuf autres dont Wolong, qui couvre 5 180 km². Ces nouvelles réserves reliaient également ces zones entre elles et permettaient aux pandas géants de se déplacer de l'une à l'autre et d'éviter ainsi de souffrir de la faim quand les bambous mourraient. Ceci favorisait aussi les échanges entre animaux, et améliorait donc leur patrimoine génétique.

Le panda est, avec son air mélancolique un animal qui attire la sympathie ; d'important mouvements de masses dans le monde tentent de le protéger et l'empêcher de disparaître. Aujourd'hui, Il ne resterait, selon les estimations, que 750 pandas sauvages et l'espèce est considérée en voie de disparition. Mais le panda géant n'est pas le seul à être menacé par la disparition des forêts de bambous. D'autres espèces comme le cerf huppé et le singe du Sichuan (originaire de la région), elles aussi menacées, bénéficient des efforts faits pour conserver cette région unique au monde.

Le fragile équilibre naturel entre le panda géant et sa nourriture exclusive, le bambou, a été perturbé par l'activité humaine.

Les oiseaux de la forêt

Dans les sous-bois denses des forêts du Sichuan de nombreux gallinacés vivent en sécurité. La variété et la beauté de leur plumage sont remarquables : le faisan de Wallich a un plumage couleur de cuivre brûlé, le tragopan a sous le bec une poche d'air qui gonfle pour former une sorte de jabot aux très beaux motifs. Le coq bankiva, ancêtre de la volaille domestique, y habite encore en grand nombre, mais d'autres espèces autrefois très courantes comme le tragopan de l'Ouest sont aujourd'hui bien plus rares.

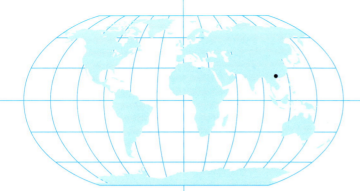

Chine
LES MONTS GUILIN

Ces colonnes de calcaire abruptement dressées sur le fond d'une vallée sont l'un des plus beaux paysages chinois.

Guilin (que l'on orthographiait autrefois "Koueilin" se trouve à environ 1 690 km de Beijing (Pékin) et à 1 290 km de Shanghaï et dispose d'un aéroport important. Cette région est située dans la province du Guangxi, dans le sud de la Chine ; elle est desservie par de nombreuses routes importantes.

Le mot "guilin" signifie en chinois "forêt des osmanthus", mais "forêt de collines" conviendrait tout aussi bien pour décrire ces sommets rocheux qui se pressent sur les bords du Lijiang. Les épaisses couches de calcaire qui les forment se déposèrent à l'origine sous une ancienne mer. Quelques millions d'années plus tard, la terre se souleva et les pluies acides commencèrent à attaquer le rocher, déjà affaibli par des fentes et des fissures. Quand la terre se souleva à nouveau les roches les plus fragiles s'écroulèrent, laissant entre elles des tours coniques faites d'un calcaire plus résistant à l'érosion – excellent exemple de ce que l'on nomme paysage de tours de karst. La zone calcaire dont les monts Guilin font partie

La plaine au pied des monts Guilin est occupée par des fermes d'aquaculture et des rizières.

66

L'ASIE

s'étire à travers la Chine pour atteindre le nord du Vietnam.

Ces rangées de collines déchirées, aux flancs abrupts, de 100 m d'altitude en moyenne, se dressent brutalement sur le fond verdoyant de la vallée et disparaissent dans le lointain. Beaucoup sont recouvertes de vignes et d'arbustes ; d'autres se colorent quand les orchidées fleurissent. Parfois perdues dans un brume légère, reflétées dans les eaux lentes de la rivière Lijiang, les collines dégagent une atmosphère mystique, source d'inspiration des artistes et des poètes chinois pendant des siècles.

Les collines sont constellées de grottes et de tunnels érodés par les eaux de pluie, qui servirent souvent de refuge aux populations civiles durant les bombardements japonais de la Seconde Guerre mondiale. Elles furent aussi témoin de féroces combats à la fin des années 60, lorsque des factions opposées de l'Armée Rouge transformèrent la région en champ de bataille. Les habitants de Guilin prirent à nouveau la fuite et se cachèrent dans les grottes. L'une d'entre elles, très connue – la Grotte aux Flûtes de roseau – fait partie de tout un ensemble de cavernes et de tunnels remplis de fines stalactites et stalagmites. Elle porte bien son nom : les centaines de stalactites minuscules accrochées à la voûte rappellent les petites flûtes chinoises et leurs fascinantes mélodies.

Ce paysage sans âge était, jusqu'à très récemment, fermé aux visiteurs étrangers. Parmi les membres de la cour de la dynastie des Ming qui se réfugia à Guilin quand les Mandchous s'emparèrent de Beijing en 1664 se trouvaient quelques missionnaires jésuites qui tentaient de convertir la famille impériale au christianisme. Mis à part un petit groupe de marins portugais faits prisonniers en 1550, ces jésuites étaient les premiers Occidentaux à voir les monts Guilin. Quand les forces communistes s'emparèrent de Guilin en 1949, elles interdirent l'accès de la ville à la plupart des étrangers. Elle ne fut réouverte qu'en 1973, et est depuis devenue l'une des beautés naturelles les plus visitées de la Chine.

Les formations spectaculaires de la Grotte aux Flûtes de roseau.

Le paysage de karst

Tirant son nom d'une région de l'ex-Yougoslavie, le karst est une roche calcaire. La surface d'un paysage de karst est typiquement aride et desséchée car le sol est drainé par un ensemble de cours d'eau souterrains.

Le calcaire se compose presque entièrement de carbonate de calcium. Les eaux souterraines comme les eaux de pluie peuvent contenir du dioxyde de carbone, ce qui forme un acide léger, capable de dissoudre le calcaire surtout là où il est déjà entamé par des fentes et des crevasses. L'eau qui se déplace à la surface des roches plus dures peut donc disparaître brusquement quand elle atteint le calcaire plus tendre dans des formations géologiques connues sous le nom de "doline", et réapparaît parfois ailleurs sous forme de sources. L'eau en coulant sous terre creuse des grottes et des cavernes, et les minéraux qu'elle contient se déposent sur leurs parois ou gouttent de leurs voûtes en formant des stalactites et des stalagmites.

Parmi les plus belles formations de ce type on trouve les grottes de Frasassi en Italie et le Réseau Jean-Bernard, dans les contreforts des Alpes françaises.

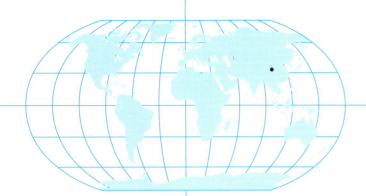

Chine
LE FLEUVE JAUNE, LE HUANGHE

Le fleuve Jaune, l'un des deux plus grands fleuves de Chine, apporte aux habitants de ses berges prospérité et catastrophes.

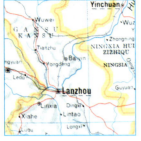

Le delta du fleuve Jaune est situé à environ 322 km au sud de Beijing (Pékin). Le fleuve peut être longé sur une grande partie de sa longueur par route ou par rail, mais certaines sections, surtout vers l'amont, très isolées, sont plus accessibles à une expédition qu'à un voyage organisé. La ville de Lanzhou est un bon endroit pour voir le fleuve à sa descente des montagnes sur la plaine de lœss.

Le fleuve Jaune prend sa source à l'extrémité orientale du plateau tibétain, à environ 160 km à l'ouest du lac de Gyaring Hu pour

Ci-contre, le fleuve Jaune présente, au cours de son long voyage, des visages très divers – il est ici, dans son cours supérieur près de Xining, large.

Page de droite, en haut, collines de lœss, déchiquetées, près de Lanzhou.

s'engager dans son voyage de 5 464 km de long jusqu'à la mer Jaune. C'est le 4ᵉ plus long fleuve d'Asie, mais son bassin, de 979 016 km² n'est que le 6ᵉ (ou le 7ᵉ, si l'on compte le bassin du système Gange-Brahmapoutre d'Inde et du Tibet). Les monts Bayan Har, où se trouvent les sources de l'un des principaux tributaires du fleuve Jaune ne sont qu'à 50 km au nord de celles d'un tributaire du Yangzi Jiang, le fleuve le plus long d'Asie.

Le fleuve Jaune doit son nom à la couleur de ses eaux, lourdement chargées des limons qu'elles arrachent au sol de lœss. Le nom chinois signifie "Le fléau des fils de Han" et renvoie à la tendance qu'a le fleuve à inonder et dévaster les régions alentour. Le fleuve est plus de 1 000 fois déjà sorti

L'ASIE

de son lit, et son cours a subi au moins 20 modifications importantes durant les deux derniers millénaires. Mais, comme dans d'autres régions du monde, l'inondation donne également une nouvelle vie aux champs quand les eaux reculent en y déposant une grande partie du lœss emporté de l'amont.

Sur les premiers 1 170 km, le fleuve traverse un pays excentré et peu habité. Il descend sur plus de 2 400 m dans une série de rapides et par de profondes gorges pour sortir du plateau tibétain et entrer dans les plaines désertiques de la Mongolie intérieure. Il traverse alors le plateau de lœss, creusant toujours le sol jusqu'à ce que son débit et son courant se réduisent brusquement dans les plaines alluviales 3 m au-dessus de la plaine. C'est là la région la plus vulnérable aux grandes inondations.

Le fleuve Jaune, l'un des cours d'eau les plus boueux du monde, transporte environ 26 kg de limon par pied d'eau, contre 0,9 kg pour le Nil et 7,7 kg pour le Colorado. Les eaux d'une inondation contiennent jusqu'à 544 kg de limon par pied d'eau, soit 70 % de leur volume. Ces chiffres montrent que le fleuve apporte environ 1 490 t de limon à la mer chaque année. Ce chargement considérable s'explique partiellement par la vitesse relativement élevée du fleuve, assez constante, même dans le vaste système d'irrigation de la plaine.

A l'exception d'environ 160 km de son cours en aval, le fleuve n'a jamais

du désert de l'Ordos. Poursuivant sa route vers le sud, le Huang He accélère à nouveau, passe encore une région de gorges, tourne vers l'est et traverse les monts Tsinling. Après la plaine de Chine du Nord, il ralentit à nouveau et s'élargit, coulant par endroits sur plus de été vraiment navigable mais la construction d'un barrage et d'un réservoir de 210 km de long équipé d'une centrale hydroélectrique à San-men-hsia, ainsi que celle d'autres barrages, pourraient allonger les tronçons navigables d'une partie du fleuve et de ses affluents.

Le lœss

Les tempêtes de sable des déserts sont un excellent exemple de ce que peut être la force du vent en tant que facteur d'érosion, mais où peut bien aller toute cette poussière ? Les grains de sable les plus lourds tombent avec le vent, mais la poussière de sable peut, elle, être portée sur des distances considérables. Le lœss se compose d'accumulations de cette argile portée par les vents. Une grande partie du nord de la Chine est couverte du lœss emporté par le vent des régions désertiques de l'ouest. Quand le lœss se couvre d'herbes, les racines le maintiennent en place ; au fur et à mesure que la terre s'accumule les racines les plus profondes meurent et se calcifient, contribuant aussi à fixer le sol.

Les sols de lœss, très fertiles, sont utilisés dans la plupart des régions du pays pour la riziculture en terrasses irriguées. Le lœss est très tendre et friable, mais relativement stable, et on y a souvent creusé des habitations troglodytes. Par contre les tremblements de terre causent toujours des dégâts considérables sur ces terrains et l'on voit des collines entières glisser. Trois cent mille personnes furent tuées dans la province chinoise du Kansu lors de 2 tremblements de terre dans les années 20, pour la plupart victimes indirectes de la déstabilisation des sols de lœss.

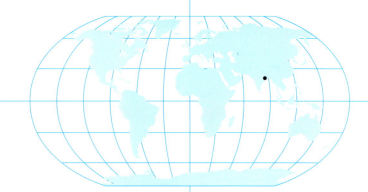

Inde, Bangladesh
LES SUNDERBANS

La plus grande forêt de palétuviers au monde.

Le delta de l'ensemble Gange-Brahmapoutre-Meghna est situé sur la frontière de l'Inde et du Bangladesh et donne sur le golfe du Bengale. La grande ville indienne de Calcutta se trouve à l'ouest du delta, mais le meilleur point de départ est sans doute Dhaka au Bangladesh. La plus grande partie de la région n'est toutefois accessible qu'aux plus aventureux.

Les Sunderbans, qui signifie littéralement "magnifiques forêts", couvrent 10 270 km², ce qui en fait la plus grande zone de delta du monde. Il a comme de nombreux terrains marécageux été surexploité, et le développement humain simultané a entraîné la destruction d'habitats naturels importants. Mais le delta a reçu récemment l'attention qu'il mérite, et l'Inde a déclaré les Sunderbans réserve naturelle du tigre et en a interdit toute exploitation sur 1 295 km², alors que le Bangladesh a fait de l'ensemble une réserve forestière comprenant jusqu'à 3 zones de protection de la vie sauvage couvrant 325 km².

Le delta est bordé par une grande forêt de palétuviers de quelque 5 960 km². C'est le plus grand marécage de palétuviers du monde, et le seul habité par des tigres. Plus de 334 espèces différentes de plantes y poussent dans un climat chaud et humide ; parmi lesquelles 27 sortes de palétuviers. Le climat humide tropical explique la présence de plantes originaires à la fois d'Asie du Sud-Est, de Polynésie, d'Éthiopie, et du Nouveau Monde, coexistant comme elles ne le font nulle part ailleurs. Les ressources naturelles de la forêt de palétuviers constituent une richesse considérable pour la population locale.

L'ASIE

L'industrie forestière, très importante, exploite cet arbre pour son bois, sa pulpe et comme combustible. La pêche est également une activité fréquente, et les eaux protégées du delta renferment plus de 149 000 t de poissons par an, qui y trouvent une nourriture abondante. Ce n'est pas seulement un terrain d'élevage de la crevette, la forêt produit également une bonne récolte de miel et de cire d'abeilles.

Malgré cette exploitation considérable la faune des Sunderbans est riche et variée et comprend au moins 35 espèces de reptiles, plus de 40 espèces de mammifères et plus de 270 d'oiseaux. Ces chiffres, aussi impressionnants soient-ils, cachent de graves échecs comme l'extinction d'animaux comme le rhinocéros de Java, le cerf des marais et le buffle d'eau asiatique. Le grand rhinocéros indien est maintenant en danger, et les 1 700 animaux restants se sont retirés jusqu'aux plaines inondées du Brahmapoutre dans le nord-est de l'Inde et aux marécages du centre du Népal.

Les Sunderbans sont le dernier refuge du tigre du Bengale, dont il reste environ 700 individus, et si le nombre de leurs proies a diminué, il en reste encore assez pour les nourrir. Mais la réputation de mangeurs d'hommes de ces tigres est difficile à effacer, et ils sont toujours menacés de persécution.

Dans les eaux littorales bien abritées des marécages de palétuviers et le labyrinthe complexe des voies d'eau de l'estuaire vivent de nombreux reptiles et mammifères aquatiques, y compris 3 sortes de crocodile, la loutre à fourrure d'Inde, le dauphin du Gange et le dauphin Irrawady, les dauphins d'Inde et du Pacifique et le marsouin.

Les Sunderbans sont aussi une étape et une ère de repos hivernal très importante pour de nombreux oiseaux du littoral, des mouettes et des sternes. On y trouve plus de 30 espèces d'oiseaux de proie, y compris l'aigle de mer à ventre blanc, l'aigle serpent huppé et l'aigle pêcheur de Pallas.

Le splendide mais fragile écosystème du marais de palétuviers est sans cesse menacé par la surexploitation et la pollution, ainsi que par le risque d'une réduction de l'apport en eau douce, ce qui pourrait tuer les palétuviers.

Ci-dessus, bien qu'étant une espèce protégée, le tigre du Bengale est encore souvent persécuté.

Page de gauche, la dense forêt de palétuviers abrite de nombreuses espèces animales.

Les palétuviers

Le palétuvier est un arbre à feuilles persistantes des marécages marins qui joue un rôle capital dans la stabilisation de ces terres littorales. Son remarquable pouvoir d'adaptation lui permet de survivre dans cet environnement inhospitalier. Ses racines aériennes absorbent l'oxygène de l'air, inaccessible à celles qui plongent dans la boue. Quand les racines sont recouvertes de boue, elles repoussent vers le haut d'autres petites racines, qui permettent à la plante de respirer. Les graines de palétuvier sont pointues de façon à tomber verticalement et s'enfoncer dans la boue. Ceci les empêche d'être emportées par l'eau et leurs jeunes pousses peuvent alors se développer à l'abri.

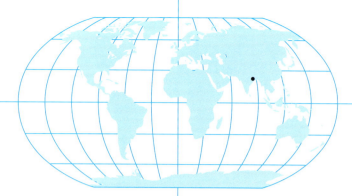

Bangladesh
LA BAIE DU BENGALE

Trois grands fleuves – le Gange, le Brahmapoutre-Jamuna et le Meghna – convergent au Bangladesh pour se jeter dans la baie du Bengale.

Entouré presque entièrement par l'Inde, le Bangladesh a pour capitale Dhaka. Le pays est très peuplé et de grandes routes relient la capitale au delta, mais elles sont souvent coupées par les pluies.

Ci-contre, vue des dégâts causés dans le district de Chittagong par le cyclone de 1991.

Page de droite, au centre, un village à basse altitude menacé par les inondations à Demra Bustee, au Bangladesh.

L'ASIE

Le Bangladesh est situé sur l'une des plus grandes plaines inondables du monde, là où 3 grands fleuves se scindent en des milliers de cours d'eau sur leur chemin vers la mer. Même Dakha, la capitale (6 millions d'habitants) ne se trouve qu'à 8 m au-dessus du niveau de la mer, et l'eau monte souvent jusqu'à la taille pendant la mousson. Le Bangladesh est un pays étonnamment vert, mais l'eau qui le rend si fertile est aussi la cause des grandes catastrophes qui le dévastent périodiquement.

Au nord du pays se trouvent les grands sommets enneigés de l'Himalaya, où ces grands fleuves prennent leur source. Le Brahmapoutre-Jamuna apparaît tout d'abord au Tibet et parcourt plus de 2 895 km en perdant environ 4 880 m d'altitude avant de se jeter dans la baie du Bengale. Le Gange serpente à travers l'Inde pour se fragmenter de façons toujours changeantes dans la partie de la baie connue sous le nom de bouches du Gange. Le Meghna, le plus petit des 3, peut lui aussi causer des dégâts considérables quand il est en crue. En 1991, le Meghna emporta, dans une seule petite région, avec 60 m de terre en 10 jours, maisons, récoltes et bétail.

Bien que le Bangladesh soit muni d'environ 4 025 km de digues, la plupart des tentatives pour contrôler les fleuves s'avèrent futiles. Les neiges fondues de l'Himalaya et les pluies des moussons gonflent leurs eaux, qui envahissent chaque année un cinquième du pays et emportent de vastes zones de terrain. Mais cette eau qui détruit la terre la crée aussi. Les fleuves à eux tous apportent chaque année deux billions de tonnes de limon, et quand de petites îles de limon (les "chars") sont emportées, d'autres se forment ailleurs. Les inondations ont aussi le mérite de fournir la population en poissons et de déposer des algues qui nourrissent la terre.

Des projets tentent de contrôler le cours des fleuves comme on le fait pour le Mississipi aux États-Unis, mais l'inondation de ce dernier en juillet 1993 les a remis en question. Le Brahmapoutre-Jamuna surtout devient un vaste torrent capricieux aux bras multiples d'eaux boueuses que beaucoup considèrent indomptables. Le Bangladesh est un pays pauvre, et certains se demandent s'il est sage d'utiliser ses ressources pour construire des barrages et des digues qui non seulement ne remplissent pas leur office lorsque les eaux sont en crue, mais peuvent aussi causer plus de dégâts encore en modifiant leur cours naturel. Le projet d'irrigation du Meghna-Dhonagoda, qui a coûté 50 millions de dollars, visait à contrôler les inondations et l'érosion de 210 km^2 de riches terres agricoles. Le fleuve a malgré les hautes digues toujours le dessus, et une seule section de terrain a été érodée de plus d'1,5 km depuis 1979. C'est partiellement la force des eaux qui se ruent vers la mer ainsi que la vitesse à laquelle le fleuve entre en crue qui posent problème. De grandes dépressions atmosphériques tropicales se forment dans la baie brumeuse du Bengale, et donnent naissance à certains des cyclones les plus meurtriers du monde. Pendant les 30 dernières années, 16 cyclones aux vents de plus de 120 km/h ont dévasté le pays ; les vents repoussant vers l'intérieur des terres de grandes tempêtes. Bien que certaines zones soient maintenant équipées d'abri en béton contre les cyclones, celui d'avril 1991 montre bien la vulnérabilité d'un peuple et d'une terre exposés aux forces de la nature.

Le cyclone de 1991

Le 29 avril 1991 une image satellite montra que le Bangladesh allait devoir faire face à l'une des plus fortes tempêtes du siècle. Malgré les avertissements à la radio le temps manqua pour organiser l'évacuation, et la plupart des gens ne savaient où fuir. Quand le cyclone arriva entre Cox's Bazar et Chittagong, le vent soufflait à 233 km/h. Il souleva une vague de 6 m de haut qui submergea la plus grande partie des basses terres. Ainsi périrent 139 000 personnes et 500 000 animaux ; 10 millions de personnes furent sans abri.

Contrôler les inondations

Le gouvernement des États-Unis fut vivement critiqué en 1993, quand malgré des investissements de billions de dollars, le Mississipi sortit de son lit causant de gros dégâts. Le fleuve atteignit le 18 juillet 15,1 m à Saint-Louis – soit 1,1 m de plus que son précédent record. Trente personnes périrent. Tous les ponts furent coupés sur 440 km.

Les premières tentatives pour contrôler le "Père des eaux" commencèrent il y a environ 60 ans : des ingénieurs conçurent un réseau complexe de digues et de barrages pour empêcher les inondations annuelles. Des raccourcis empêchaient le fleuve de serpenter, et d'immenses marécages furent drainés pour être utilisés par les agriculteurs. La catastrophe de juillet 1993 a forcé le gouvernement à repenser sa politique de contrôle des inondations.

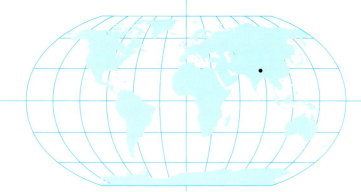

Tibet
L'HIMALAYA

Les montagnes les plus hautes du monde séparent le continent Indien de l'Asie.

En général, on prend l'avion jusqu'en Inde ou jusqu'au Pakistan, puis le train ou la route jusqu'aux montagnes avant de continuer à pied. L'accès par le Tibet au nord est plus difficile.

L'himalaya, la plus haute chaîne montagneuse de la planète, comprend 96 des 109 sommets de plus de 7 315 m du monde. La chaîne des Andes en Amérique du Sud est plus longue (7 562 km), mais pas aussi élevée. Les faits et les chiffres sont une chose, mais la vision grandiose de ces montagnes en est une toute autre. Bien que le monde entier sache que le point culminant de la planète soit l'Everest, le nom népalais de la montagne est infiniment plus parlant : Chomolungma, la déesse mère des neiges.

La chaîne de l'Himalaya et les monts Karakoram s'étendent sur plus de 2 415 km de long à travers le nord du sub-continent indien qu'ils séparent de l'Asie. Les monts Karakoram partent du nord-ouest, dans l'extrême nord du Pakistan et traversent le Cachemire au nord de l'Inde pour atteindre le sud-est. La chaîne de l'Himalaya s'étend en arc de cercle vers l'est

L'ASIE

et comprend les royaumes du Népal, du Sikkim et du Bouthan, puis se prolonge dans la province d'Arunachal-Pradesh dans le nord-est d'Assam. Les frontières nord de ces pays suivent la ligne de partage des eaux ; plus au nord encore se trouvent le Tibet et le Turkestan chinois. La chaîne se divise à l'ouest du Karakoram pour devenir le Pamir et le Hindu Kush ; elle décrit à l'est un brusque tournant vers le sud pour atteindre les sommets plus modestes du nord de la Birmanie.

Les gens originaires de ces régions n'ont que relativement peu exploré ces montagnes, et se furent surtout les Européens qui le firent. Au XIXe siècle, alors que des alpinistes tentaient d'atteindre les sommets des Alpes, le gouvernement indien calculait par triangulation la position d'un sommet qui paraissait plus élevé que les autres. En 1856 les derniers calculs consécutifs aux observations par théodolite de 1849 et 1850 montraient que la hauteur du Sommet XV sur la frontière népalo-tibétaine était de 8 840 m, c'est-à-dire que c'était le point le plus élevé du globe.

Le sommet prit le nom du colonel Sir George Everest, ancien inspecteur général des Indes. Il y avait là un nouveau défi pour les alpinistes. L'effort, poursuivi entre les deux guerres, se concentra surtout sur le Tibet, car le Népal était fermé aux expéditions. Le pays ouvrit à nouveau ses frontières après la Seconde Guerre mondiale et des expéditions commencèrent sur la face sud, mais ce n'est que le 23 mai 1953 que le Sherpa népalais Tenzing Norgay et le Nouveau-Zélandais Edmund Hillary arrivèrent au sommet de l'Everest.

La plus grande chaîne de montagne du monde est, comme on peut s'y attendre, riche en records. Le plus grand glacier qui ne se trouve pas dans les pôles est le Siachen, avec 76 km de long, et la montagne la plus escarpée le mont Rakaposhi (7 788 m), tous deux dans le Karakoram. En 10 km, l'altitude de la montagne à partir de la vallée de la Hunza augmente de 6 000 m, soit une pente de 31°. La face montagneuse la plus haute à escalader se trouve au sud de l'Annapurna I (8 078 m) dans l'Himalaya, et la face la plus longue se trouve sur le Rupal du Nanga Parbat dans le Karakoram et mesure 4 482 m. Les autres grands sommets sont le K2, dans le Karakoram (8 611 m) et le Kanchenjunga (8 586 m).

Ci-dessus, coucher de soleil sur l'Everest (à gauche) et le Nuptse (à droite) vus de Kumbu au Népal.

Ci-contre, vue sur les glaciers et les sommets de l'Himalaya au nord de l'Inde.

Évolution géologique

Il y a plus de 200 millions d'années la masse continentale de la Pangée se sépara en 2 grands continents, le Laurasie et le Gondwana. Le Laurasie se composait de l'Amérique du Nord, du Groenland, de l'Europe et de l'Asie ; le Gondwana de l'Amérique du Sud, de l'Afrique, de l'Inde et de l'Australie, regroupés autour de l'Antarctique. Quand le Gondwana commença à se fragmenter, l'Amérique du Sud et l'Australie dérivèrent vers leur position actuelle, et l'Afrique et l'Inde vers le nord jusqu'à entrer en collision avec l'Eurasie. Ces collisions, qui durèrent plus d'un million d'années et se poursuivent encore de nos jours.

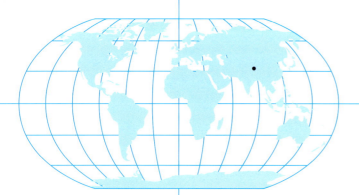

Tibet
LE PLATEAU TIBÉTAIN

Le plus haut plateau du monde.

Le Tibet, région autonome de Xizang Zizhiqu, est situé à l'ouest de la Chine, sur la face nord de l'Himalaya. On peut y aller par route, en traversant au sud le Cachemire, le Népal ou le Bouthan, ou bien de Chine, de Chengdu ou de Lanzhou à l'est. Quel que soit l'itinéraire choisi, le voyage est assez aventureux.

Le Serengeti d'Asie

La réserve d'Argin Shan est, avec 45 000 km², à la fois la plus grande des réserves naturelles de Chine et l'une des régions les plus isolées du monde. Bordée par les 240 000 km² de la réserve de Chang tang au Tibet, cette extraordinaire étendue sauvage a été appelée le "Serengeti d'Asie" pour ses grands troupeaux d'ongulés. Les hautes terres sont habitées par de grands troupeaux de chiru (antilope tibétaine) et de kiang (âne sauvage), et aussi par la gazelle du Tibet, le yack sauvage, l'ibex et le mouton sauvage. On trouve aussi des prédateurs notamment quelques léopards des neiges, derniers représentants d'une espèce sévèrement menacée.

Ci-dessus, des nomades éleveurs de yacks près du lac Namtso, sur le plateau tibétain.

Page de droite, le Kula Kangri, à l'extrémité est du plateau tibétain.

Le plateau tibétain couvre une zone de 199 430 km² sur la face nord de l'Himalaya. Son altitude moyenne est de 4 877 m, mais il n'est pas plat et possède des montagnes. Il est bordé au nord par les monts Kunlun, derrière lesquels s'étendent les steppes d'Asie centrale.

Six des plus grands fleuves du sud-est asiatique et du sub-continent indien y prennent leur source. L'Indus surgit au nord de l'Himalaya et s'écoule vers le nord-ouest avant de traverser les monts Karakoram et l'Himalaya occidental pour se jeter dans la mer d'Oman, au sud. Un peu à l'est de la source de l'Indus se trouve celle du Brahmapoutre. Il coule vers l'est, traverse l'Himalaya oriental, puis tourne vers le sud-ouest pour rejoindre le Gange et l'accompagner jusqu'au golfe du Bengale. Quatre fleuves à peu près parallèles prennent leur source à l'extrémité est du plateau ; le Salween et le Mékong coulent vers le sud à travers la Birmanie et la Thaïlande respectivement, alors que le Yangzi Jiang et le fleuve Jaune partent vers l'est à travers la Chine jusqu'à la mer de Chine orientale et la mer Jaune. Tous ces fleuves sont en amont des torrents impétueux, surtout au printemps, quand ils sont gonflés par les neiges fondues. S'ils traversent, dans les vastes plaines du Tibet, de grandes vallées, ils n'en restent pas moins très puissants et font obstacle aux communications.

Le plateau est une contrée aride, mais aux paysages inoubliables. Ce n'est pas seulement l'altitude qui laisse le voyageur sans voix. Les montagnes couvertes de neige qui bordent les immenses plaines des vallées se découpent clairement dans l'air frais et vif, exempt de toute brume ou pollution. En hiver le paysage devient une étendue blanche, les rivières trop rapides pour geler et les escarpements trop abrupts pour que la neige ne s'y accumule sont les seules taches noires. Avec le printemps et l'été, très courts, il se couvre brusquement de verdure et de fleurs de couleurs vives, qui profitent de cette brève période ensoleillée et chaude pour se reproduire avant l'arrivée de l'hiver. Les habitants du pays doivent eux aussi mettre à profit ce moment, car on ne peut presque rien faire en hiver. Le bétail, les chèvres et les yaks doivent être conduits aux pâturages où ils élèveront leurs petits, et il faut aller sur les grands marchés avant que la neige ne bloque à nouveau les cols. De nombreux tibétains sont encore nomades et vivent sous des tentes de peau, se déplaçant en été à travers le pays.

La religion est un élément important dans la vie tibétaine et le chef religieux, le Dalaï Lama est également le dirigeant politique et le roi du pays. L'un des plus grands honneurs pour un jeune tibétain est de devenir moine et de porter la robe couleur safran. On croise souvent, en ville ou à la campagne, des religieux qui font tourner leur moulin à prières. La vie simple et rurale du Tibet semble à de nombreux visiteurs très attrayante, mais peu seraient capables de supporter la sévérité du climat tout au long de l'année.

L'ASIE

Japon
LE MONT FUJI

*Un volcan classique,
fait de strates d'une symétrie
presque parfaite.*

Le mont Fuji est situé
à environ 100 km
au sud-ouest de la capitale
Tokyo, sur l'île de Honshu.
Il est très facile de
s'y rendre, que ce soit par
route ou par rail.
De nombreuses villes
ou villages des environs
font un bon point de départ.

*Le cône volcanique du Fuji
domine majestueusement
la forêt gelée sous le soleil
d'hiver.*

L'ASIE

La façade pacifique du Japon, avec ses champs de laves mortes, ses sources d'eaux thermales et ses volcans (60 à 65 sont encore classés actifs), témoigne sur toute sa longueur de la dramatique histoire volcanique du pays. Nombre de ces volcans présentent la forme classique en cône, et le plus célèbre d'entre eux est sans aucun doute le Fuji.

Le Fuji-san (le nom japonais peut être compris comme "mont Fuiji" ou comme une marque de respect) est situé sur l'île de Honshu, la plus grande des quatre îles principales de l'archipel. C'est le point culminant du Japon (3 798 m), et un élément important de la culture du pays. La montagne, vue du sud, se dresse dans une majestueuse solitude ; ses flancs symétriques montant brusquement vers le sommet tronqué qui dissimule le cratère central. Au sud-est se trouve le cratère du Hoei-zan, qui se forma lors de la dernière éruption du volcan en 1707. On a daté les plus anciennes du mont Fuji à 8 000 ans, ce qui en fait un volcan très jeune. Des études géologiques très poussées et des prélèvements dans la montagne montrent toutefois que le Fuji fut précédé de deux autres volcans, bien plus anciens. Le vieux volcan Kofuji était actif d'environ 50 000 à 9 000 ans auparavant. Il est maintenant entièrement recouvert par les laves et les cendres du Fuji. Une partie du volcan plus jeune est visible sur le flanc sud de la montagne.

La beauté du Fuji vient de sa forme presque parfaite et de son cône recouvert de neiges éternelles. Par beau temps le spectacle du volcan dominant le paysage avoisinant est magnifique. Au lever et au coucher du soleil la montagne se couvre d'une lumière rosée et prend un aspect mystérieux. Refuge de paix et de sérénité, le Fuji-san est considéré comme le domaine des divinités. Les shintoïstes révèrent la beauté de la nature et la vue du Fuji au printemps à travers les branches des cerisiers en fleurs est pour de nombreux japonais très émouvante.

L'idée que l'on se fait du Japon comme d'un archipel volcanique n'est que partiellement vraie. D'anciennes roches précambriennes et les roches sédimentaires qui les recouvrent se sont plissées pour former une chaîne montagneuse de type alpin. L'activité volcanique, prédominante que durant les dernières 60 millions d'années, est désignée par les géologues comme "volcanisme insulaire en arc".

Lorsque le fond de l'océan Pacifique se dilate à un endroit, il doit se contracter ailleurs. C'est ce qui se passe sur les bords de l'océan, quand la croûte océanique glisse sous la croûte continentale voisine. Au fur et à mesure que la croûte océanique s'enfonce dans le manteau de la Terre, elle est chauffée par friction contre les roches qui la couvrent, ce qui la fait entrer en fusion et se dilater. La pression qui augmente est régularisée par l'activité volcanique et des tremblements de terre aident à relâcher la tension. C'est pourquoi les roches jeunes du Japon sont le plus souvent d'origine volcanique et les tremblements de terre fréquents. Le phénomène touche plus ou moins toutes les terres aux bords du volcanisme en arc de l'océan Pacifique, nommé "la ceinture de feu".

Le Fuji-san à la saison des fleurs de cerisier est un spectacle d'une exceptionnelle beauté, et la montagne est un élément important de l'héritage culturel du Japon.

Les failles

La plupart des volcans de la ceinture de feu du Pacifique ont été formés par subduction de la croûte de l'océan sous celle du continent voisin. On trouve, typiquement, une profonde tranchée océanique bordée par un arc volcanique. Il arrive toute fois que des failles transcourantes majeures soient reliées par l'usure de la croûte océanique, comme c'est le cas pour la célèbre faille de San Andreas en Californie. Cette faille traverse en biais l'océan pour rejoindre la terre à San Francisco, et le sol du côté sud-ouest se déplace lentement par rapport à celui du côté nord-est. Les forces mises en jeu par le mouvement de telles failles sont relativement constantes, mais l'écorce terrestre ne peut résister que jusqu'à un certain point avant de relâcher la tension en cassant. Il se produit alors un tremblement de terre, dont la violence dépend de la quantité d'énergie accumulée.

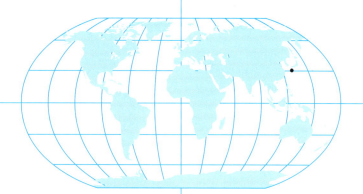

Japon
LES SOURCES DE BEPPU

Les régions volcaniques du Japon sont riches en geysers, en fumerolles et en boues ou en eaux bouillonnantes.

La région thermale de Beppu est située sur la côte nord-est de l'île japonaise de Kyushu. L'aéroport le plus proche est celui de Fukuoka, non loin de Beppu. Les villes sont reliées par des routes excellentes.

Hammam-Meskoutine

Les sources chaudes de Hammam-Meskoutine, au nord-est de l'Algérie, sont à l'origine de la formation de structures rocheuses extraordinaires. L'eau, saturée en minéraux, a laissé des dépôts de carbonates qui ressemblent à une cascade gelée dévalant un précipice dans une profusion de couleurs qui vont du blanc éblouissant à l'ocre terne. La légende raconte qu'une procession nuptiale y fut jadis pétrifiée par les dieux, et il est vrai que les rochers rappellent une foule de personnes voilées en grandes robes flottantes.

En haut, le feuillage de cet arbre met en valeur l'orangé vif des eaux d'une source thermale.

A droite, un groupe de macaques se détend dans une source thermale.

C'est, dans le froid vif de l'hiver du sud du Japon, un spectacle étonnant : de petits singes se dirigent, sous la neige tombante, vers la chaleur des eaux volcaniques et on les voit parfois plongés jusqu'au cou dans l'eau tiède, un petit tas de neige sur la tête. Lorsqu'ils quittent leur bain chaud, les singes ont à nouveau très vite plus froid encore, dans leur fourrure mouillée. Mais les singes sont des créatures ingénieuses : ils ont organisé des roulements, et envoyé tour à tour un ou deux d'entre eux chercher à manger pendant que les autres se baignent au chaud.

On a dit du Japon qu'il était placé sur le "berceau de la Terre", ce qui peut être vrai si l'on considère les nombreux volcans (plus de 500) des îles principales. Beaucoup sont éteints, mais certains, comme le Fuji, l'Asama, l'Aso et le Bantai, restent actifs.

Il y a aussi des centaines de régions d'activité thermale dont les plus connues sont Beppu, Kusatsu et Noboribetsu.

La ville de Beppu est située au pied d'une accumulation de débris volcaniques rejetés par les cratères des alentours. On estime à

L'ASIE

plus de 56 600 m³ d'eau par jour la production de ses geysers et de ses sources chaudes. La ville est devenue un centre touristique important, où le visiteur se plonge dans des bains de sables chauds ou d'eaux riches en minéraux aux vertus curatives. Il a aussi un zoo à Beppu avec, entre autres, des hippopotames et des pélicans, qui peuvent se baigner et jouer dans les sources d'eau chaude.

La région de Beppu comporte environ 3 500 fumerolles (ouvertures permettant au gaz de s'échapper), sources chaudes et geysers, ce qui en fait l'une des plus grandes zones thermales du monde. Les bassins d'eaux bouillonnantes, appelés "jigoku" sont de tailles et de couleurs très diverses. Chinoike jigoku est rouge vif, car l'eau y a oxydé certaines des roches immergées, alors que le grand Umi Jigoku, bleu sombre, reflète la couleur du ciel. Le geyser de Tatsu-maki Jigoku entre en éruption à intervalles réguliers tous les 20 min environ et lance alors très haut une grande flamme de vapeur sifflante.

Une autre zone géothermale importante du pays se trouve au sud de l'île de Hokkaido, la plus au nord des îles principales de l'archipel, à Noboribetsu. Les sources chaudes de Jigokudani sont là, dans un cratère volcanique de 2 km de diamètre. On y trouve aussi, comme à Beppu, des geysers, des sources d'eaux bouillantes et des bassins de boues brûlantes et bouillonnantes. Il y a également des "solfatares", orifices d'où jaillissent de la vapeur et des gaz sulfureux qui tapissent l'intérieur du cratère de tout une gamme de couleurs qui vont du jaune criard au rouge profond et alimentent, dans une dépression du cratère, un lac d'eau saturée de sulfures. La puanteur des émissions sulfuriques et d'incessants sifflements et grondements ont donné au Jigokudani le nom de "vallée des enfers".

L'heure de l'épouillage pour des macaques japonais dans une source chaude des hauteurs de Shiga.

D'autres sources thermales

Le parc national de Yellowstone aux États-Unis possède lui aussi des sources thermales et des geysers. Le premier à découvrir Yellowstone fut, en 1807, John Colter, un pionnier à la recherche de terrains de chasse au castor. Il parla bien à son retour, devant des foules incrédules, de bassins de boues bouillonnantes et de geysers sifflants, mais ce n'est qu'en 1870 que la région fut explorée et ses ressources naturelles recensées. Il y a à Yellowstone environ 300 geysers, dont le plus connu est nommé "Old Faithful" ("vieux fidèle") car il entre en éruption ponctuellement toutes les 70 min environ.

Indonésie
KELI MUTU

Trois lacs de couleurs vives occupent le centre de l'une des îles d'Indonésie.

Ces lacs se trouvent à l'est de l'île allongée de Flores, seconde île de l'archipel indonésien de Lesser Sunda. L'aéroport le plus proche est à Ende, à environ 30 km des lacs. L'aéroport international le plus proche est celui de Jakarta.

Les lacs de cratères

Beaucoup d'autres lacs dans le monde se sont formés dans des cratères ou des caldeiras. Crater Lake dans l'Orégon (États-Unis) est l'un des plus connus. Le cratère fut formé il y a environ 7 000 ans dans les monts Cascade par la violente activité volcanique du mont Mazama, qui s'effondra en lui-même après une série d'éruptions pour former une immense caldeira de 10 km de diamètre et de 1 220 m de profondeur. Le creux s'emplit très vite d'eau de pluie et de neiges fondues et c'est aujourd'hui le lac le plus profond des États-Unis. Trois volcans se trouvent dans sa caldeira, mais seul Wizard Island émerge encore à la surface.

On trouve également des lacs bleus et verts dans des cratères de Nouvelle-Zélande. Tikitapu et Rotokakahi sont ainsi côte à côte, séparés par une étroite bande de terre. On peut se promener et comparer leur couleur. Ils se trouvent près de Rotorua, dans une région de geysers, de bassins de boues chaudes et de fumerolles.

Trois lacs reposent en silence à quelques centaines de mètres les uns des autres dans le cratère d'un grand "bouclier volcanique" de l'île de Flores, en Indonésie. Deux d'entre eux ont des teintes toujours mouvantes de verts, et le troisième est rouge-noir ; ce qui s'explique par la nature des roches de leurs bassins. Le bouclier volcanique se forma lorsqu'une lave très fluide s'écoula largement de la cheminée centrale. De tels volcans peuvent prendre des proportions importantes – Mauna Loa à Hawaï fait environ 139 km de diamètre à sa base. Les caldeiras – des indentations du rocher – apparurent quand des morceaux du volcan central s'écroulèrent, puis elles se remplirent d'eau et devinrent les lacs de Keli Mutu.

Ces trois lacs portent des noms romantiques. Tiwoe Ata Polo, qui signifie "lac des ensorcelés", est d'un rouge très sombre, presque noir. Puis vient Tiwoe Noea Moeri Kooh Fai, ce qui veut dire "lac des jeunes hommes et des vierges", qui est d'un vert émeraude opaque. Le troisième, Tiwoe Ata Mboepoe est d'un vert limpide et lumineux.

Pourquoi les trois lacs de Keli Mutu, pourtant si proches, sont-ils donc si différents ?

Tiwoe Noea Moeri Kooh Fai a une petite "solfatara" (cheminée) qui fume, comme pour signaler au passant que le volcan est toujours actif. Comme pour tous les autres volcans, les principaux gaz rejetés sont le sulfure d'hydrogène et la vapeur d'acide chlorhydrique. Le sulfure d'hydrogène réagit en entrant en contact avec l'oxygène de l'air et se transforme en acide sulfurique. Les eaux de Tiwoe Noea Moeri Kooh Fai et de Tiwoe Ata Mboepoe sont riches en acides sulfuriques et hydrochloriques libres, et ce sont eux qui ont donné aux lacs leur teinte verte.

Tiwoe Ata Polo autrefois d'un rouge vif, devient petit à petit de plus en plus sombre ; sa couleur étrange est due au fer de roche. Les roches en fusion – le magma – contient beaucoup de silicates dont certains sont très riches en fer. En entrant en contact avec l'oxygène de l'air le fer devient de l'oxyde de fer et donne à l'eau sa couleur rouge vif.

On trouve des lacs verts d'origine volcanique dans d'autres régions du monde,

L'ASIE

mais ce n'est qu'à Keli Mutu que l'on peut admirer à la fois un lac rouge et des lacs verts. L'origine de ce fait étrange est probablement à rechercher dans la nature des roches qui forment le sous-sol de Tiwoe Ata Polo. Le magma d'un même volcan a souvent une composition chimique très diverse. Il est probable que les roches sous Tiwoe Ata Polo contiennent plus de fer que celles des autres lacs, et il est possible également que le taux d'acidité soit plus élevé dans le lac rouge que dans les lacs verts. Les roches riches en fer du lac rouge, dissoutes par les puissants acides sulfurique et hydrochloriques, donneraient à l'eau une couleur différente.

Le volcan de Keli Mutu fait partie de la "ceinture de feu" qui entoure l'océan Pacifique. L'Indonésie comporte de nombreux volcans, et, selon les géologues, plus de 132 volcans y auraient été actifs durant les dernières 10 000 années.

Ci-contre et ci-dessous, il est difficile de croire que les couleurs étonnantes de ces lacs sont d'origine entièrement naturelle.

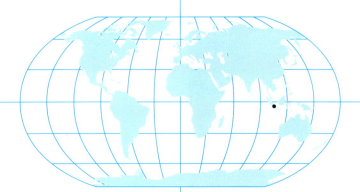

Indonésie
LE KRAKATOA

Quand le Krakatoa entra brusquement en éruption en 1883, on entendit la détonation à des milliers de kilomètres, et l'explosion fut l'une des plus meurtrières.

La lointaine île de Krakatoa, ou Krakatau comme l'appellent les habitants de la région, se trouve dans le détroit qui sépare Sumatra de Java. L'aéroport international le plus proche est celui de Djakarta, capitale de l'Indonésie, et le volcan peut être admiré d'avion ou d'un bateau.

Un nuage de cendres projeté haut dans le ciel par le Anak Krakatoa.

L'ASIE

"Jour après jour, soir après soir rouge sang... brûla d'un furieux crépuscule" écrivit le poète Tennyson après la grande éruption du Krakaota. On estime à 20,5 m³ la quantité de roches et de poussières qui furent projetées dans l'atmosphère, et elles montèrent si haut qu'elles formèrent un halo suffisant en effet à faire rougeoyer tous les couchers de soleil de la planète. On pense que cette éruption du Krakaota en 1883 fut au moins deux fois aussi puissante que la plus grande explosion nucléaire, et on a pu l'entendre de 4 800 km de distance.

Mais le problème majeur pour Java et Sumatra fut moins l'explosion qui projeta dans la mer d'énormes quantités de roches en fusion et de laves que le tsunami, ces immenses vagues causées par les mouvements de l'écorce terrestre. Le 27 août 1883 un tsunami de 40 m de haut se rua sur ces îles très peuplées, faisant 36 000 victimes et éparpillant leurs cadavres près de navires qui se trouvaient jusqu'à 200 km de là. La vague fut si puissante qu'elle emporta un bateau à vapeur à 3 km à l'intérieur des terres avant de le projeter au sol. Une épaisse pluie de cendres et de pierres ponce tomba pendant presque un an sur les îles.

Le Krakaota est situé à un endroit où deux plaques tectoniques se rencontrent ; celle qui forme le fond de l'océan Indien, comprimée, glisse sous la plaque asiatique. La ligne de fracture, longue de 3 200 km, est constellée de volcans, dont le plus célèbre est le Krakaota. On sait qu'il entra en éruption en 416 et fit alors de nombreuses victimes dans les populations des environs. Le volcan poursuivit son activité au cours des siècles, et à son cône principal s'ajoutèrent en 1680 deux cônes secondaires, d'environ 44 km², sur l'île de Rataka. Ces deux petits cratères entrèrent à leur tour en éruption au début du mois d'août 1883, projetant des cendres et de la pierre ponce dans les airs ; le Krakaota est, lui, responsable de l'éruption meurtrière la plus récente. Quand son activité cessa, l'île de Rakata avait rétréci des deux tiers. Les deux petits cratères, et une grande partie du cône principal, avaient eux aussi disparu. En 1927 un cône de scories nommé Anak Krakatau, "enfant de Krakatoa", commença à émerger de l'océan. Il fait aujourd'hui environ 210 m de haut et reste très actif.

La catastrophe de 1883 eut toutefois une conséquence heureuse : les habitants des îles et de la péninsule de Ujung Kulon étant morts ou partis, cette zone fut laissée à l'abandon, puis la nature reprit le dessus, sans entrave humaine. La région, devenue le parc national de Ujung Kulon, est sans cesse patrouillée par des forestiers qui rendent la vie dure aux braconniers qui chassent le rhinocéros de Java.

De nombreux animaux et oiseaux exotiques vivent dans le parc national. On y trouve des léopards, mais ils sont méfiants et donc difficiles à voir, et au moins 8 espèces de martins-pêcheurs de couleurs vives s'y sont installés. Les zones marécageuses sont un habitat idéal pour les gobies, les araignées-oiseaux et les crabes-violons, sans compter les serpents venimeux à rayures dorées des palétuviers. D'immenses papillons flamboyants oranges, rouges et jaunes volent de jour comme de nuit dans le parc.

Le rhinocéros de Java, Rhinocéros sondaicus, *eut une seconde chance de survie après l'éruption du volcan.*

La formation des volcans

Les volcans montrent que la Terre est toujours en train de se transformer et que les roches sous son écorce sont encore en fusion. L'écorce terrestre est faite de "plaques tectoniques" rigides et qui se déplacent. Quand deux plaques entrent en collision, la pression façonne des montagnes ; quand elle s'écartent l'une de l'autre des roches en fusion, appelées magma, montent et emplissent l'intervalle. Les volcans, qui sont des fissures ou des cheminées à la surface de la Terre, se rencontrent souvent quand deux plaques sont contiguës, que ce soit sur terre ou sous la mer. On les classe d'ordinaire en volcans actifs, volcans endormis et volcans éteints.

Le manteau se trouve entre la croûte terrestre et le noyau et contient du magma. Le mouvement des plaques tectoniques repousse ce magma vers la surface de la Terre dans ce que l'on appelle des "chambres magmatiques". La pression toujours croissante finit par l'en éjecter.

Il existe plusieurs sortes de volcans, dont le plus connu est le volcan en cône.

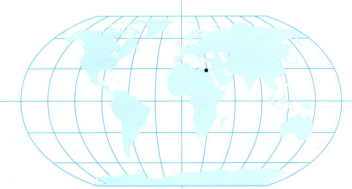

Égypte
LE NIL

*De ses sources, au cœur de l'Afrique,
à son delta sur la côte méditerranéenne,
le Nil s'étend sur 6 700 km.*

De nombreuses villes des bords du Nil sont d'accès facile. Des vols relient Le Caire et Khartoum mais aussi Addis Abeba, Alexandrie et Kampala, proches du fleuve. On descend facilement le fleuve en bateau au nord de Khartoum, surtout entre le barrage d'Assouan et Le Caire, mais des troubles incessants dans le nord du Soudan font déconseiller au voyageur de s'y rendre.

L'un des fleuves les plus longs du monde prend sa source dans les grands lacs d'Afrique et traverse des milliers de kilomètres de déserts et de marécages, parfois paisible et lent, parfois franchissant avec impétuosité des cascades et des rapides. Au sud-est de Khartoum, le Nil se divise en deux : le Nil Bleu à l'est et le Nil Blanc au sud.

Le Nil Bleu prend sa source dans le lac Tana dans les hautes terres éthiopiennes, à environ 1 810 m d'altitude. Il coule ensuite vers le sud-est et franchit les magnifiques chutes de Tisistat, puis décrit un grand arc de 645 km de long à travers le plateau éthiopien avant d'atteindre les plaines du sud du Soudan et une altitude inférieure de 1 370 m à son point de départ. Le fleuve en traversant le plateau y découpe d'immenses gorges, qui font par endroit 2 km de profondeur sur 24 km de large. Bien que les difficultés liées à la traversée du désert au sud-est de Khartoum et au voyage dans les gorges ait empêché que l'on cartographie le fleuve avant les années 20 et 30, des Européens en avaient découvert les sources des centaines d'années auparavant. Le premier fut Pedro Paez, un prêtre portugais qui réussit à atteindre les chutes de Tisisat en 1618, mais le plus célèbre fut un écossais, James Bruce l'Abyssinien, qui arriva aux chutes en 1770.

Contrairement au rapide Nil Bleu, le Nil Blanc est, entre Juba au sud du Soudan et Khartoum, un fleuve lent et paresseux ; il ne descend en effet que de 70 m sur une distance de 1 610 km. Dans le Sud, région

L'AFRIQUE

périodiquement marécageuse, le fleuve se transforme en une série de cours d'eau aux parcours toujours changeants, étouffés par les herbes et les racines de l'eau. Le Sud interdit presque entièrement toute navigation, et ce depuis l'époque de Néron, qui envoya une expédition descendre le fleuve jusqu'à ce que l'on creuse enfin un canal permanent.

La recherche des sources du Nil Blanc était devenue au milieu du XIXe siècle de plus grand défi géographique du monde. En 1858 John Hanning Speke, qui faisait partie d'un groupe d'explorateurs dirigés par Richard Francis Burton, devint le premier Européen à atteindre le lac Victoria, qu'il déclara immédiatement être la source du Nil. Un débat passionné s'ensuivit pour savoir qui, de Speke ou de Burton – ce dernier soutenait lui que la source ultime se trouvait dans le lac Tanganyika – avait raison. De nombreux explorateurs, y compris le célèbre David Livingstone, tentèrent d'apporter une réponse. La question ne fut tranchée qu'avec la magnifique traversée de l'Afrique par Henri Morton Stanley, en 1874-1877. En cette occasion, il fit tout le tour du lac Victoria, prouvant qu'aucune rivière importante susceptible d'être la source du Nil ne s'y déversait, et que le lac ne disposait que d'un seul écoulement d'une certaine importance : les chutes de Ripon, où le Nil prend effectivement sa source. Il démontra également que la rivière à l'extrême nord du lac Tanganyika s'y déversait et n'en partait pas. Speke, qui avait parlé en réalité au hasard, avait vu juste.

Le delta du Nil situé au nord, l'une des régions les plus fertiles de la planète, est aujourd'hui tout aussi vitale pour l'économie du pays qu'elle ne l'a été pendant des milliers de siècles. La construction du haut barrage d'Assouan, situé à 965 km du Caire a mis la région en danger en empêchant le fleuve d'y déposer le précieux limon prélevé en amont. Cependant, le contrôle du débit du fleuve permet d'irriguer toute l'année, et l'on compte par endroits jusqu'à 3 récoltes par an.

L'énigmatique crocodile du Nil se fait de plus en plus rare de nos jours.

Le crocodile du Nil

Les anciens Égyptiens rendaient un culte au crocodile du Nil. Le dieu Sebek a une tête de crocodile, on élevait des crocodiles ornés de bracelets d'or dans les temples et il y eut même une ville pour prendre leur nom : Crocodilopolis. Les archéologues ont découvert dans ses environs des milliers de tombes de crocodiles très soigneusement inhumés et parfois ornés de bijoux de valeur. Le crocodile du Nil ne se rencontre plus maintenant très souvent sur les berges du Nil égyptien, et si l'on fait exception de quelques petites colonies soigneusement surveillées et protégées, comme dans le lac Turkana dans le nord du Kenya, ce splendide animal est devenu de plus en plus rare.

La région d'Assouan, sur le Nil, profondément modifiée par l'activité humaine, comporte maintenant de nombreuses carrières et un grand barrage sur le fleuve.

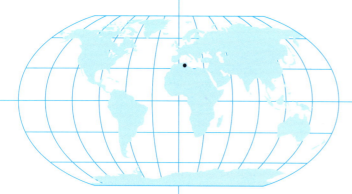

Afrique du Nord
LE SAHARA

Le Sahara, le plus grand désert du monde, est une immense étendue aride (plus de 8 millions de km²) de roches et de sables.

Le Sahara est si grand qu'il couvre la majeure partie du nord de l'Afrique. Il est possible de s'y rendre en partant de l'une des villes de la côte nord, par exemple Alger, Tunis ou Oran, et en voyageant vers le sud.

Ci-contre, une mer de dunes couleur or dans le nord du Sahara.

Page de droite, en haut, après une averse, des graines germent dans le désert sur la terre cuite par le soleil.

L'AFRIQUE

Le désert du Sahara traverse toute l'Afrique du nord, de l'Égypte et du Soudan jusqu'aux côtes occidentales de la Mauritanie et du Sahara espagnol (soit 5 150 km). C'est, avec sa superficie de plus de 8 000 000 km², le plus grand désert du monde.

Le Sahara évoque de grandes dunes brûlantes de sable jaune, trop rarement interrompues par des oasis vert émeraude, mais il comporte en réalité presque toutes les formes de désert connues ; on y trouve aussi des plateaux rocheux dénudés couverts d'étranges formations géologiques et des plaines de broussailles desséchées.

Le Sahara est aride ; les précipitations y sont dans de nombreux endroits inférieures à 25 cm par an. La majeure partie du désert est située loin à l'intérieur des terres, et les vents dominants dessèchent l'air humide avant qu'il n'atteigne le désert. Des chaînes montagneuses situées entre la mer et le Sahara retiennent toutes les précipitations.

Le ciel du Sahara est rarement nuageux et ses journées impitoyablement chaudes. Cette absence de nuages favorise la dispersion de la chaleur dans l'atmosphère dès que le soleil se couche, et les températures peuvent la nuit descendre au-dessous de zéro. L'un des endroits les plus chauds du désert est Kebili ; les températures de 55 °C qu'on y a relevées ne sont pas seulement dues au soleil brûlant, mais aussi à la position de Kebili sur le trajet du Sirocco – ce vent qui prend naissance au cœur du désert et souffle vers le nord un air brûlant.

Les endroits les plus connus du sahara sont les régions de dunes de sable associées aux combats d'Afrique du Nord de la Seconde Guerre mondiale. Ces vastes étendues monotones, de parfois 100 000 km², se nomment "ergs". Les dunes sont par endroits extrêmement mobiles, certaines d'entre elles avancent, poussées par le vent, à une vitesse de 11 m par an. L'oasis de Faja est sans cesse sous la menace de cette marée de sable. Ailleurs elles peuvent sembler ne pas avoir bougé depuis des millions d'années, et les tranchées qui les séparent deviennent alors des pistes permanentes pour les caravanes.

L'aridité du Sahara a empêché toute agriculture, mais le désert est parcouru par des tribus nomades qui élèvent du bétail. On trouve quelques cultures près de certaines oasis, mais la majeure partie du Sahara est improductive.

La désertification qui menace les zones périphériques du désert est devenue ces dernières années source d'inquiétudes. Le phénomène est dû par l'emploi de techniques agricoles inappropriées pour cultiver une terre appauvrie, alors le désert avance et remplace la terre arable. La végétation détruite ne retient plus la terre ; le vent l'emporte, et le désert progresse.

L'oasis : œil vert dans le sable

Une oasis est un endroit où il y a de l'eau, une petite zone fertile dans le désert. C'est parfois un groupe d'arbres entourant une source, parfois un endroit bien plus important, arrosé par une rivière. La rivière est, par endroits, un ruban vert sombre égayé de fleurs multicolores.

On trouve une autre sorte d'oasis à Nefta, en Tunisie. Connue et utilisée depuis l'époque romaine, c'est un point de ravitaillement très important pour les caravanes qui traversent le nord du Sahara. Chaque année la réserve d'eau souterraine de Nefta déborde, sature les roches poreuses et forme dans le sous-sol des puits artésiens. L'eau chassée des puits apparaît sous forme de sources qui permettent une culture intensive des agrumes et des palmiers-dattiers.

La découverte du lac Tchad

Les Européens ne savaient presque rien de l'intérieur du Sahara avant le XIXe siècle. La 1re exploration importante fut menée par trois Britanniques – Dixon Denham, Hugh Clapperton et Walter Oudney. Ils quittèrent Tripoli en 1822 et traversèrent pendant 68 jours le désert, encore non cartographié, pour devenir, le 4 février 1823, les premiers Européens à voir le lac Tchad. Denham partit alors vers le sud ; Clapperton et Oudney se tournaient vers l'ouest et le Niger. Oudney mourut peu après, mais Clapperton put atteindre successivement la grande cité entourée de murailles de Kano et Sokoto, capitale de l'empire Fulani.

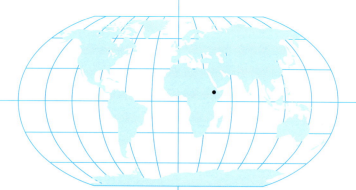

Afrique de l'Est
LA RIFT VALLEY DE L'EST AFRICAIN

Une faille de l'écorce terrestre aux dimensions d'un continent.

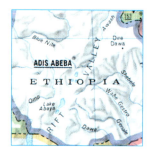

La grande vallée du rift d'Afrique de l'Est traverse neuf pays différents : le Mozambique, le Malawi, la Tanzanie, le Zaïre, le Burundi, le Rwanda, l'Ouganda, le Kenya et l'Éthiopie. Les capitales de la plupart de ces pays sont faciles d'accès par avion, et des safaris sont organisés pour voir les animaux et la vallée du rift.

La grande vallée du rift africain est l'une des principales formations géologiques de la planète. Du sommet de l'un des côtés de l'escarpement, l'immense vallée à fond plat se déroule sous les yeux, parfois même trop large pour que l'on puisse voir l'autre côté de la faille. Le bras occidental du rift s'étend sur environ 3 050 km de long, du lac Malawi au sud, proche des côtes du Mozambique, suivant la ligne des grands lacs africains jusqu'à l'ouest

Ci-contre, vue de la vallée du sommet de l'escarpement près de Losiolo au Kenya.

Page de droite, en haut, Ol Doinyo Lengai fait encore partie des volcans actifs du monde.

90

L'AFRIQUE

du lac Victoria. Le bras oriental part à l'est du lac Victoria et se prolonge vers le nord sur environ 2 575 km de la Tanzanie à travers le Kenya et l'Éthiopie jusqu'au Triangle d'Afar, zone géologiquement complexe aux roches volcaniques et tremblements de terre fréquents. Là le rift se divise ; une partie continue vers le nord et la mer Rouge, l'autre se prolonge à l'est dans le golfe d'Aden.

Le météorologiste allemand Alfred Wegener, qui mit en lumière au début du siècle la théorie de la dérive des continents, avait remarqué que les côtes de la mer Rouge qui se font face avaient la même forme, et que l'on pouvait fermer la mer en faisant glisser l'Afrique contre l'Arabie ; seul le Yémen se superposerait alors avec le Triangle d'Afar. On sait aujourd'hui que les roches volcaniques sont à ces deux endroits plus jeunes que la mer Rouge, et qu'elles ne peuvent donc pas être antérieures

à l'ouverture de la mer. Les pièces du puzzle s'emboîtent parfaitement.

Les rifts actifs se caractérisent par des tremblements de terre et une activité volcanique, et le Triangle d'Afar est pour l'instant la partie la plus active de la grande vallée africaine du rift. Les tremblements de terre y sont fréquents, mais la forme de rift y est moins impressionnante qu'ailleurs car les laves rejetées au cours des siècles ont commencé à boucher la vallée. On trouve des volcans encore actifs autour du lac Victoria. C'est également en Tanzanie qu'est situé le Lengai, volcan actif, dont la lave est comme un calcaire volcanique qui prend une couleur de neige sale moins de 24 h après l'éruption.

L'autre caractéristique principale du rift africain, surtout dans son bras occidental, est la rangée de lacs qui le ponctue. Le lac Tanganyika, le deuxième pour la profondeur, est posé sur une couche sédimentaire de 5 000 m. Les dimensions extraordinaires du rift sont toutefois difficiles à appréhender. Le cratère du Ngorongoro, une caldeira de 20 km de diamètre qui se forma lors d'une gigantesque explosion il y a environ 3 millions d'années, est l'une des terres les plus giboyeuses d'Afrique (éléphants, buffles du Cap, lions et hyènes). Au nord de Lengai se trouve le lac Natron, de très faible profondeur, en partie alimenté par des sources chaudes, riches en soude et dans lequel vivent de nombreuses colonies d'algues dont se nourrissent des milliers de flamants roses. Entre Lengai et le Ngorongoro se trouvent les gorges d'Olduvai célèbres pour leurs fossiles d'hominidés et peut-être le berceau de la race humaine.

Formation d'un rift

Un rift se forme lorsque des tensions s'accumulent dans l'écorce terrestre, quand les bords opposés de deux plaques se séparent. Au fur et à mesure qu'elles s'écartent, un effondrement se produit entre deux escarpements à peu près parallèles qui se font face. C'est ainsi que la vallée s'élargit peu à peu durant des millions d'années.

L'érosion émousse les escarpements et les sédiments tapissent l'effondrement. Le sol de la vallée finit ainsi par atteindre l'épaisseur d'un continent, environ 40 km, puis s'amincit pour atteindre celle de l'écorce océanique (6 km environ). Du magma finit par jaillir et former de la croûte ; c'est ainsi qu'Afrique et Amérique se sont écartées et que s'est formé l'Atlantique à raison de 10 cm par an.

Kenya
LE LAC NAKURU

*Un lac extraordinaire,
où vivent un million de flamants.*

Le Nakuru fait partie d'une série de lacs alignés le long de la Rift Valley. L'aéroport le plus proche se trouve à Nairobi, capitale du Kenya, à environ 190 km au sud-est du lac. On peut s'y rendre par la route Nairobi-Kampala (en Ouganda, qui traverse le parc national).

Un lac peuplé d'oiseaux

Le lac abrite de nombreux flamants qui se nourrissent de larves de moustiques et des copépodes. On y trouve aussi plus d'une centaine d'autres espèces : le cormoran, plusieurs espèces de hérons, le pélican blanc, la cigogne à bec jaune, la spatule blanche et des aigles pêcheurs d'Afrique. Le lac est une étape pour se nourrir en rentrant au nid, mais les cormorans, eux, vivent dans les arbres de l'embouchure du Njoro. Le pélican blanc vit à seulement une dizaine de kilomètres de là, sur le lac voisin de Elementeita. Les petits flamants roses du lac Natron, en Tanzanie, font des vols marathons de 190 km dans la nuit.

Ci-dessus, groupe de flamants roses.

Page de droite, en haut, les milliers de flamants forment un ruban rose qui suit les rives du lac.

Le lac Nakuru, au cœur du parc national de même nom, est sans conteste l'une des réserves naturelles les plus belles du monde. Mais ce n'est toutefois qu'une seule des étendues d'eau qui se succèdent dans la Rift Valley de l'ouest africain, du Liban au Mozambique. Ces lacs sont d'altitudes diverses, et leurs taux de salinité varient de l'eau douce à l'eau saturée en sel et aux lacs de soude.

Nakuru, à 1 750 m d'altitude, juste au sud de l'équateur, est l'un des lacs les plus hauts ; son bassin fait environ 1 800 km², et son eau provient en grande partie de deux rivières principales, le Njoro et le Nderit. Il n'y a pas de grande voie d'écoulement des eaux du lac ; sa superficie diffère selon les apports en eau (qui varient, eux, suivant les pluies), la quantité d'eau utilisée par les hommes, l'apport en eau de sources occasionnelles et les pertes par évaporation. Il mesure en moyenne environ 40 km², avec une profondeur maximale de 2,7 m.

Le lac Nakuru est extrêmement salé, conséquence d'un très fort taux en carbonates

L'AFRIQUE

et bicarbonates – et non de chlorides comme c'est le cas pour l'eau de mer. Un environnement aussi alcalin est toujours très sévère. Les animaux doivent être totalement acclimatés pour pouvoir survivre dans de telles conditions, ce qui explique que le nombre d'espèces aquatiques différentes y soit très bas.
Il ne pousse pas dans ces eaux de plantes de grande taille, mais on y trouve 6 espèces différentes de phytoplancton. L'espèce de loin la plus dominante est une minuscule algue bleu-vert, *Spirulina platensis*, qui y prolifère tant, que l'eau en devient vert sombre et prend une consistance épaisse et visqueuse.

Machines à filtrer

L'aliment préféré du flamant rose est le *Spirulina platensis*, une algue bleu-vert riche en protéines. Sur certains lacs où elle prolifère, un million d'oiseaux peuvent en consommer 60 t par jour. Ce petit flamant dispose d'un bec flottant qui l'aide à pêcher en surface, ce qui le différencie de l'autre flamant au bec plus lourd, qui en coulant, attrape les copépodes et les larves de moustique des sédiments du lac. Les petits flamants mangent la tête à l'envers, en aspirant l'eau avec leur langue qui fonctionne comme un piston, en la faisant passer à travers les filtres très fins du bec pour attraper le *Spirulina*. Le filtre des grands flamants laisse passer la plupart des petites algues.

Le poisson du lac de soude

Le poisson du lac de soude, *Oreochromis alsalicus grahami*, vit dans l'un des milieux les plus extrêmes. Il peut survivre à des températures de 40 °C, ainsi qu'aux fluctuations du taux de salinité qui se produisent lorsque le lac est successivement envahi par les eaux de pluie, puis asséché par l'évaporation. Introduit dans le Nakuru pour tenter de contrôler le nombre de moustiques qui vivaient dans les zones les moins salées du lac, il s'est maintenant solidement installé dans la chaîne alimentaire.

Cette minuscule petite plante est à la base de toute la chaîne alimentaire du lac. Très riche en protéines et en béta-carotènes, c'est l'aliment principal des 5 espèces de zooplancton, de 2 larves de moustiques nains et d'un coléopode calanoïde, c'est-à-dire de l'intégralité de la faune aquatique invertébrée du lac. Celui-ci abrite également une espèce de poisson, introduite en 1953, puis à nouveau en 1962, après que le lac s'est entièrement asséché, puis rempli à nouveau. Elles constituent un vaste réservoir de nourriture pour une fantastique quantité d'oiseaux dont beaucoup, piscivores, ne sont arrivés que depuis que le lac a été empoissonné.

Les oiseaux les plus remarquables sont les petits flamants qui viennent se nourrir dans le lac. Il y sont parfois à un million et demi et forment alors, sur les berges, un tapis rose vif presqu'infini. Ces oiseaux dépendent presqu'entièrement du *Spirulina* pour leur survie, et ce sont les béta-carotènes qu'il contient qui leur donnent cette couleur rose vif.

Ouganda
LES MONTS RUWENZORI

L'un des trois grands massifs qui chevauche l'équateur, flanqué par la Rift Valley, porte le nom évocateur de "monts de la Lune".

Les monts Ruwenzori sont situés à 320 km à l'ouest de Kampala ; on peut y aller par route ou par rail.

Ci-dessus, l'étrange végétation des monts de la Lune.

Page de droite, le gorille des montagnes est une créature timide, dont l'habitat se réduit maintenant à quelques petites zones d'Afrique centrale.

Les monts Ruwenzori sont l'un des rares endroits du continent africain où l'on trouve des glaces et des neiges éternelles. Le climat y varie selon l'altitude et l'orientation : le versant sud des montagnes, le plus humide, reçoit un maximum de précipitations vers 2 500 m d'altitude. L'écart des températures peut, en une journée, atteindre 15 à 20 °C, l'équivalent du passage du plein été à un hiver rigoureux. Les sommets se perdent souvent dans les brumes, qui peuvent persister pendant plusieurs semaines.

Le point culminant de la chaîne est le mont Ngaliema (5 119 m). Les habitats varient avec l'altitude ; les contreforts couverts de savane s'étendent entre 1 200 à 1 500 m, puis cèdent la place à la forêt. Les espèces dominantes sont le cèdre, le camphrier et le podocarpe, qui peuvent atteindre 50 m de haut. Cette forêt tropicale continue jusqu'à environ 2 440 m, où elle est peu à peu remplacée par une forêt de bambous si dense qu'elle ne laisse passer ni les animaux, ni la lumière. Ces bambous font 10 à 15 m de haut. Au-dessus de 3 000 m, la forêt disparaît au profit de la lande dominée par la laiche et des touffes d'herbe drues, parfois interrompues par de petits bois de genévriers et de podocarpes. Les branches tordues et noueuses des arbres sont couvertes de mousses, d'herbes de la Trinité, de fougères et des longs rubans entremêlés des usnées, qui prolifèrent dans cette atmosphère humide. C'est ce paysage étrange et assez irréel qui a valu aux montagnes ce nom de monts de la Lune. Plus haut, passés 4 260 m, se trouve une zone de petits lacs de montagne, de cascades gelées et d'une flore des plus curieuse. Des plantes qui d'ordinaire sont petites y prennent des proportions gigantesques, et l'on voit des espèces aussi courantes que le séneçon, la lobélie atteindre 9 m de haut, et présenter une écorce très épaisse, couverte d'une dense couche de feuilles mortes. L'extrémité de chaque branche s'orne d'une rosette de grosses feuilles recouvertes d'une fine poussière de petits poils argentés. Cette rosette protège le bourgeon naissant, très fragile, et se replie la nuit pour le protéger du froid.

Mais ce n'est pas seulement la flore qui présente de l'intérêt ; la faune de ces montagnes est également très diverse, et il n'y a pas moins, sur les monts Ruwenzori, de 37 espèces indigènes d'oiseaux et de 14 sortes de papillons. On trouve parmi les oiseaux le magnifique perroquet à tête rouge. Les oiseaux de proie, très nombreux, l'aigle de Verreaux et l'aigle faucon, se nourrissent de singes.

Dans la forêt vivent également toutes sortes de mammifères : l'éléphant, le rhinocéros noir, le singe blanc et noir et le galago. L'okapi (ce parent timide de la girafe), le porc des forêts et le buffle trouvent leur nourriture dans les clairières au sol couvert d'herbe et de mousse. Le plus célèbre des habitants de la forêt reste toutefois, le gorille des montagnes, qui a toujours vécu dans cet environnement.

L'AFRIQUE

Le gorille des montagnes

Il reste aujourd'hui moins de 400 gorilles des montagnes vivant en liberté, et aucun en captivité. Cette superbe et énigmatique créature est très rare et très menacée. Elle a souffert à la fois des persécutions directes et de la perte de son habitat. Le gorille est pourtant paisible, et ne mange rien d'autre que les pousses tendres des plantes ; contrairement au chimpanzé, il ne consomme jamais de viande. Il vit en groupe : une dizaine d'individus, les femelles et les petits sont dirigés par un mâle dominant à dos argenté. Les gorilles en mangeant semblent détruire la forêt, mais après quelques mois la végétation repousse avec force.

Des forêts en déclin

La déforestation touche depuis des années l'Ouganda et la région. Elle remonte au XIIIe siècle, avec l'arrivée des agriculteurs-éleveurs que sont les Tutsis. On abattait les arbres pour le bois de chauffage, ou pour cultiver des produits rares tels que la quinine, le café, le thé et le pyrèthre. Aujourd'hui, le tourisme, orienté vers la vision des gorilles se substitue à ces pratiques.

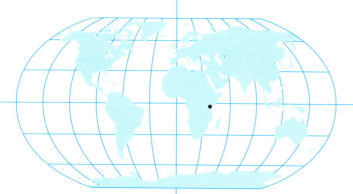

Tanzanie
LE MONT KILIMANJARO

Cette majestueuse montagne bleu-gris au sommet enneigé flotte au-dessus des semi-déserts du nord de la Tanzanie.

Il y a un petit aéroport à Moshi, à environ 15 km du pied de la montagne. L'ancienne capitale de la Tanzanie, Dar es Salaam, est située à environ 560 km par route, et Nairobi, au Kenya, à environ 290 km. Des voyages pour voir la montagne sont organisés de chacun de ces deux pays.

Le volcan Ol Doinyo Lengai

L'Ol Doinyo Lengai entra en éruption en 1955, projetant dans les airs des cendres et des poussières de carbonate de sodium. Ce volcan est inhabituel en ce qu'il contient beaucoup de sodium et peu de silicates. Le sommet du Lengai semble de loin couvert comme le Kilimanjaro ou le mont Kenya de neiges éternelles, mais il s'avère de près que cette substance blanche n'est pas de la neige mais des carbonates de sodium alcalins provenant de sa dernière éruption. Ce volcan est situé dans une région de Tanzanie de la Rift Valley appelée Sykes Grid, où l'on pense que l'écorce terrestre est très mince.

Le sommet enneigé du Kilimanjaro semble flotter au-dessus de la plaine.

L'AFRIQUE

"Kilimanjaro" signifie en swahili "la petite montagne étincelante", nom qui convient parfaitement à ce volcan au sommet étonnamment couvert de neiges éternelles. C'est avec ses 5 895 m le point culminant de l'Afrique, et la montagne est visible de très loin dans les savanes de Tanzanie et du Kenya. Sa forme est caractéristique : les pentes s'élèvent doucement à la rencontre d'un sommet allongé et aplati qui est en réalité une très grande caldeira – l'extrémité supérieure creuse d'un volcan.

Le pied de la montagne, quand il est vu de très loin par un jour très chaud, n'est parfois pas visible de la savane qui l'entoure, et le sommet enneigé semble alors flotter dans les airs. Les lambeaux de nuages qui s'étendent sous la ligne d'enneigement contribuent aussi à cette illusion.

Le Kilimanjaro fait à sa base 100 km de long sur 60 de large, dimensions énormes qui influent sur son climat ; ce qui est du reste le cas de nombreux autres très grandes montagnes, comme le mont McKinley en Alaska et le mont Everest dans l'Himalaya. Les vents chargés d'humidité venus de l'océan Indien sont repoussés vers le haut par le Kilimanjaro, où ils se déchargent sous forme de pluie ou de neige. Ce supplément de précipitations est à l'origine du contraste entre la végétation de la montagne et les buissons épineux des semi-déserts qui l'entourent. On cultive au pied de la montagne des plantes comme le café et le maïs, et la forêt tropicale commence à environ 3 000 m d'altitude. Puis vient la savane, remplacée à environ 4 500 m par des lichens et des mousses.

Au sommet se trouvent des glaciers éternels – ce qui surprend à seulement 3° au sud de l'équateur – ; de récentes études montrent du reste que les glaciers reculent. Les précipitations au sommet ne sont que de 20 cm par an, ce qui ne suffit pas à compenser la perte d'eau occasionnée par la fonte.

Certains scientifiques pensent que le volcan se réchauffe à nouveau, ce qui accélère le processus de fonte des glaces, mais d'autres soutiennent que c'est le réchauffement global de la planète qui est en cause. Quoi qu'il en soit, il est incontestable que les glaciers du Kilimanjaro sont aujourd'hui plus petits qu'ils ne l'étaient au siècle dernier, et l'on prévoit que si cette situation se poursuit, les glaces éternelles de la montagne auront toutes disparu en 2 200.

Le Kilimanjaro se compose en réalité de trois volcans liés par un passé d'éruptions complexes. Le plus vieux de ces volcans, le Shira, se trouve à l'ouest de la montagne principale. Il était autrefois bien plus haut, et l'on suppose qu'il s'est effondré à la suite d'une violente éruption qui n'a laissé qu'un plateau de 3 800 m. Son cadet immédiat, le Mawenzi, a un sommet distinct, situé à l'est de la montagne principale. Même s'il paraît, à côté de celui du Kilimanjaro, assez insignifiant, il culmine à 5 334 m.

Le plus jeune et le plus grand des trois, le Kibo, s'est formé lors d'une série d'éruptions, il est couronné d'une caldeira de 2 km de diamètre. Un deuxième cône volcanique et son cratère se sont développés dans la caldeira lors d'une deuxième éruption, et, à la troisième, d'un cône de cendres au centre du cratère. C'est la grande caldeira du Kibo qui forme le sommet aplati caractéristique.

Des glaciers subsistent dans les endroits abrités du mont Kenya.

Le mont Kenya : la deuxième montagne d'Afrique

La deuxième montagne d'Afrique le mont Kenya est aussi très célèbre. Situé au nord de Nairobi dans la Rift Valley, il culmine à 5 182 m au-dessus des grandes plaines. Tout comme le Kilimanjaro, il est d'origine volcanique, et l'on pense qu'il est âgé de 2,5 à 3 millions d'années. Alors que le sommet du Kilimanjaro est un dôme lisse et blanc, celui du mont Kenya se dresse comme un pic rocheux déchiqueté qui voudrait griffer le ciel. Ce pic est en réalité un ancien bouchon de lave, c'est-à-dire une structure de roches très dures qui s'est formée dans la cheminée du volcan. Après l'érosion des roches tendres, autour du bouchon, le pic est resté seul au sommet, comme une dent cassée.

Ses glaciers, comme ceux du Kilimanjaro, sont en train de fondre. On trouve dans les régions les plus élevées et froides des plantes étonnantes comme le séneçon et la lobélie géants. Plus bas les pentes sont couvertes de fourrés de bambous et de forêts tropicales.

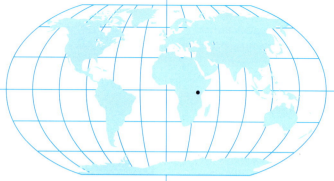

Tanzanie
LE CRATÈRE DU NGORONGORO

Les pentes du cratère du Ngorongoro contrastent avec la savane et les buissons d'acacia des vastes plaines de savane pour former un paysage d'une étonnante diversité.

Le Ngorongoro se trouve au nord de la Tanzanie, à l'extrémité orientale de la Rift Valley, sur la frontière avec le Kenya. On peut y aller en prenant un petit avion jusqu'à la piste du bord du cratère. Il est aussi possible de prendre la route de Nairobi (470 km).

Les oiseaux du cratère

Le Ngorongoro abrite également un très grand nombre d'oiseaux qui soit y vivent et s'y reproduisent, soit y passent l'hiver, ou l'utilisent comme étape lors de leurs migrations. Les résidents permanents comprennent l'autruche, le busard, l'aigle de Verreaux et le percnoptère. De nombreux migrants européens comme la cigogne blanche, le hoche-queue jaune et l'hirondelle y arrivent à la saison des pluies. On trouve parmi les visiteurs occasionnels le petit et le grand flamant qui viennent se nourrir dans les lacs de soude quand leurs terrains habituels se sont asséchés ou que les algues bleu-vert dont ils se nourrissent sont mortes, ce qui arrive quand elles prolifèrent au point de s'empoisonner avec les toxines qu'elles produisent.

Un groupe de zèbres de Burchell dans la végétation luxuriante de la savane, et à l'arrière-plan le mur de la caldeira.

La zone de conservation du Ngorongoro est très vaste (6 475 km²) ; son importance a été renforcée par son statut de Site de Patrimoine mondial et de Réserve de Biosphère. La région tout entière faisait autrefois partie de ce qui est maintenant le parc national de Serengeti, et elle a, en tant que zone de conservation, la double tâche de protéger les ressources naturelles qui s'y trouvent tout en sauvegardant les intérêts et les traditions des tribus Masaï qui y mènent toujours paître leurs troupeaux de bétail, de chèvres et de moutons.

Le point attractif de la Zone de Conservation est le cratère, ou la caldeira, du Ngorongoro, seul survivant d'un groupe de plusieurs volcans de la région. La caldeira du Ngorongoro n'est pas seulement l'une des terres les plus giboyeuses d'Afrique, c'est aussi l'un des plus grands cratères du monde, qui fait plus de 14,5 km de diamètre pour une profondeur de 600 à 750 m et une superficie totale de 265 km².

L'AFRIQUE

C'est la diversité des habitats de la région qui en fait une zone de conservation si importante. On y trouve des bois, des marécages, des lacs, des rivières et de grandes étendues de savane, qui font partie de l'écosystème du Serengeti qui s'étend jusqu'au Kenya et comprend la réserve nationale Masaï de Mara voisine.

Dans la savane vit un grand nombre d'herbivores de toutes sortes, et surtout à la saison sèche, quand elle peut en nourrir jusqu'à 2 millions de toutes tailles. La liste des animaux de la région est très longue et comprend notamment le gnou, le zèbre, la gazelle, le buffle, l'élan et le phacochère, ainsi que la girafe, l'éléphant et le rhinocéros noir. Tous ces animaux se déplacent sans cesse sur toute l'étendue du Serengeti, sauf l'hippopotame qui demeure dans les lacs et les marécages. Tant de proies signifie bien sûr tant de prédateurs, et l'on y trouve donc des lions, des hyènes tachetées, des chacals, des guépards, des léopards et des servals.

Il pourrait sembler que tous ces prédateurs exercent une certaine pression sur la faune locale, mais c'est à nouveau une preuve du délicat équilibre naturel qui s'instaure dans une situation complexe ; chacun des herbivores trouve sa place dans la chaîne alimentaire, et tous dépendent les uns des autres pour leur survie. Ainsi le zèbre se nourrit des parties les plus coriaces de nombreuses plantes, et laisse les pousses plus tendres à l'antilope. Le gnou ronge les tiges qui restent, ce qui stimule la repousse des jeunes tiges nécessaires aux gazelles. Sans tous ces herbivores la savane redeviendrait rapidement une forêt.

Le rhinocéros noir, timide herbivore, est chassé pour sa corne jusqu'à disparaître presqu'entièrement.

Le fléau du braconnage

Bien que de nombreuses espèces animales en voie de disparition soient maintenant officiellement protégées dans les parcs nationaux et les autres zones de conservation, le braconnage continue. Les éléphants en ont beaucoup souffert, dans tout le continent, et l'on estime à environ 50 000 le nombre d'individus tués chaque année, pour une population toujours en baisse d'environ 400 000 à 600 000 individus. Le rhinocéros noir, qui a disparu de nombreuses régions, menace de s'éteindre entièrement. Et malgré le risque, la tuerie se poursuit, une seule corne de rhinocéros est parfois vendue 30 000 $. Le nombre de rhinocéros noir a dramatiquement chuté pour passer d'environ 50 000 en 1976 à seulement 3 500 en 1990.

Des mesures radicales sont maintenant prises pour sauver ce magnifique animal. Des patrouilles contrôlent certaines régions, et peuvent abattre les braconniers à vue. On en vient même, dans une tentative désespérée pour sauver les derniers rhinocéros noirs, à leur enlever la corne pour laquelle on les tue.

Zaïre
LE FLEUVE ZAÏRE, LE CONGO

Ce fleuve puissant et mystérieux prend sa source dans les savanes de Zambie pour frayer son chemin à travers les marécages et les jungles d'Afrique centrale.

Le Zaïre (Congo) fait 4 700 km de long, de sa source à son embouchure à Banana Point sur l'océan Atlantique. Il est possible d'en descendre une partie en bateau de Kinshasa au Zaïre ou de Brazzaville au Congo. Les relations tendues entre les deux pays empêchent de traverser le fleuve pour se rendre d'une ville à l'autre.

C'est peut-être l'écrivain Joseph Conrad qui a, dans son roman "*Au cœur des ténèbres*" le mieux saisi l'atmosphère terrifiante du Zaïre quand il écrivit que voyager sur ses eaux "était comme remonter jusqu'aux tous premiers temps du monde, lorsque la végétation était déchaînée et les arbres rois... C'était l'immobilité d'une

Ci-contre, le puissant Zaïre coule sur plus de 4 700 km.

Page de droite, en haut, ce petit village sur les bords du fleuve est un avant-poste des régions les plus inhospitalières.

L'AFRIQUE

force implacable remâchant une intention mystérieuse. Cela vous dévisageait avec une expression de vengeance."

Bien que le fleuve s'appelle officiellement le Zaïre depuis 1971, son caractère sauvage reste inextricablement lié à son mystérieux passé, lorsqu'il se nommait le Congo, mot qui interprète de façon erronée le terme ouest-africain pour "le fleuve qui avale tous les fleuves". C'est en effet une redoutable force de la nature : plus de 4 700 km de long, pour un bassin de 3,9 millions de km² et un débit, que seul l'Amazone surpasse, de presque 42 450 m³ d'eau par seconde à l'embouchure.

Le fleuve prend sa source dans la savane des hautes terres du nord de la Zambie, à plus de 1 500 m d'altitude. Il commence à couler sous le nom de Chamber River, traverse en serpentant la Zambie jusqu'au Zaïre où il rejoint le Lualaba et amorce sous ce nom sa lente descente vers les forêts tropicales de l'ouest de l'Afrique qu'il atteint quelque 800 km plus tard. Puis le fleuve poursuit vers le nord sur plus de 1 600 km avant de devenir le Zaïre en franchissant l'équateur et de décrire vers l'ouest un magnifique arc de cercle et de passer ainsi à nouveau l'équateur vers le sud. Dans la forêt équatoriale, l'une des plus denses du monde, poussent le chêne, l'acajou, l'arbre à caoutchouc, l'ébène et le noyer, qui peuvent atteindre plus de 60 m de haut et dont les hautes branches couvrent le sous-bois dans une obscurité perpétuelle. Ce monde inférieur est couvert d'une végétation très dense et baigne dans une chaleur et une humidité oppressantes ; les animaux y sont dangereux – crocodiles, pythons, cobras, cochons sauvages à longs poils et araignées empoisonnées – et les maladies débilitantes ou létales comme la malaria, la bilharziose et la fièvre noire des eaux y prolifèrent, la région la plus envoûtante et mystérieuse de toutes se situant entre le fleuve et les monts de la Lune – le Ruwenzori qui est la réserve d'eau la plus orientale du Zaïre.

Au nord-est du grand arc de cercle décrit par le fleuve se trouvent les chutes de Stanley, une série de cascades et de rapides durant lesquels le fleuve descend de 450 m en 100 km. Puis vient un tronçon navigable de 1 600 km qui culmine à Malebo Pool (jadis Stanley Pool), vaste région qui sépare Kinshasa, capitale du Zaïre, de Brazzaville, capitale du Congo. Les chutes de Livingstone, qui commencent en aval de Malebo Pool et se poursuivent sur 350 km, comprennent toute une série de rapides et 32 cascades, dont la dernière, le Chaudron de l'Enfer, fait sortir le fleuve des monts Crystal pour l'amener au niveau de la mer.

Mais le Zaïre ne perd pas pour autant sa puissance en parcourant les derniers 160 km jusqu'à l'Atlantique. L'énorme masse d'eau traverse à une vitesse de 9 nœuds le canyon sous-marin qu'elle a creusé sur une profondeur de 1 200 m jusqu'à l'océan. Et l'on distingue toujours, dans les vagues de l'Atlantique, la tache boueuse rouge-brun de la forêt tropicale et les débris végétaux légers arrachés à la lointaine savane.

Stanley et le Congo

Le Congo était toujours vers 1870 une région mystérieuse pour les Européens, qui se demandaient encore si le fleuve était relié au Nil, au Niger, au Lualaba du cœur de l'Afrique, tout aussi peu connu, ou s'il s'agissait d'un cours d'eau tout à fait indépendant. Le problème fut résolu par Henry Morton Stuart, avec le soutien du New York Herald et du Daily Telegraph de Londres, qui prit entre 1874 et 1877 la tête d'une expédition transafricaine, de Zanzibar à l'embouchure du Congo.

Stanley emmena avec lui 356 porteurs indigènes et 8 t de nourriture et d'équipement ainsi qu'un bateau de 12 m en kit. Il l'assembla sur le lac Victoria et sur le lac Tanganyika dont il fit le tour, et marcha ensuite jusqu'au Lualaba et tourna vers le nord et des régions inconnues. L'expédition descendit le fleuve, portant l'embarcation pour franchir les rapides et les chutes d'eau. Quand elle atteignit l'Atlantique après 999 jours de voyage, seuls 114 des 356 porteurs étaient encore vivants.

En moins de 3 ans Stanley était de retour au Congo, à la demande du roi Léopold II de Belgique. Entre 1879 et 1884 Stanley organisa la construction d'une route le long des chutes d'eau et des rapides jusqu'à Stanley Pool, y fit venir des bateaux ce qui permit d'explorer la région sur 1 600 km de profondeur et signa 400 traités environ avec les chefs locaux. C'est ainsi que Stanley jeta les bases de ce qui allait devenir le Congo Belge.

Seychelles
L'ATOLL D'ALDABRA

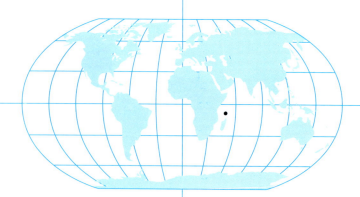

Cet atoll isolé de l'océan Indien, préservé de la civilisation, est devenu une réserve naturelle d'une très grande richesse.

L'atoll d'Aldabra est situé dans l'océan Indien, à 420 km au nord-ouest de Madagascar et à 1 100 km au sud-ouest des Seychelles. L'accès y est très sévèrement contrôlé et la présence humaine maintenue au strict minimum.

Ci-contre, platier de l'atoll d'Aldabra.

Page de droite, en haut, les sternes fées fréquentent cette île.

Page de droite, en bas, le curieux fruit du coco de mer.

L'atoll d'Aldabra est entièrement entouré d'un anneau de corail coupé par trois entrées ; deux d'entre elles, assez importantes, divisent l'atoll en quatre îles principales contenant un grand lagon de faible profondeur où poussent des palétuviers, de 150 km², qui comprend lui-même plusieurs îlots. La plus grande des quatre îles est South Island, qui, avec West Island, Middle Island et Ile Polymnic, couvre une surface d'environ 190 km².

La plupart des îles tropicales ont été au cours des siècles intensivement exploitées par les hommes, mais Aldabra, considérée comme une terre inhospitalière, a longtemps été évitée par les marins et a donc échappé aux destructions qui ont frappé les autres archipels isolés. On n'y trouve ni l'habituelle industrie du guano, ni les plantations de noix de coco, ni la destruction des habitats d'animaux associée au tourisme moderne. Mais Aldabra n'est pas pour autant complètement intact, et l'île est devenue depuis cent ans une base pour l'exploitation du palétuvier, la pêche commerciale et la chasse à la tortue. L'homme est comme toujours arrivé avec ses animaux domestiques, mais ces derniers ne se trouvent que dans les îles de South et de West. Le gouvernement des Seychelles a classé l'endroit comme Réserve Naturelle Stricte, ainsi que comme Site de Patrimoine mondial.

Aldalra renferme, comme du reste tous les autres archipels isolés de l'océan, de nombreuses espèces qui lui sont indigènes, mais c'est plutôt leur position exceptionnelle dans un monde où il ne reste que très peu d'éléments "naturels" qui rend ces îles si précieuses.

On y trouve deux sortes principales de terrain : le platier et le rocher/champignon. Le platier, occupe l'extrémité orientale de South Island avec une végétation de buissons et d'arbres clairsemés entrecoupés de touffes d'herbe irrégulières et, autour des plus grandes mares d'eau douce, de bosquets de palmiers. La majeure partie de la surface restante, est

L'AFRIQUE

recouverte de buissons très denses avec des touffes d'herbes sauvages isolées.

La flore y est très riche, avec 273 espèces de fleurs et de fougères dont 19 indigènes. On y a également recensé plus de 1 000 espèces d'insectes, dont 127 de papillons dont 36 sont indigènes. On trouve aussi l'escargot de terre, des crustacés, le renard volant des Seychelles, la tortue géante et plusieurs poissons d'eau douce vivant dans les mares d'eau de pluie.

Ces îles sont aussi le terrain de reproduction de plusieurs oiseaux de mer. C'est l'endroit de ouest de l'océan Indien où viennent le plus pondre la grande et la petite frégate, et l'on y trouve également d'importantes populations d'oiseaux tropicaux.

Deux des oiseaux les plus remarquables d'Aldabra sont la fauvette d'Aldabra et le râle à gorge blanche. La fauvette d'Aldabra fut découverte en 1968, et l'on pense qu'elle n'habite qu'une toute petite zone côtière. Elle n'a été observée qu'à quelques reprises, et c'est sans aucun doute l'un des oiseaux les plus rares du monde. Le râle à gorge blanche, lui aussi indigène à l'archipel, est la seule espèce survivante du groupe d'oiseaux qui ne volent pas, parmi lesquels on trouve le dodo, aujourd'hui disparu.

Les espèces indigènes aux Seychelles

L'archipel des Seychelles est un ensemble d'environ 60 îles situé au milieu de l'océan Indien. Ces îles abritent comme Aldabra de nombreuses espèces indigènes, mais on y a introduit des espèces exotiques. Aux Seychelles vivent de nombreux oiseaux originaires de la région. Les îles sont entourées de récifs de coraux, qui ne comprennent pas moins de 45 espèces indigènes. On trouve aussi le célèbre coco de mer, *Lodoicera maldivica*, qui ne poussait à l'origine que sur deux îles. Ce palmier donne un fruit semblable à deux énormes noix de coco réunies. Un seul de ces fruits peut peser jusqu'à 23 kg et prendre 10 ans pour arriver à maturité. Ces noix furent considérées comme mythiques lorsqu'on les découvrit rejetées par la mer sur les plages des autres îles.

Océan Indien
LE CŒLACANTHE

*Un poisson fossile bien vivant,
redécouvert après 70 millions d'années.*

Les fossiles de ce très vieux poisson sont courants, mais les spécimens vivants proviennent tous des eaux des environs des Comores, au large de la côte est de l'Afrique. On peut y aller en bateau de Madagascar ou des Comores, mais rien ne distingue extérieurement cette zone du reste de l'océan Indien.

De la mer à la terre

La question de savoir pourquoi des animaux visiblement bien adaptés à la vie en milieu aquatique sont venus vivre sur la terre ferme n'est pas résolue, mais les premiers amphibiens évoluèrent à la fin du dévonien il y a quelques 380 millions d'années.

Ces pionniers eurent de nombreux problèmes à résoudre : la gravité entravait leurs mouvements qui n'étaient plus soutenus par l'eau, et il fallait concevoir de nouvelles façons de respirer, de garder les surfaces respiratoires humides et apprendre à se reproduire hors de l'eau. De nombreuses modifications eurent ainsi lieu.

Ci-dessus, le cœlacanthe fut découvert par hasard par un pêcheur de la région.

Page de droite, c'est grâce à ses lourdes nageoires symétriques que le cœlacanthe fit ses premiers pas sur terre.

Pendant le dévonien, il y a quelques 400 millions d'années de cela, un groupe de poissons osseux vivait dans les océans peu profonds de la planète. L'étude des fossiles montre qu'ils étaient en très grand nombre et faisaient environ 20 à 30 cm de long. Il semblerait qu'ils aient disparu à la fin du crétacé, il y a environ 70 millions d'années, c'est-à-dire à peu près en même temps que les dinosaures.

En 1938 un pêcheur d'un petit village des Comores, au large de l'extrémité nord-ouest de Madagascar, découvrit dans son filet un étrange poisson qu'il n'avait jamais vu auparavant. Le poisson se décomposa rapidement et il n'en restait plus grand chose lorsqu'il fut examiné par un scientifique, Marjorie Courtenay-Latimer, qui se trouvait là par hasard. Après examen il ne fit plus aucun doute que le poisson était bien un cœlacanthe, espèce que l'on croyait éteinte depuis 70 millions d'années. Le poisson fut nommé *Latimeria chalumnae* en l'honneur du scientifique qui l'avait identifié. On trouva par la suite un autre spécimen dans un chalut en 1952, puis d'autres encore, provenant tous d'une zone d'eaux profondes située au large de la côte est du sud de l'Afrique, entre le Mozambique et Madagascar.

Le cœlacanthe est un gros poisson au corps épais couvert de lourdes écailles d'un bleu terne alignées par deux, avec des nageoires et une queue trilobée. Les spécimens que l'on a pu attraper font en règle générale jusqu'à 1,8 m de long et peuvent peser jusqu'à 80 kg, et diffèrent donc considérablement de leurs ancêtres fossiles, bien plus petits. Le cœlacanthe moderne se nourrit comme ses ancêtres d'autres poissons – ses mâchoires sont ornées de rangées de petites dents qui saisissent la proie, que le poisson avale alors toute entière. Tous les spécimens découverts jusqu'ici proviennent d'eaux de 70 à 396 m de profondeur du canal de Mozambique. Cette distribution apparemment très restreinte est étonnante quand on la compare à celle, bien plus large, de son ancêtre, et l'on se demande si ce poisson ne pourrait pas aussi se trouver ailleurs, sans qu'on l'aie encore découvert.

Il existe d'autres animaux très anciens comme le nautilus perlé, dont les parents vivaient nombreux dans les mers il y a 500 millions d'années. Le crabe des Moluques, qui n'a presque pas évolué en 300 millions d'années, est également considéré comme un fossile vivant.

L'AFRIQUE

Madagascar
MADAGASCAR

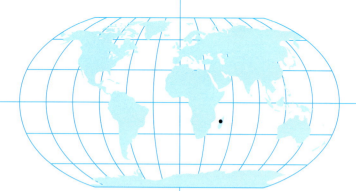

La quatrième plus grande île de la planète, qui se sépara du continent africain il y a 165 millions d'années, abrite un écosystème unique au monde.

La capitale de Madagascar est Antananarivo, qui dispose d'un grand aéroport. Situé dans l'océan Indien, Madagascar fait la moitié de la superficie de la Californie, mais n'est pas entièrement accessible par route. Certaines régions ont été classées comme parcs nationaux et réserves.

La majeure partie de cette longue île de 1 600 km² était autrefois recouverte de forêts tropicales, mais celles-ci ont été pendant les 40 dernières années défrichées pour procurer à une population sans cesse croissante le bois de chauffage et les surfaces agricoles nécessaires à ses besoins. Madagascar reste malgré tout une île d'une diversité biologique extraordinaire. Quand elle se sépara du continent africain il y a au moins

Les primates de Madagascar

Le groupe des primates comprend des singes tels que le gorille, le chimpanzé, l'orang-outan, le gibbon mais aussi l'homme.

Il y a 50 millions d'années leur ancêtre, qui ressemblait à un écureuil, habitait les forêts subtropicales d'Afrique. Cette créature évolua, donnant naissance à différentes espèces : dont certaines devinrent l'ancêtre de l'homme et des singes, d'autres des lémuriens, de pottos, des loris et des galagos. Les loris se trouvent également en Asie, et les pottos et les galagos en Afrique, mais les lémuriens ne vivent qu'à Madagascar et dans les Comores voisines. Un autre des primates uniques à Madagascar est le aye-aye, petit animal brun sombre qui vit dans un nid de feuilles dont il ne sort que la nuit pour se nourrir.

La terre rouge de Madagascar, privée de sa végétation, est par endroits emportée par les pluies.

L'AFRIQUE

165 millions d'années, les animaux et les plantes eurent la possibilité d'évoluer sans influences extérieures. Madagascar devint une sorte d'immense laboratoire, dont la faune et la flore sont souvent tout à fait différentes de ce que l'on peut trouver ailleurs. Environ 10 000 plantes, sans compter la moitié des caméléons connus de la planète, n'existent qu'à Madagascar. L'un d'entre eux est si petit qu'il tient facilement assis à l'extrémité du pouce, mais les habitants de Madagascar l'évitent car ils croient qu'il porte malheur. Certains reptiles comme les tortues rayonnées ou les tortues à soc ne se trouvent eux aussi que sur cette île.

A l'ouest de l'île se trouve la réserve nationale Tsingy de Bemaraha (155 km²) au sévère paysage où pointent des pics de calcaire de 30 m de haut. Les habitants de l'île disent qu'on y trouve à peine la place de poser le pied à plat, ce qui présente au moins l'avantage de protéger partiellement la faune et la flore de Madagascar des destructions causées par les humains.

Au sud de Tsingy se trouve Morondava, où il ne pleut que pendant quatre mois de l'année. Six espèces de baobabs y poussent dans un habitat unique, soit cinq de plus qu'il n'en reste aujourd'hui sur le continent africain. Ces arbres se sont adaptés au climat : ils se gorgent d'eau pendant la saison des pluies et vivent sur leurs réserves pendant huit mois, jusqu'à ce qu'il se remette à pleuvoir. Les forêts de baobabs sont, tout comme d'autres régions de l'île, continuellement menacées par l'expansion humaine ; concernant les baobas, la situation est dramatique car les dégâts sont très difficiles à réparer. Les arbres, qui vivent pendant des centaines d'années, ne donnent pas de fruits tous les ans et une période de sécheresse prolongée peut tuer toutes les graines d'une année. Les animaux aussi posent problème : le rat sauteur géant, par exemple, qui n'habite qu'une toute petite région de l'ouest de Madagascar, se nourrit de graines de baobab. Les spécialistes de l'environnement sont donc confrontés à un dilemme : comment renforcer les forêts de baobab et assurer la survie d'autres espèces tout en protégeant le rat sauteur géant ?

La petite réserve de Berenty est située au sud de l'île. Certaines des chauves-souris les plus grosses du monde y survolent des tamariniers géants où elles nichent, et leur colonie de plusieurs milliers d'individus est probablement l'une des plus importantes aussi proche d'habitations humaines. Des lémuriens à queue en anneau, les makis, y vivent aussi, se rengorgeant devant les visiteurs qu'ils dévisagent de leurs curieuses pupilles orange.

Une bonne part des 1 000 espèces uniques d'orchidées de Madagascar poussent dans le parc national de la montagne d'Ambre au nord. L'île n'est pas toutefois entièrement recouverte d'une végétation luxuriante et verte, et les années de déforestation y ont laissé leurs traces.

Ci-dessus, le mâle du caméléon panthère est de couleurs vives qui assurent son mimétisme.

Ci-dessous, famille de lémuriens aux aguets.

Les lémuriens

Les lémuriens sont les primates les plus célèbres de Madagascar. Les primates se caractérisent par la taille de leur cerveau, leurs membres allongés et leurs mains et pieds adaptés à l'escalade des arbres. Les lémuriens sont des primates inférieurs et donc moins bien adaptés à la marche debout.

Le lémurien a, comme le singe, un pouce opposable à l'ongle aplati, ce qui lui donne une bonne dextérité manuelle. Les lémuriens ont cependant un comportement différent de celui du singe. Le lémurien de Coquerel, créature timide et rare, par exemple, est monogame, de petite taille et de couleur brun doré alors que le maki vit plutôt en groupes.

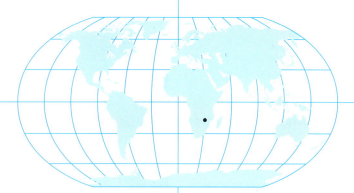

Zambie/Zimbabwe
LES CHUTES VICTORIA

Le Zambèze se transforme brusquement en une cascade blanche qui dévale à grand fracas des falaises à pic.

Les chutes Victoria, sur le Zambèze, sont situées sur la frontière entre la Zambie et le Zimbabwe. L'aéroport le plus proche se trouve à Livingstone, à peu de distance des chutes en voiture. La capitale de la Zambie, Lusaka, est à environ 480 km de distance par route.

Les chutes d'eau de l'ouest de l'Afrique

L'Afrique de l'ouest peut s'enorgueillir de spectaculaires cascades. Les chutes de Tagbaladougou en Haute-Volta sont en réalité trois cascades distinctes qui comprennent un long rideau d'eau franchissant une arête rocheuse aiguë et une fine cascade fuselée. Les pittoresques chutes de Tannogou au Bénin tombent d'un plateau dans un grand lac. En Guinée le fleuve Tinkisso en franchissant des roches résistantes à l'érosion forme une série de rapides qui culminent aux chutes du Tinkisso.

Un arc-en-ciel se découpe au-dessus d'une gorge étroite sur l'un des côtés des célèbres chutes Victoria.

Lorsque le fleuve Zambèze atteint son plus haut niveau, 7 560 m³ d'eau dévalent chaque seconde les chutes Victoria. Le volume des eaux est si grand et les chutes si profondes que le nuage d'écume qui s'élève peut être vu à 40 km à la ronde. Le nom indigène des chutes Victoria, "Mosi-oa-tunya", signifie "la fumée qui tonne". Un arc-en-ciel, qui peut atteindre 300 m de haut, se forme souvent dans l'écume.

Le premier Européen à découvrir les chutes, en novembre 1855, fut le missionnaire et explorateur écossais David Livingstone. Il avait entendu parler de cette cascade 4 ans auparavant, quand il avait atteint, avec William Cotton Oswell, les rives du Zambèze, à 130 km à l'ouest. De 1853 à 1856, Livingstone fut le premier Européen à traverser l'Afrique. Livingstone, qui espérait ouvrir le centre de l'Afrique aux missionnaires chrétiens, partit du sud de l'Afrique et voyagea vers le nord, traversant le Bechuanaland (l'actuel Botswana) pour atteindre le Zambèze. Il se dirigea ensuite vers l'ouest et la côte de Luanda en Angola. Trouvant ce chemin vers l'intérieur trop difficile, il repartit alors vers l'est en suivant le Zambèze et arriva à Quelimane sur la côte du Mozambique en mai 1856.

L'explorateur ne fut pourtant pas satisfait d'avoir découvert les chutes Victoria, même s'il les décrivit par la suite comme "un paysage d'une beauté telle que les anges ont dû l'admirer à leur passage". Pour Livingstone les chutes, cette muraille d'eau presque continue d'environ 1 680 m de long et 110 m de haut, étaient en effet un obstacle sur la route des missionnaires qui essayaient d'atteindre les populations du centre de l'Afrique. La découverte la plus importante de son voyage était pour Livingstone le plateau de Batoka à l'est des chutes, un endroit où les missionnaires pourraient s'installer par la suite si le Zambèze s'avérait navigable (ce qui n'était pas le cas). Bien qu'il considérât qu'elles

L'AFRIQUE

fussent un obstacle au progrès, Livingstone jugea ces chutes si belles qu'il ne put faire autrement que leur donner le nom de sa souveraine : "Victoria".

La cascade n'est d'ailleurs pour le fleuve que la première étape d'un parcours spectaculaire, et les eaux bouillonnantes se précipitent après dans une gorge où elles zigzaguent sur environ 70 km, du fait d'une série de failles, érodées depuis des milliers d'années par la force des eaux. Le Zambèze traverse un plateau formé de couches de grès et de basalte, et les failles se sont formées aux points de jonction de ces deux roches.

Jusqu'à 7 560 m³ d'eau par seconde peuvent franchir les chutes principales.

Les chutes d'eau du sud de l'Afrique

Dans le sud de l'Afrique le fleuve Orange plonge d'une hauteur de 140 m par dessus le bord du plateau aux chutes d'Aughrabies avant de poursuivre son chemin entre les falaises d'une gorge de granit. Le granit est l'une des roches les plus dures, et la puissance des eaux capables d'y tailler une gorge est inconcevable. Le fleuve Orange, n'est durant la saison sèche guère plus qu'un ruisseau, mais quand il est gonflé par les pluies de printemps ses chutes méritent bien leur nom d'Aughrabies, mot hottentot qui signifie "l'endroit du grand fracas".

Les chutes de Lofoi au Zaïre sont une autre de ces cascades dont l'aspect change considérablement avec les saisons, même si leur plongeon de 330 m reste impressionnant à toute époque de l'année. Les chutes de Tugela, les plus hautes du continent, sont également situées au sud de l'Afrique. Elles sont en réalité une série de 5 cascades que l'eau dévale sur 950 m de haut. Les chutes de Maletsunyane au Lesotho gèlent en hiver, et le spectacle de ces piliers gelés dans le silence environnant est particulièrement impressionnant.

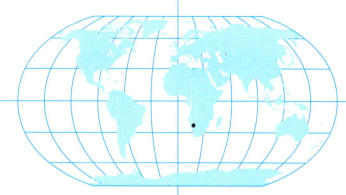

Namibie
LE DÉSERT DE NAMIBIE

L'océan Atlantique vient à la rencontre des vagues de sable du désert de Namibie, qui s'étend sur 2 100 km le long des côtes africaines.

Le désert de Namibie, au sud-ouest de l'Afrique, va du fleuve Olifants dans la province du Cap d'Afrique du Sud le long de la côte de Namibie jusqu'à l'Angola. On peut prendre l'avion pour Windhoek, puis un vol intérieur jusqu'à la baie de Walvis) près de la réserve de chasse de Namibie, dans le désert.

Les premières explorations de la Namibie

Le premier grand explorateur européen à concentrer ses efforts sur la Namibie fut Charles John Andersson, un naturaliste anglo-suédois. Il effectua une première traversée de la Namibie en 1850 en tant qu'assistant de Francis Galton. En 1851 et 1852 les deux hommes se rendirent de la baie de Walvis à l'Ovamboland, jusqu'alors inexploré. Anderson, en 1853-1854 traversa le Bechuanaland (l'actuel Botswana) pour atteindre le lac Ngami découvert par Livingstone et William Cotton Oswell en 1849. En 1857-1858 Andersson quittant la baie de Walvis, vers le nord, arriva dans une région encore inconnue du fleuve Okavango. Son livre *Oiseaux de Damaraland* fut publié peu après sa mort.

De petits buissons et des herbes sèches sont la seule végétation apte à survivre dans ces terres arides.

La mer apparemment infinie des dunes de sable du désert de Namibie s'étend vers l'intérieur des terres. A première vue il semble que rares sont les animaux et les plantes vivant dans cet environnement aride, mais à la moindre averse le désert s'éveille et se met à vivre. Les graines depuis longtemps enfouies dans les sables germent tout d'un coup, les vallées sèches se transforment en prairies et avec les plantes apparaissent les animaux et les oiseaux. Les pinsons et les alouettes mangent les graines des herbes, les busards se nourrissent des insectes qu'ils attrapent. Dans certains endroits du désert vivent même des oryx, de grandes antilopes qui paissent l'herbe fraîchement poussée ; mais la vie de la végétation est aléatoire, et les oryx meurent souvent de faim ou de soif. Le désert peut en effet une année exploser de vie, pour l'année suivante ne laisser pousser que quelques tiges et peu d'animaux creusent le sol à la recherche de leur maigre nourriture.

Des géologues ont récemment découvert que le sous-sol du désert de Namibie contient des minéraux de prix. On pense qu'il s'y trouve de l'uranium, du cuivre et même du diamant, et il est donc probable que même cette terre si inhospitalière subisse des bouleversements.

Le désert de Namibie est si sec que sa faune et sa flore ont dû développer des mécanismes biologiques spéciaux pour y faire face. L'une de ces plantes est le welwitschia, qui ne se trouve que dans ce désert, et plus particulièrement au nord, là où les dunes de sable laissent progressivement le place à des étendues rocailleuses. Le welwitschia est insensible à la sécheresse ; après plusieurs années sans eau, les extrémités de ses épaisses feuilles rouge-brun se dessèchent, mais elles redeviennent vertes et se remettent à pousser dès la première averse. Ces plantes peuvent survivre plusieurs années sur les réserves d'eau tirées de la terre durant une seule saison humide.

Le matin les lézards et les scarabées sortent de leurs trous creusés dans les dunes pour parcourir leur territoire et ramasser de la nourriture avant que la température ne monte et les oblige à chercher un nouvel abri dans la fraîcheur du sable. On a relevé dans

L'AFRIQUE

le désert des températures de surface de 66 °C. Certains animaux ne disposent que d'un bref répit entre la nuit, trop froide pour eux, et la canicule de la journée. Le désert abrite la nuit des créatures très différentes du jour.

La côte de la Grande Mer de dunes est souvent couverte de brumes, qui apparaissent lorsque le courant froid de Benguela venu de l'Antarctique vers le nord rencontre les vents plus chauds et humides de l'Atlantique. Pendant environ 60 jours chaque année la brume est si dense qu'elle est soufflée sur environ 80 km à l'intérieur des terres. Dans le désert où les pluies sont rares, ces brumes sont le principal apport en eau pour de nombreuses créatures. Le scarabée boit les gouttelettes d'eau qui se forment sur sa carapace. Les liquides contenus dans le corps de ces insectes fournit l'humidité nécessaire à leurs prédateurs.

Un scarabée profite de l'humidité accumulée sur sa carapace.

Des déserts gelés

On peut définir le désert comme une zone où la végétation ne peut pousser qu'irrégulièrement et de façon clairsemée, mais les déserts ne se résument pas aux dunes de sable de Namibie ou aux étendues rocailleuses du Negev en Israël. On trouve aussi parmi eux les grandes régions sauvages et nues d'Arctique et d'Antarctique, où les précipitations sont faibles et la vie végétale très réduite.

Rien ne pousse à l'intérieur de l'immense continent Arctique, partiellement parce qu'il n'y a pas de terre où pourrait se développer la flore, et partiellement parce qu'il n'y a que très peu d'humidité dans l'atmosphère, ce qui est particulièrement ironique si l'on considère que les neuf dixièmes de la totalité des réserves d'eau douce du monde sont formées des glaces de l'Antarctique. Certaines des régions côtières de ce grand continent et de ses îles abritent toutefois en été plusieurs espèces de plantes et d'animaux.

Botswana
LE DELTA DE L'OKAVANGO

Au nord-ouest du Botswana, le delta de l'Okavango est une oasis dans l'une des dernières grandes régions sauvages d'Afrique.

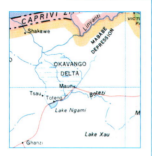

Situé au cœur du désert du Kalahari, le delta de l'Okavango n'est traversé que d'un très petit nombre de routes, dont la plupart sont en fait des pistes. Le grand aéroport le plus proche se trouve à Livingstone, de l'autre côté de la frontière de la Zambie, à quelque 320 km au nord-est du centre du delta.

Les salins de Makgadikgadi

C'est la plus grande étendue de salins du monde (37 000 km^2). Comme dans d'autres endroits semblables tels que la Camargue, après les inondations consécutives aux pluies la région attire toutes sortes d'animaux et d'oiseaux. Elle déborde alors de vie, offre de bons pâturages aux grands groupes de zèbres et d'antilopes nomades, et devient le refuge d'innombrables flamants et autres oiseaux aquatiques.

Le labyrinthe des eaux du delta de l'Okavango est, avec ses roseaux et ses buissons d'épineux, une très belle région sauvage.

L'AFRIQUE

Le fleuve Okavango prend sa source dans les hautes terres d'Angola et coule vers le sud-est, mais disparaît avant d'avoir pu atteindre la mer dans les vastes étendues arides du désert du Kalahari au Botswana, l'un des pays les plus secs du sud de l'Afrique. L'eau s'écoule très lentement et forme un vaste delta, dont la partie centrale couvre 16 000 km^2, mais qui peut durant les inondations consécutives à la saison des pluies s'étendre jusqu'à faire 22 000 km^2. Les eaux s'écoulent ainsi lentement dans un véritable labyrinthe de canaux et s'y évaporent à plus de 95 %. Le reste coule, soit vers le sud pendant 160 km et forme le fleuve Boteti avant d'atteindre les salins de Makgadikgadi (les plus grands du monde) où il achève de s'évaporer, soit vers le sud-ouest pour rejoindre le lac Ngami.

Le delta d'Okavanga n'est pas seulement l'un des plus grands deltas à l'intérieur des terres du monde, c'est aussi une région à laquelle la juxtaposition de marais extrêmement productifs et des terres arides du désert du Kalahari confère un caractère exceptionnel. Le delta d'Okavanga est l'une des dernières très grandes régions de vie sauvage de l'immense continent africain.

Le delta abrite tout une variété de plantes et d'animaux. Les terres sont en amont couvertes de grandes étendues de roseaux très denses, où domine le papyrus. Celles-ci sont interrompues par des zones toujours inondées où poussent de nombreux nénuphars – très prisés de l'oie naine qui se nourrit de leurs fruits. Ces marécages sont un habitat idéal pour toutes sortes d'animaux comme l'hippopotame, le crocodile et plusieurs sortes d'antilope. Certaines antilopes familières de la vie dans les marécages, et plus spécifiques du sud de l'Afrique, sont les cobes. Le plus grand groupe survivant de cobes lechwés rouges, qui compte au moins 20 000 individus, se trouve dans les étendues d'herbes aquatiques du delta de l'Okavango. Le cob lechwé qui est l'un des animaux spécifiquement adaptés à un mode de vie aquatique, fréquente ces zones impénétrables du delta ou des régions similaires du continent.

Les étendues de roseaux abritent également de nombreuses espèces d'oiseaux différents, y compris certaines des espèces les plus rares du continent. Le magnifique aigle pêcheur africain au cri perçant y chasse, tout comme le petit guêpier, le martin-pêcheur, plusieurs sortes de héron et d'aigrette et le hibou pêcheur d'Afrique.

En amont du delta les roseaux cèdent la place à des buissons d'acacia épineux et à des plaines d'herbes inondées qui attirent les groupes d'animaux des plaines migrants comme le zèbre, le buffle, l'éléphant et l'antilope. On trouve, parmi les prédateurs qui les suivent, le lion, le léopard et la hyène. Ces plaines sont habitées par les tribus de pasteurs Tswana et Herero. La mouche tsé-tsé, porteuse de la maladie du sommeil, confinait autrefois leurs troupeaux aux zones périphériques du delta, mais les vaporisations d'insecticide des dernières années l'ont fait disparaître. Les hommes et leur bétail ont pénétré dans les marécages repoussant l'antilope et utilisant son habitat comme pâturage. C'est pourquoi le nombre d'antilopes baisse, et le fragile équilibre du système naturel est menacé. Les autorités locales, conscientes du danger, ont créé la réserve naturelle de Moremi (3 885 km^2), entièrement conçue et gérée par la population locale.

Des cobes lechwés rouges traversent au galop les marécages du delta.

L'antilope des marais

Cette antilope est une créature timide, bien adaptée à sa vie dans les marécages du delta de l'Okavanga. Il se nourrit de plantes différentes selon le niveau de l'eau, qui fluctue avec les saisons. Cette polyvalence contribue, avec d'autres caractéristiques telles que les longs sabots de l'animal qui se déplient pour lui faciliter les déplacements sur des sols mous et humides, indispensable à sa survie. C'est l'unique mammifère de grande taille qui se nourrit de papyrus dans les marais où il vit relativement à l'abri de ses prédateurs, même si un adulte est parfois victime d'un crocodile, d'un lion ou d'un léopard ou d'un jeune python.

Le cob lechwé rouge est mieux adapté aux plaines d'herbes régulièrement inondées et a lui aussi développé des sabots allongés qui lui permettent de mieux s'y déplacer. Il préfère les zones périphériques humides, où ses petits peuvent se nourrir des jeunes pousses vertes.

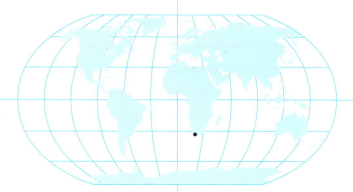

Afrique du Sud
LE MONT TABLE

*Une grande montagne au sommet plat,
drapée dans d'étranges nuages, devant laquelle
se dresse l'une des plus belles villes d'Afrique du Sud.*

Situé à l'arrière-plan du Cap, le mont Table n'est qu'à une petite distance par route du centre de la ville. Un funiculaire permet d'en atteindre le sommet

Le grand plateau qui forme le sommet du mont Table est visible à plusieurs kilomètres de distance.

L'AFRIQUE

Le mont Table, qui domine la ville du Cap, est souvent entouré de nuages blancs. Parfois ils se dissipent, puis se reforment en "nappe" à l'une des extrémités de la montagne, révélant un paysage magnifique. La montagne porte bien son nom ; vue de la baie en contrebas son sommet semble s'étendre, parfaitement plat, sur 3 km. Ses falaises de 1 000 m de haut se dressent à la verticale au-dessus du port animé de la ville.

Du port du Cap, la montagne, qui apparaît comme un grand monolithe bleu-vert scintillant légèrement dans la chaleur offrait sans doute un réconfort aux marins qui venaient de passer le cap de Bonne Espérance. L'horizon brisé par ces escarpements de grès est connu sous le nom de Douze Apôtres.

Vues de plus près les falaises se révèlent abruptes et déchirées. Le sommet de gauche est le Lion's Head.

Le mont Table est situé à l'extrémité nord d'une chaîne de collines qui relient Le Cap au cap de bonne Espérance. Cette chaîne se compose de grès et de quartz posés sur des couches plus anciennes de granit et de schistes argileux. A l'est du mont Table se trouve Devil's Peak, le pic du Diable (975 m), et à l'ouest les hauteurs plus modestes de Lion's Head (640 m) et Signal Hill (335 m).

Les nuages qui entourent le sommet du mont Table n'atteignent jamais ses pentes inférieures. Apportés par les vents du sud-est, constamment repoussés vers le nord et Le Cap, ils se dissipent aussitôt. Au sommet, ils peuvent se former très rapidement, ce qui rend le temps très capricieux. Les relevés des précipitations confirment le phénomène : il tombe chaque année 65 cm de pluie sur Le Cap, mais en moyenne 185 cm au sommet du mont Table.

Ces fortes pluies ont creusé tout le long des falaises de la montagne de nombreux et profonds ravins ; le plus profond d'entre eux, la Gorge, est aussi le plus court chemin vers le sommet. La vue du haut du mont Table est splendide par beau temps. Deux grands océans se rencontrent à l'extrémité du continent africain – les océans Atlantique et Indien. En entrant en contact avec les eaux plus chaudes de l'océan Indien, les courants froids venus du sud déclenchent là de violentes tempêtes, sur les eaux du cap de Bonne Espérance.

Le premier Européen à atteindre la région du Cap fut, en 1488, l'explorateur portugais Bartolomes Diaz ; il donna au cap le nom de "cap des Tempêtes". Après le massacre 22 ans plus tard de marins portugais par les Hottentots de la région, les bateaux évitèrent d'y jeter l'ancre, et ce ne fut qu'en 1652 qu'une colonie néerlandaise fut établie non loin de Table Bay pour approvisionner les navires de la Compagnie des Indes Orientales en légumes frais. Ce sont ces premiers colons qui construisirent la forteresse et qui sont encore présents de nos jours.

Des plateaux célèbres

Les plateaux peuvent se former de façons différentes. Celui de Jugurtha en Tunisie est un exemple de "relief inversé" : les roches tendres des collines y étaient posées sur des roches plus dures, formant le fond de la vallée ; l'érosion de ces roches supérieures transforma les roches dures en plateau. Dans le cas de Jugurtha le plateau est une forteresse naturelle protégée par des falaises verticales de 600 m de haut. On lui a donné le nom d'un ancien roi africain qui l'utilisait comme citadelle lors des combats contre Rome.

Mesa Verde au Colorado, est également un plateau plat protégé par des falaises de 600 m de haut, mais il est bien plus grand que Jugurtha. Il est formé de grès et de couches de schistes argileux et de charbon. Il fut créé par des soulèvement successifs et l'érosion des roches tendres par les rivières. Il est aujourd'hui couvert de genévriers et de pins. La région est célèbre pour ses habitations indiennes troglodytes creusées dans le grès, certaines ayant plus de 1 000 ans.

Dans les inaccessibles Guiana Highlands d'Amérique du Sud se trouve le mont Roraima, un massif de grès rouge. L'érosion a creusé entre les plateaux des gorges et des failles profondes.

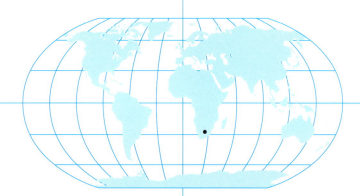

Afrique du Sud
LE PLATINE, L'OR ET LE DIAMANT

Les extraordinaires richesses que renferme l'Afrique du Sud.

La ville de Rustenburg est située dans le Transvaal, à 80 km à l'ouest de Pretoria, la capitale. Kimberley se trouve à 450 km au sud-ouest dans l'État libre d'Orange. Toutes deux sont faciles à atteindre par route ou rail de Pretoria.

Le platine

Le platine est parmi les plus précieux des métaux. Certains des bijoux les plus coûteux du monde sont faits de platine, mais ce métal a aussi d'autres propriétés qui le rendent indispensable dans l'industrie. Son point de fusion très élevé (1 769 °C) est idéal pour les hauts-fourneaux ; le platine, presque inerte, ne réagit pas facilement avec d'autres substances, mais c'est pourtant un catalyseur très connu, qui permet à une réaction chimique de se produire sans être lui-même utilisé. On l'emploie également dans les cellules sans pollution.

Le "Big Hole" de Kimberley est tout ce qui reste de la mine de diamant du siècle précédent.

L'Afrique du Sud est l'un des pays aux richesses naturelles les plus abondantes en ce qui concerne les ressources minières. Sa production de platine, d'or, de diamant, exploités en quantités fabuleuses, est célèbre dans le monde entier.

Des minéraux comme ceux-ci se forment lorsque du magma en fusion entre dans l'écorce terrestre par jets successifs. Ils créent des couches dont la composition évolue progressivement jusqu'à ce que le résidu de la source de magma ne contienne plus que ces éléments d'ordinaire absents de la plupart des minéraux qui forment les roches. Ces éléments et ces minéraux sont souvent les plus rares et les plus précieux de tous, comme le platine du filon de Merensky dans le Transvaal par exemple. Les mouvements de l'écorce terrestre et l'érosion ont amené une partie de cette couche à la surface où elle peut être exploitée. Ce filon ne fait qu'un à deux mètres d'épaisseur, mais il se prolonge sur au moins 240 km. Le filon de Mernsky est exploité par le groupe minier de Platine Rustenburg, le plus grand producteur de platine du monde (28 t par an).

Tout comme de nombreux autres minéraux l'or se trouve dans des filons, et surtout dans des filons de cuivre. Pour être rentables, certaines mines de cuivre doivent extraire une quantité suffisante d'or. La plupart de l'or d'Afrique du Sud provient, lui, de sables aurifères d'origine sédimentaire qui se sont déposés à la suite de l'érosion d'autres roches, dont certaines contenaient des veines d'or. Les petites pépites d'or, plus lourdes que les autres roches, ont tout naturellement été concentrées par le processus sédimentaire, ce qui facilite leur extraction.

La mine de diamant de Kimberley est particulièrement spectaculaire. Elle était à l'origine située dans la ville même, où elle a été conservée sous forme de musée. Cette mine est connue dans la région sous le nom de "Big Hole" (Grand Trou), et c'est précisément ce qu'elle est – le plus grand

L'AFRIQUE

trou artificiel de la terre, creusé dans un rocher appelé Kimberlite qui était probablement, entre 70 et 130 millions d'années auparavant, la cheminée d'un volcan. De tels volcans sont très rares, et l'on n'en connaît que quelques autres au monde. La source des roches volcaniques se trouvait au moins à 100 km au-dessous de la surface de la Terre, là où les températures et la pression étaient assez élevées pour former du diamant – la matière naturelle connue la plus dure.

Une plate-forme d'observation construite sur le bord du Big Hole permet aux visiteurs de contempler, à 400 m plus bas, le fond du trou percé de puits qui peuvent atteindre 1 200 m. Le trou fait presque 1,6 km de circonférence et couvre une surface d'environ 37 acres (15 ha). Durant sa période d'exploitation on a tiré de la mine quelque 14,5 millions de carats de diamant.

Ci-dessus, les diamants brillent dans le gravier brun de la mine la plus riche du monde, (Oranjemund en Namibie).
Ci-dessous, les mineurs dégagent les diamants bruts de la terre.

Utilisation de l'or et du diamant

L'or est considéré comme un métal précieux depuis les temps anciens. On l'utilisait pour fabriquer des bijoux ou des objets religieux, et sa présence dans des objets usuels montrait la richesse de leur propriétaire. La fièvre de l'or a entraîné des guerres et la disparition de civilisations entières. Maintenant on l'utilise dans l'industrie. Le diamant a, comme l'or, été très utilisé en bijouterie, mais son statut de matière naturelle la plus dure lui a valu de nombreuses utilisations industrielles. Le plus grand diamant pur, le diamant Cullinan, fut découvert dans la mine Premier à Pretoria. Il pèse 3 106 carats (567 g), et on y a taillé le plus gros diamant du monde. Il se trouve maintenant sur le sceptre royal des bijoux de la couronne d'Angleterre.

Groenland

LE GROENLAND

L'île la plus grande du monde est presque entièrement recouverte d'un inlandsis.

Le Groenland est situé à 200 km à l'ouest de l'Islande. Il n'y a pas sur l'île de routes importantes, les déplacements dans le pays se faisant par avion ou par bateau.

Le Groenland est couvert de hautes montagnes, d'immenses glaciers bleu-vert, de fjords splendides et de roches nues. Des recherches ont montré que l'île possède certaines des roches les plus anciennes de la planète, âgées selon les estimations d'au moins 3 700 millions d'années. Vue du ciel l'île ressemble à un grand désert glacé d'un blanc éblouissant parfois interrompu par les sommets noirs et déchirés des montagnes, mais vu du sol le Groenland se présente comme une terre riche en contrastes : en été

Ci-contre, ces maisons peintes de couleurs vives donnent l'échelle de l'immense fjord gelé de Angmassalik.

Page de droite, en haut, malgré le dégel de l'été des blocs de glace flottent toujours dans la baie isolée de Myggbukta, au nord-est du Groenland.

LE GROENLAND

les prairies des régions côtières se couvrent de saxifrages violettes et de pavots jaunes, et l'on y trouve également des bosquets de frênes de montagne et de bouleaux. Mais le centre de l'île, lui, reste pris par les glaces, et ni un brin d'herbe, ni une fleur ne peuvent pousser sur des centaines de kilomètres.

Le Groenland fait environ dix fois la taille de l'Angleterre, ou le quart de celle des États-Unis. Il couvre 2 186 000 km^2, soit 2 575 km de Peary Land au nord à Kap Farvel au sud, et sa plus grande largeur est d'environ 1 300 km. Sa caractéristique la plus remarquable est son inlandsis qui peut atteindre par endroits plus de 10 000 m d'épaisseur et couvre 82 % de la superficie totale de l'île. Les glaciers y sont immenses : le Jakobshavn libère chaque jour des millions de tonnes de glaces dans la mer et se déplace à une vitesse d'environ 1 m par heure. Ceci est à l'origine d'énormes icebergs comme celui qui coula le *Titanic*

en 1912. Il fallut attendre 1888 pour que la calotte glaciaire soit traversée pour la première fois à ski par l'explorateur norvégien Fridtjof Nansen.

Le Groenland est une terre d'une très grande beauté et très diverse. La côte est prise par des glaces impénétrables pendant la majeure partie de l'année ; son inhospitalité et la difficulté des communications expliquent qu'elle soit si peu peuplée. Il est donc devenu un refuge pour certaines des espèces menacées de plantes, d'oiseaux et d'animaux arctiques.

La côte ouest comprend certains des plus grands fjords du monde, qui peuvent s'enfoncer jusqu'à 300 km à l'intérieur des terres. C'est là que se trouvent la plupart des régions peuplées, ainsi que la capitale, Nuuk (12 000 habitants). Le Groenland a longtemps été une colonie du Danemark, mais le gouvernement danois autorisa en 1979 les habitants à se gouverner eux-mêmes, politique qui fut connue sous le nom de Groenland Home Rule.

La majeure partie du Groenland est située au nord du cercle polaire, et ne voit donc pas le soleil durant les longs mois d'hiver. En été, les oiseaux et les plantes profitent au maximum des 24 h de jour.

Bien que de nombreux oiseaux n'y viennent que pour pondre avant de repartir vers le sud à l'arrivée de l'hiver, certains y vivent toute l'année, comme le minuscule bruant des neiges. On trouve également au Groenland certains des plus grands prédateurs du monde : l'ours polaire, le renard et le lièvre de l'Arctique, le renne et des lemmings. Le nord de l'île abrite de grands troupeaux de bœufs musqués protégés du vent glacial de l'Arctique par leur épaisse fourrure. On peut aussi voir dans les eaux côtières plusieurs espèces de baleines et de phoques.

Les Vikings du Groenland

D'après les sagas nordiques de la fin du IXe siècle un Scandinave qui se rendait d'Irlande en Islande, dérouté par les vents, arriva sur les îles au large de la côte est du Groenland. Plus d'un siècle plus tard Erik le Rouge décida de partir d'Islande et de naviguer vers l'ouest pour retrouver ces îles. Erik avait été banni de son pays natal, la Norvège, puis d'Islande pour y avoir assassiné des colons.

Il contourna la côte à la voile et découvrit ainsi les grands fjords de la côte ouest du Groenland. Le pays traversait alors l'une de ses périodes de climat chaud, et les fjords étaient recouverts d'une riche végétation qui permit à Erik et à ses compagnons de cultiver la terre et d'y élever du bétail. La nouvelle du succès de l'expédition attira d'autres colons qui firent eux aussi le dangereux voyage, et la colonie prospéra ainsi pendant 400 ans.

Des fouilles ont permis de découvrir environ 300 fermes différentes, y compris la maison d'Erik et une église, mais rien n'a pu expliquer quel avait été le sort des Vikings. Certains pensent qu'ils furent tués par des tribus indigènes inuits ou des pirates de passage, ou qu'ils ont été décimés par des épidémies. D'autres croient que le climat est devenu plus froid, ce qui aurait empêché l'agriculture et l'élevage.

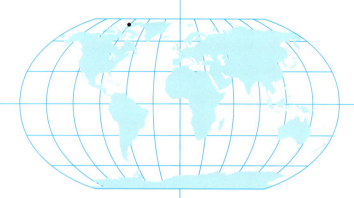

Canada
LA FORÊT FOSSILE D'AXEL HEIBERG

Une étrange région arctique du Canada où les arbres sont préservés.

Les déplacements dans l'Arctique se font généralement en petit avion, et vous pouvez atteindre l'île d'Axel Heiberg par air de Resolute sur l'île Cornwallis, située à 560 km au sud. Préparez-vous à affronter un climat rigoureux, même en plein été.

Ci-contre, l'arête de la forêt fossile de l'île d'Axel Heiberg et la calotte glaciaire à l'arrière-plan. Remarquez les tentes blanches dans la vallée. Cette photographie a été prise en juillet, à 2 h du matin.

Page de droite, en haut, les feuilles et les pommes de pin momifiées d'un métaséquoia rouge qui poussait là il y a 45 millions d'années.

Page de droite, en bas, un tronc d'arbre fossilisé au sommet de l'arête, reste de l'ancienne forêt marécageuse.

Une personne partie de la frontière entre le Canada et les États-Unis et voyageant vers le Nord traverse de nos jours des forêts mixtes d'arbres à feuilles caduques, puis des forêts de conifères avant d'atteindre la ligne de partage avec la toundra. Le climat devient alors trop rude pour les arbres, et la seule plante d'une certaine importance est le saule arctique, qui n'atteint que quelques centimètres de haut. Presque rien ne pousse sur les îles du Canada arctique, sinon des mousses et des lichens qui luttent pour vivre tout au long des quelques mois ensoleillés du bref été. Il n'y a donc rien d'étonnant à ce que le sergent de l'armée américaine David Brainard, membre de l'expédition Greely Arctic ait été accueilli par des réactions de surprise et d'incrédulité lorsqu'il revint de l'île d'Ellesmere en 1883 avec des récits d'une forêt fossile et spécimens de bois pétrifié.

On a depuis découvert plusieurs forêts fossiles dans le grand nord canadien. Dans certaines d'entre elles le bois a été minéralisé par des solutions de calcite, dans d'autres il a été momifié. L'un des exemples les plus spectaculaires de ce dernier phénomène se trouve sur l'île d'Axel Heiberg, à 1 100 km du pôle Nord. Les troncs d'arbres et les racines y sortent du sol comme s'ils continuaient à pousser. Les géologues n'ont pas besoin d'utiliser un marteau ; le bois, après 4 millions, est toujours tendre et une simple scie suffit. On retrouve, en enlevant la terre et le limon au pied des arbres, non seulement leurs racines, mais aussi la couche de feuilles qui recouvrait le sous-bois, encore intacte, avec ses pommes de pin et les débris fossiles de scarabées et d'autres insectes. Des fossiles d'autres habitants, plus grands, nous apprennent que la région était autrefois peuplée d'alligators, de crocodiles, de serpents, de salamandres, de tapirs, de grues, de grandes tortues de terre, de lémuriens volants et de coryphodons – mammifères à cornes proches de l'hippopotame. La flore et la faune fossiles laissent penser qu'il y avait là autrefois un équivalent marécageux arctique des Everglades de Floride – très différent de l'environnement actuel.

Comment un marécage tropical a-t-il pu exister dans ces régions polaires ? On sait maintenant que lors des âges géologiques

L'AMÉRIQUE DU NORD

les continents se sont déplacés à la surface du globe terrestre, mais l'île d'Axel Heiberg n'a elle presque pas bougé pendant les derniers 45 millions d'années. Le climat y était alors sans aucun doute plus chaud que maintenant, et il n'y avait probablement pas de glaces éternelles, mais il n'en reste pas moins que la longue nuit des hivers aurait dû, sous ces latitudes, être un obstacle sérieux à la croissance des arbres. Les arbres fossiles, identifiés par leurs feuilles, sont pour la plupart des sortes de métaséquoias rouges. On les a crus disparus jusqu'en 1946, quand on découvrit au centre de la Chine la dernière forêt naturelle de métaséquoias rouges. Une étude des anneaux des arbres de l'île d'Axel Heiberg montre qu'ils se sont très bien adaptés.

Ces forêts polaires sont uniques ; elles n'existent plus de nos jours, probablement à cause du climat actuel trop rigoureux.

Il est difficile de nos jours de réconcilier l'image de la forêt marécageuse de l'éocène avec les étés actuels de l'île d'Axel Heiberg, pendant lesquels la température avoisine 0 °C. L'imagination a du mal à concilier le froid des calottes glaciaires toujours visibles avec les témoignages irréfutables laissés par les arbres.

La fossilisation

Une plante ou un animal n'ont que très peu de chances de se fossiliser ; la plupart se décomposent d'une façon ou d'une autre. Pour que la fossilisation se produise, un certain nombre de conditions doivent être réunies : que la plante ou l'animal possèdent une structure rigide (nervures, fibres, squelette, coquille, etc.) ; que leurs restes se déposent dans un substrat particulier (schistes bitumineux, tourbe, par exemple).

Des phénomènes proches de la fossilisation se produisent parfois à grande échelle, aboutissant à la formation de roches comme les calcaires coquilliers. Les empreintes d'animaux ou de plantes "molles" sont rares : c'est cependant le cas des fossiles de méduses ou des célèbres plumes de l'archéoptéryx, conservés dans des sédiments très fins.

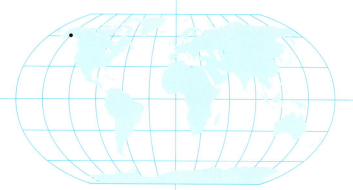

Alaska
LES LEMMINGS ET L'ARCTIQUE

Des milliers de ces petits animaux se hâtent à la recherche de leur nourriture dans l'un des milieux naturels les plus étranges.

On trouve des lemmings dans toutes les régions arctiques, depuis la Russie et l'Amérique du Nord jusqu'au Groenland et la Norvège, mais il est impossible de savoir exactement quand et où se produiront leurs étranges migrations. Les endroits les meilleurs pour les voir sont probablement l'Alaska et le Canada.

Ci-contre, le lemming à collier, que l'on trouve dans toutes les régions arctiques, est un maillon indispensable de la chaîne alimentaire.

A droite, en haut, le loup gris est l'un des prédateurs qui profitent des explosions de la population de lemmings.

L'AMÉRIQUE DU NORD

Les lemmings sont surtout connus du grand public pour leurs "suicides collectifs". Des recherches récentes ont montré toutefois qu'il ne s'agit pas du tout de suicides vains mais, ironiquement, d'une course pour la nourriture que se termine parfois en tragédie. Les baisses du nombre de lemmings qui s'ensuivent servent à maintenir le délicat équilibre entre les différents animaux de l'écosystème arctique.

Il existe 3 espèces de lemmings : le lemming des toundras, que l'on trouve aussi dans certaines régions de Russie, le lemming sibérien ou lemming brun, qui vit en Russie, en Alaska et au Canada, et le lemming à collier, présent dans tout le continent arctique, y compris le Groenland. Les lemmings sont de mignonnes petites créatures d'environ 13 cm de long, bien en chair et couvertes d'une épaisse fourrure. Ils sont d'ordinaire bruns, mais le lemming des toundras présente sur la tête et le dos des marques plus sombres. Le poil du lemming à collier passe du brun au blanc en hiver, il peut aussi se camoufler dans la neige.

Ils passent l'hiver sous la neige, dans les trous creusés par la vapeur qui sort de la terre, plus chaude, alors recouverte de neige froide. S'il n'y a pas de trous les lemmings creusent leurs propres tunnels, et ils vivent et se reproduisent dans cet univers souterrain tiède. Une femelle peut avoir jusqu'à 6 portées de 5 ou 6 jeunes par an, soit 36 petits chaque année. Une jeune femelle peut mettre bas dès l'âge de 2 ou 3 mois : une femelle née en mars peut devenir grand-mère en septembre de la même année.

Le taux de natalité des lemmings dépend de la quantité de nourriture disponible et du climat. Quand la neige commence à fondre, ils sortent pour se nourrir. Un manque de végétation empêche les lemmings de devenir trop nombreux, mais il y a tous les 3 ou 4 ans une abondance de nourriture qui se traduit par une explosion de la population.

La toundra arctique est incapable de subvenir aux besoins de l'énorme population de lemmings, et les petits animaux en viennent à chercher désespérément leur nourriture. Ils leur arrive alors de manger des plantes vénéneuses, certains deviennent agressifs et attaquent même parfois des animaux plus gros. Finalement poussés par la faim ils migrent en masse. Des milliers de ces petits rongeurs trottinent à travers la toundra comme une grande vague de fourrure, cherchant de nouveaux territoires. Les loups, les renards et même les poissons se jettent sur ces proies faciles, qui ne cherchent pas à fuir. Quand les lemmings atteignent une rivière ou la mer, les derniers poussent les animaux de tête, qui ne peuvent s'arrêter. Ils tentent de nager, mais meurent presque tous.

De l'importance de la population de lemmings dépend celle de leurs prédateurs (renard polaire, hermine, hibou des neiges, faucon pèlerin, busard, labbe et autres oiseaux de proie). Quand il y a peu de lemmings ces prédateurs doivent chercher ailleurs leur nourriture. Les hiboux des neiges cessent même de se reproduire. Le renard de Russie quitte alors la toundra pour chasser plus au sud. Le cycle de vie de nombreux animaux polaires dépend de ce petit rongeur, ce qui montre bien l'importance de cet équilibre fragile entre proie et prédateur.

Les rongeurs de l'Arctique

De nombreux petits herbivores autres que le lemming vivent aussi dans la toundra : certaines espèces de campagnol, le pika, la marmotte blanche, le rat musqué, l'écureuil arctique et le lièvre. Ils ont tous résolu le problème du froid intense à l'aide de phénomènes d'adaptation spécifiques, certains biologiques, et d'autres comportementaux, par exemple dormir.

Les écureuils arctiques du nord du continent américain hibernent dans des terriers communs pendant les mois les plus froids. Les marmottes blanches s'enfouissent dans les trous profonds des éboulis de montagne, et y hibernent 5 ou 6 mois. La couche de graisse qui recouvre leur corps les isole du froid et les nourrissent pendant leur sommeil. Les pikas qui vivent dans l'ouest du Canada ramassent en été de l'herbe qu'ils font sécher. Ils emportent ensuite leur foin dans leur tanière où il servira à la fois de lit et de nourriture pour les longs mois d'hiver.

Les campagnols vivent comme les lemmings sous la couche de neige, et mangent des graines, des plantes et des insectes. Le lièvre arctique avec son pelage d'hiver immaculé est invisible dans la neige, ainsi protégé il peut aller chercher à manger. Il se nourrit durant tout l'hiver des plantes congelées sous la neige.

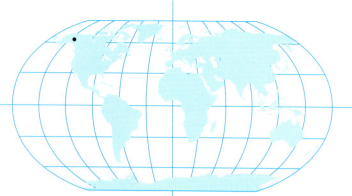

Canada
LA MIGRATION DES CARIBOUS

Les immenses troupeaux de 1 million d'animaux traversent la région située entre la toundra arctique et le fleuve Yukon.

Les caribous sont de grands herbivores, qui peuvent atteindre jusqu'à 1,5 m à l'encolure et peser 270 kg. Ils sont parfaitement adaptés au climat sévère du nord du Canada, et leur pelage dense et serré peut faire 5 cm d'épaisseur. Chaque poil est creux et contient de l'air qui contribue à l'isolation thermique de l'animal – cette fourrure est sans doute la plus étanche et la plus isolante du monde des mammifères. Le caribou est la seule espèce de cerfs chez qui les mâles et les femelles ont des bois, et leurs sabots larges et plats sont très bien conçus pour soutenir un animal de cette taille sur la neige. Les caribous ne sont pas difficiles et mangent les feuilles de presque n'importe quelle plante qui, avec les lichens, forment environ 30 % de leur alimentation.

Le caribou de la toundra canadienne – le caribou des terres nues – vit d'ordinaire en groupes d'une centaine d'individus et passe

Le caribou des terres nues du nord du Canada migre des vastes étendues de toundra arctique au nord-ouest de la baie d'Hudson à la taïga du Yukon et du Manitoba. L'accès à cette zone sauvage est limité à quelques routes et à une voie ferrée, si l'on excepte l'hydravion et l'hélicoptère. Quand on quitte la route, la seule piste reste les traces de la migration des caribous, et l'expédition doit être réservée aux aventuriers les plus endurants.

Le caribou et l'homme

Les Esquimaux et les Indiens de la toundra et de la taïga exploitèrent longtemps les troupeaux de caribous lors de leurs migrations si régulières. L'équilibre naturel fut maintenu jusqu'à ce que la chasse de subsistance d'autrefois fut remplacée par des massacres insensés, qui mirent toute l'espèce rapidement en danger. Le déclin des caribous a pu être stoppé, mais il faut prendre garde à ce que la situation n'empire pas.

Ci-dessus, troupeau de caribous en pleine course.

Ci-contre, un troupeau en pleine migration peut compter des centaines de milliers de bêtes, et prendre plusieurs jours pour passer un point particulier du parcours.

L'AMÉRIQUE DU NORD

l'hiver à chercher des feuilles, des herbes et des lichens dans la sécurité relative de la forêt de conifères ou taïga. Cette forêt est dominée par l'épicéa blanc et le pin, ainsi que le sapin, le bouleau, le tremble, le hêtre et l'érable. La taïga est comme la toundra du nord recouverte de neiges profondes en hiver, mais les arbres de la forêt l'empêchent de geler dur, ce qui permet au caribou de creuser avec ses antérieurs et d'atteindre les feuilles vertes et les lichens qui y sont enfouis. Certains animaux viennent seulement passer l'hiver dans la forêt, mais d'autres y vivent toute l'année, sans migrer.

Les caribous se rassemblent chaque année pour leur grande migration vers le nord de leurs quartiers d'hiver dans la taïga où ils se reproduisent à l'extrémité septentrionale de la toundra. Entre février et avril les petits groupes de caribous commencent à se rassembler en grands troupeaux, qui peuvent faire de 500 000 à 1 million d'individus. Les animaux – les femelles prêtes à mettre bas, les jeunes et les mâles – reprennent les routes du nord qu'ont suivies des générations de caribous. Ils voyagent à une vitesse d'environ 25 à 50 km par jour ; le trajet, long de 400 à 500 km, peut leur prendre jusqu'à 20 jours. Les troupeaux sont si grands qu'une fois en mouvement ils peuvent prendre des jours, sinon des semaines, pour franchir un point précis sur leur parcours.

Les premières femelles atteignent les terrains de la toundra près du cercle polaire vers la fin du mois de mai et mettent bas presque aussitôt arrivées. Le jeune caribou sait courir quelques heures seulement après sa naissance, et il cherche lui-même sa nourriture au bout de quelques semaines. Dans la toundra les caribous se nourrissent voracement, remplaçant les réserves utilisées durant l'hiver et se préparant au suivant.

Au début de l'été la toundra reprend brusquement vie, et se couvre de verdure et de fleurs multicolores. Les jours sont longs, et la température peut monter dramatiquement, ce que n'aiment pas les caribous. Ils partent alors vers les hauteurs où ils peuvent profiter de la brise ou d'éventuels restes de neige pour se rafraîchir.

Au fur et à mesure que les jours raccourcissent et que les températures baissent en septembre, les caribous reprennent leur migration vers le sud pour trouver la protection de la taïga. Ils partent par petits groupes de 2 ou de 3 et convergent progressivement vers la forêt. La migration vers le sud est plus rapide, les caribous voyageant alors à un rythme de 60 km environ par jour.

Les loups et les mouches

Les caribous sont principalement menacés par deux prédateurs. Des hordes de loups gris suivent les troupeaux, toujours prêts à attaquer un retardataire ou une bête isolée. Un loup n'a pas le dessus contre un caribou en bonne santé, mais les animaux malades et les jeunes sont en danger. Un tel niveau de prédation sur des troupeaux de dizaines ou de centaines de milliers d'animaux n'a pas de conséquences globales sur le nombre de caribous. Le second prédateur des caribous est la mouche. Ce bruyant insecte pond ses œufs dans la fourrure de l'animal ; la larve s'enfonce ensuite sous la peau où elle passe l'hiver. Elle en sort au printemps, et se développe à terre pour devenir une mouche adulte et recommencer le cycle. Certains caribous infestés de larves sont très affaiblis et deviennent une proie facile pour les loups.

Canada
DINOSAUR PROVINCIAL PARK

Un parc des Bad-lands célèbre pour ses dinosaures fossiles.

Dinosaur Provincial Park dans le sud de l'Alberta est à environ 210 km à l'est de Calgary et 135 km au nord-ouest de Medecine Hat. Pour y arriver quittez l'autoroute 1 à Bassano et continuez par l'autoroute 550, ou quittez à Brooks et continuez sur l'autoroute 876.

Ci-contre, le paysage spectaculaire des Bad-lands du sud de l'Alberta a été découpé par le lit des rivières.

Page de droite, en bas, un travail minutieux permet d'extraire du rocher le fossile d'un dinosaure.

Le Dinosaur Provincial Park, traversé par la rivière Red Deer, se trouve au cœur des prairies de l'Alberta. Les terres riches qui recouvrent des couches plates de roches sédimentaires sont idéales pour la culture du blé. Mais lorsqu'une rivière traverse ces roches sédimentaires tendres, elle y creuse de profonds ravins comme dans ce paysage typique de Bad-lands, que l'on rencontre également en Amérique du Nord. Les Bad-lands d'Alberta ont donné eux une véritable moisson de dinosaures fossiles. L'abondance et l'importance des dinosaures fossiles découverts dans le parc en ont fait un site de Patrimoine Mondial, l'un des meilleurs du monde pour les fossiles de dinosaures.

L'AMÉRIQUE DU NORD

Le parc est relativement petit (60 km²), mais c'est un endroit fascinant. La région a été stable d'un point de vue géologique pendant environ 75 millions d'années – c'est-à-dire pendant assez longtemps pour que les forces de l'érosion puissent découper des falaises, des escarpements, des gorges, des canyons et des ravins dans les sables et l'argile du sol. Alors que ces roches étaient en train de se déposer, pendant le mésozoïque, des dinosaures pataugeaient dans les marécages de la région. On y a découvert les restes d'environ 35 espèces de dinosaures, et il se peut qu'on en trouve encore. Nombre d'entre eux sont visibles dans la section de paléontologie de l'excellent musée de Tyrrel, qui comporte également un montage audiovisuel expliquant l'environnement du parc et les recherches.

La promenade le long de certaines pistes du parc est libre, et permet de voir de plus près les excavations avec les os fossilisés et les techniques utilisées. Des répliques grandeur nature de dinosaures plaisent aux enfants, qui peuvent les escalader. L'accès à une grande partie du parc est toutefois interdit aux visiteurs, car un perpétuel va-et-vient risquerait d'accélérer le processus d'érosion avant que la zone n'ait été correctement examinées par les scientifiques.

En remontant le cours du Red Deer, vers le nord-ouest, on arrive à Drumheller. De là partent deux pistes circulaires, le Dinosaur Trail et le East Coulee Drive. Le East Coulee Drive traverse certains des plus beaux paysages des Bad-lands, où se trouvent les "hoodoos" typiques de la région. Ce sont des colonnes de rochers qui ressemblent un peu à de grands champignons élancés, un chapeau de grès plus résistant au sommet protégeant les couches inférieures, plus tendres, d'argile et de schistes argileux. La région comporte aussi les restes de mines abandonnées de charbon et d'autres minerais, qui retracent d'une manière fascinante l'histoire de la population locale.

Les dinosaures

Les dinosaures sont des reptiles qui ont, par définition, disparu ; leur nom signifie simplement "terribles lézards". Ils ont évolué pendant le trias (il y a environ 240 millions d'années). Au jurassique et au crétacé (il y a environ 65 millions d'années) ils dominaient la planète.

Les plus grands étaient herbivores et lents ; les dinosaures carnivores étaient plus petits et plus athlétiques, adaptés à la chasse. Le calcul de leur taille est souvent difficile car les squelettes sont incomplets. On a estimé que la longueur du Seismosaurus était comprise entre 40 et 50 m. Son nom signifie "lézard tremblement de terre", et son poids est estimé à plus de 50 t. La terre était ébranlée sur son passage. Les scientifiques ont calculé que le poids maximal possible pour un animal terrestre est d'environ 150 t, ce qui a pu être le cas de certains dinosaures.

Le plus célèbre des carnivores est probablement le Tyrannosaurus rex. Le plus grand spécimen découvert en 1991 devait faire environ 6 m de haut, 11 m de long et peser de 6 à 7,5 t. La partie la plus impressionnante de cet animal est sans aucun doute les mâchoires et leurs alignements de crocs féroces.

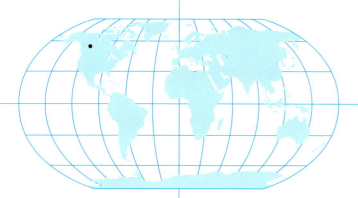

Canada
LES SCHISTES DE BURGESS

Les schistes argileux de Burgess renferment des fossiles uniques au monde.

Les schistes de Burgess sont situés sur la Fossil Ridge, entre le mont Field et le mont Wapta en Colombie-Britannique, à environ 560 km au nord-est de Vancouver.

La formation des fossiles

La plupart des dépôts de fossiles ne révèlent que des informations fragmentaires, car en général seules les parties dures des animaux et des plantes sont préservées. Des conditions tout à fait particulières – excluant la présence de prédateurs ou de charognards – sont nécessaires pour que les parties molles d'un animal soient conservées. On connaît des milliers d'espèces fossiles, mais cela ne représente qu'environ 0,001 % de toutes les espèces qui ont dû habiter notre planète depuis l'apparition de la vie. C'est pourquoi les fossiles des schistes de Burgess sont un véritable trésor pour l'humanité.

Un groupe de paléontologues ont monté leur camp sur les hauteurs d'une colline proche d'un remarquable dépôt de fossiles.

En 1909 Charles Doolittle Walcott découvrit les premières reliques du groupe de fossiles qui allait être connu sous le nom de schistes de Burgess. Il s'agit d'un ensemble rocheux d'environ 60 m de long sur seulement 2,5 m d'épaisseur formant l'arête qui relie deux montagnes de Colombie-Britannique, que l'on a qualifié de dépôt de fossiles le plus important du monde, et ce malgré le fait qu'il ne contienne que des fossiles d'invertébrés, mais dans un excellent état de conservation.

Dans les années qui suivirent la découverte, les paléontologues rassemblèrent et étudièrent d'énormes quantités de spécimens ; le travail se poursuit encore de nos jours, mais les savants utilisent maintenant de nouvelles techniques leur permettant de tirer plus d'informations des minces empreintes fossiles. La région est devenue une zone protégée du parc national de Yoho.

Les fossiles des schistes de Burgess donne une idée de la richesse des variétés d'animaux marins invertébrés qui vivaient au fond de la mer au paléozoïque, il y a quelque 515 millions d'années. L'importance des dépôts de schistes réside dans le niveau de conservation exceptionnel des invertébrés, dû aux conditions inhabituelles de fossilisation de ces animaux.

L'abondance de ces invertébrés marins, qui n'apparaissent pas d'ordinaire sous forme fossile, permet de les étudier en détail. On trouve à Burgess plus de 120 espèces appartenant à une vaste gamme de phylum et nombre d'entre elles ont des descendants modernes tels que l'éponge, des cœlentérés qui comprend de nos jours la méduse et les coraux, des vers annélides, parents du ver de terre actuel, l'échinoderme (concombre de mer, crinoïde), des mollusques et des arthropodes. Il reste malgré tout plus de 20 espèces pour lesquelles on ne connaît aucun descendant. La découverte de Burgess a révolutionné notre vision de la vie dans les mers au cambrien et nous a donné de nouvelles informations sur les espèces animales qui ont immédiatement succédé à la diversification des pluricellulaires. Des recherches minutieuses se poursuivent, et de nouvelles découvertes à d'autres endroits de la planète y contribuent.

L'AMÉRIQUE DU NORD

Toutes sortes de créatures plus remarquables les unes que les autres ont ainsi vu le jour, et les scientifiques tentent de percer leurs mystères. L'*Hallucigenia* fut par exemple tout d'abord décrit comme un animal d'environ 2,5 cm de long, monté sur 7 paires de minuscules pattes et ayant sur le dos une rangée de 7 tubes respiratoires souples. On ne savait pas si cet animal avait bien existé jusqu'au jour où l'on découvrit en Chine un autre fossile du début du cambrien, au corps de chenille, aux pattes courtes et au dos couvert de piquants protecteurs. On réexamina alors l'*Hallucigenia*. Il apparut que les 7 tubes respiratoires avaient chacun leur pendant, et la première description de l'animal avait été effectuée à l'envers : les pattes minces étaient en réalité des piquants protecteurs, et les tubes respiratoires de courtes pattes.

Mais tous les animaux des schistes de Burgess ne sont pas aussi petits. L'*Anomalocaris* (60 cm), un prédateur vorace au corps allongé propulsé par une paire de nageoires, est le plus grand de tous. L'ayant découvert par morceaux, on pensa qu'il s'agissait de plusieurs animaux. L'énigme ne fut résolue que lorsqu'on trouva un fossile entier.

On a trouvé dans les schistes de Burgess des animaux marins invertébrés dans un excellent état de conservation.

Le paysage sous-marin du cambrien

La description des animaux que les scientifiques tirent de fossiles minces comme une feuille de papier nous donne une idée de la diversité de la vie il y a 515 millions d'années, mais d'autres études aident également à imaginer l'apparence des fonds marins de l'époque.

Les animaux des schistes de Burgess vivaient dans ou sur un fond marin couvert de boues accumulées au pied d'une immense falaise immergée, à une profondeur d'environ 100 m. L'eau du fond de la mer, presque stagnante et ne contenant que très peu d'oxygène, mais riche en sulfate d'hydrogène, était impropre à la vie animale. L'eau était beaucoup plus oxygénée là où la boue était la plus épaisse, et des colonies entières d'animaux pouvaient y vivre. Bien que les espèces soient très différentes de celles d'aujourd'hui, les divers animaux remplissaient des niches similaires à celles d'aujourd'hui, certaines espèces immobiles restant plantées au fond de la mer alors que d'autres vivaient dans de trous et d'autres encore, plus mobiles, rampaient sur les fonds marins ou nageaient dans l'eau.

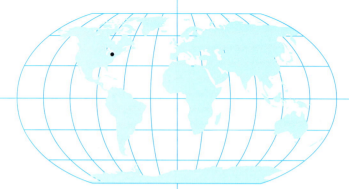

Canada
LES CHUTES DU NIAGARA

Des milliers de tonnes d'eau franchissent des falaises dans un fracas étourdissant que l'on perçoit à des kilomètres, lors du trajet du Niagara du lac Érié au lac Ontario.

Le Niagara, qui s'écoule du lac Érié au lac Ontario, marque la frontière entre le Canada et les États-Unis. Les chutes sont situées à mi-chemin entre les deux lacs, et il est très facile d'y aller en voiture, en partant soit de Buffalo aux États-Unis, soit de Toronto au Canada.

Les autres chutes d'eau du Canada

Outre les chutes du Niagara, le Canada en compte beaucoup d'autres. Aux chutes de Virginia dans les Territoires du nord-ouest, le fleuve Nahanni franchit un précipice environ deux fois plus haut que celui du Niagara. Ses chutes ne sont pas la seule caractéristique spectaculaire de ce cours d'eau assez peu connu : il descend de 915 m sur une distance de 595 km dans une série de rapides et de gorges profondes.

Les chutes de Hunlen et de Helmcken toutes deux en Colombie-Britannique, se trouvent dans des parcs naturels. Le fleuve Murtle franchit, aux chutes de Helmcken, un saut de quelque 135 m. Les chutes de Hunlen, sept fois plus hautes que celles du Niagara, forment un rideau d'écume de 370 m de haut.

Un nuage d'écume s'élève au-dessus des eaux tumultueuses des chutes de Horseshoe.

Lorsque les eaux vert sombre du Niagara se précipitent dans le chaudron bouillonnant, du pied des chutes monte une haute colonne d'écume. Cette célèbre cascade se compose de deux parties : les chutes American, et les chutes Horseshoe, séparées par l'île de Goat, couverte d'arbres, au milieu du fleuve.

Les chutes Horseshoe, peut-être les plus connues des deux, forment un arc d'environ 790 m de long du côté canadien de la frontière. Une route qui longe le fleuve permet d'admirer les chutes et l'eau lisse comme du verre sombre, qui en glissant par-dessus le rebord des falaises, se transforme en écume blanche.

L'AMÉRIQUE DU NORD

Les chutes American, plus petites, forment une ligne droite d'environ 300 m de long. On trouve au pied de leurs falaises de grands amas de rochers brisés, qui contrastent avec l'à-pic des chutes Horseshoe, plus verticales. Les deux cascades font environ 50 m de haut.

Les chutes du Niagara n'existent que depuis environ 10 000 ans – ce qui est relativement peu sur l'échelle géologique. Les grands glaciers commencèrent à reculer à la fin de la dernière glaciation, laissant derrière eux les Grands Lacs. Le système de drainage fait que le surplus des eaux du lac Érié s'écoule dans le lac Ontario par l'intermédiaire du Niagara (56 km de long), en descendant d'environ 100 m. Le lac Ontario, lui, se déverse dans le Saint-Laurent.

Le lit du fleuve, en amont des chutes, est fait de dolomie dure, en dessous de laquelle se trouvent des couches plus tendres comme le schiste et le grès. Le fleuve franchissait à l'origine un escarpement situé à environ 10 km au nord des chutes actuelles, mais l'érosion des couches de roches tendres sous la dolomie par les eaux rapides du cours d'eau le firent s'effondrer. La cascade recula ainsi petit à petit, et les chutes actuelles sont bien loin de leur emplacement d'il y a 10 000 ans ; elles ont laissé dans leur retraite une profonde gorge. Les chutes ont reculé d'environ 1 m par an et sont aujourd'hui 300 m plus en amont qu'elles ne l'étaient lorsque l'explorateur français Louis Hennepin les vit en 1678. L'île de Goat, ayant divisé le cours d'eau en deux, et une bonne moitié des eaux du Niagara détournées pour produire de l'hydroélectricité, les chutes ont été stabilisées.

Des ponts et des parcs sont aménagés sur les deux rives du fleuve ; l'un des ponts les plus connus est Rainbow Bridge, d'où l'on voit l'arc-en-ciel qui se forme dans l'écume de la chute. La puissance et le gigantisme du Niagara se perçoivent mieux d'un des bateaux qui s'aventurent dans les eaux bouillonnantes au pied des chutes.

Bob Leech, un cascadeur, descendit les chutes du Niagara dans un tonneau.

Franchir les chutes du Niagara

La puissance et la taille des chutes du Niagara représentent pour certains une forme de défi personnel. On tenta de les franchir dans toutes sortes d'embarcations : tonneaux, bateaux et capsules scellées. L'une des tentatives les plus célèbres eut lieu le 30 juin 1859, lorsque Jean-François Gravelet, mieux connu sous le nom de Charles Blondin, les traversa en marchant sur un câble tendu de 335 m de long accroché 50 m au-dessus de l'eau. Un an plus tard il répéta son exploit, mais en portant son agent commercial sur le dos.

Sur le côté américain, l'impact des chutes est brisé par de gros rochers éboulés.

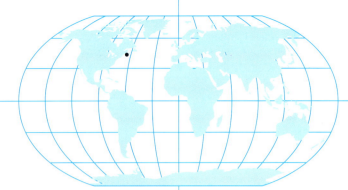

Canada
LA BAIE DE FUNDY

La longue baie de Fundy où l'amplitude de marées est la plus forte du monde.

La baie de Fundy se trouve entre la partie méridionale de la Nouvelle-Écosse et la côte sud du Nouveau-Brunswick, au Canada. C'est sur celle-ci, depuis les falaises qui dominent Herring Cove, près d'Alma qu'on peut observer le mieux, et en toute sécurité, la spectaculaire marée montante.

Le goulot d'étranglement de la baie de Fundy forme un rétrécissement qui s'oppose à la marée montante et produit une pression considérable de la masse d'eau. Il se crée une très grande différence entre les marées basses et hautes – il s'agit de l'amplitude la plus forte du monde. L'autre extrême étant l'île de Tahiti, isolée au milieu de l'océan Pacifique, qui n'a elle presque pas de marées du tout.

L'amplitude moyenne des marées de printemps à Burncoat Head, dans Minas Basin

La force des marées

Les marées sont causées par l'attraction gravitationnelle de la lune et, pour une moindre part, du soleil. La force exercée par la lune est trop faible pour agir sur la Terre, mais suffisante pour déplacer les eaux à sa surface. La lune tourne autour de la Terre dans le sens de la rotation de celle-ci. Son attraction maximale s'exerce au niveau du méridien qu'elle survole, provoquant une marée haute.

Ci-contre, le mascaret qui s'engouffre dans la baie de Fundy n'est pas sans influence sur les cours d'eau de la région.

Page de droite, en haut, la vitesse et la puissance du mascaret ont érodé le grès en lui donnant des formes étonnantes.

L'AMÉRIQUE DU NORD

à l'extrémité de la baie, est de 14,5 m, mais la plus forte jamais enregistrée est de 16,6 m, à Leaf Basin, dans la baie d'Ungava au Québec. Ces chiffres sont le triple de l'amplitude moyenne des marées de printemps (4,6 m) des Iles Britanniques, et correspondent à la hauteur habituelle d'un immeuble à 2 étages. Quand des falaises bordent la côte, les marées se contentent de monter et de descendre 2 fois par jour, mais lorsque le littoral prend la forme d'une plage en pente douce, l'arrivée de la marée montante devient un spectacle impressionnant. Il serait très dangereux de se trouver sur l'une de ces plages de la baie de Fundy à ce moment-là, car la marée monte plus vite qu'un homme ne peut courir, et être rattrapé équivaut à périr noyé.

Le vent influence aussi beaucoup le mouvement des eaux, et une tempête suivant la marée la propulse en avant, la faisant monter encore plus haut. Les météorologues parlent alors de vague de fond et conseillent aux habitants des zones proches de la ligne habituelle de marée haute d'évacuer leurs maisons. Le phénomène est parfois d'une force telle que de petits murs d'eau semblent remonter la baie ; il s'agit alors d'une véritable vague de fond, parfois appelée mascaret. Lorsque le mascaret se produit à l'embouchure d'un fleuve, les forces contraires du cours d'eau s'écoulant dans la mer cassent la crête des vagues lors de leur mouvement vers l'amont, comme il se produit lorsqu'une vague déferle sur une plage. Un autre exemple célèbre est le mascaret du fleuve Severn près de Bristol, en Angleterre, où la vague peut atteindre 0,9 à 1,2 m de hauteur et remonter plusieurs kilomètres à l'intérieur des terres. La Seine en France et le Yangtzi Jiang en Chine sont d'autres exemples de cours d'eau à mascarets.

États-Unis
LE CRABE DES MOLUQUES

Les limules, appelées crabes des Moluques vivent dans les eaux littorales de l'ouest de l'Atlantique et dans le Pacifique, en Amérique du Nord et au sud-est de l'Asie.

La très vieille généalogie du crabe des Moluques remonte à plus de 200 millions d'années, ce qui en fait l'un des plus vieux animaux encore vivants. De nos jours il existe 5 espèces ; le terme crabe est en réalité erroné, ces créatures étant plus proches des scorpions ou des araignées. On les qualifie souvent de fossiles vivants car elles diffèrent peu de leurs ancêtres, et leur apparence préhistorique semble vouloir confirmer leur ancienneté. Le nombre considérable de fossiles que l'on a découvert peut indiquer qu'elles étaient autrefois très nombreuses, mais peut aussi s'expliquer par le fait que leur carapace dure se conserve particulièrement bien, et l'on ne peut donc exclure l'hypothèse

Le crabe des Moluques qui reste pendant la plus grande partie de l'année, invisible, caché dans la profondeur des eaux du large, apparaît sur certaines plages des côtes du Maryland et de Virginie à des périodes précises de l'année.

Ci-contre, le crabe des Moluques, parent des araignées et des scorpions modernes, est souvent décrit comme un fossile vivant.

Page de droite, au centre, ponte de masse des crabes des Moluques sur les côtes du New Jersey.

L'AMÉRIQUE DU NORD

d'une ou de plusieurs autres espèces dominantes moins bien représentées dans le monde fossile.

Le corps de l'animal est protégé par une grande carapace en forme de fer-à-cheval sur un large plastron d'où sort une longue pointe. Un adulte peut mesurer jusqu'à 60 cm de long et 30 cm de large. La lourde carapace dissimule un corps segmenté muni de 5 paires de pattes et d'une paire de petites pinces.

Les limules vivent dans les eaux assez profondes au large. Ces animaux sont de piètres nageurs, qui utilisent une paire de nageoires pour se propulser ou ramper lentement sur les fonds marins. Ils sont adaptés aux terrains boueux et mous, où ils se nourrissent de petits clams et de vers qu'ils déterrent en utilisant leur carapace pour draguer le sable.

Les adultes migrent au printemps en masse jusqu'à certaines plages pour y pondre. Malheureusement les vagues signent la perte de nombreux individus. On ne sait pas encore avec exactitude ce qui déclenche cette migration reproductrice, mais elle paraît liée aux marées printanières de pleine lune, quand des milliers de crabes montent à l'assaut des plages jusqu'à la limite supérieure des marées, où ils se mettent à creuser le sable. La femelle dépose dans les trous 200 à 300 œufs qui sont alors fertilisés par les mâles.

De nombreux crabes retournés par les eaux sont des proies faciles pour les mouettes. Ils ne peuvent retrouver leur position initiale qu'avec difficultés, en utilisant leur longue queue comme levier. Mais le jeu doit en valoir la chandelle puisque même si les spécimens qui pondent sur des plages moins exposées ont plus de chances de survivre, leur descendance, elle en revanche, a moins de chances d'éclore. Les œufs s'ouvrent au bout de 4 semaines, juste à temps pour que la série de marées printanières suivante puisse emporter les jeunes jusqu'à la mer.

Aucune raison ne semble justifier une survie si prolongée de cette espèce. L'animal est sans nul doute parfaitement adapté à son curieux mode de vie, et suffisamment robuste pour surmonter les pertes considérables de l'époque de la ponte. Sa forme physique a été arrêtée il y a des millions d'années de cela et n'a, depuis, jamais évolué, ce qui nous permet ce plongeon fascinant dans le temps.

Des pontes spectaculaires

D'autres animaux migrent régulièrement pour pondre. La migration la plus dramatique et la plus inexplicable est celle du ver palolo qui vit dans les coraux des îles Fidji et Samoa, dans le Pacifique. Le palolo est un ver qui vit enfoncé dans les fonds marins et peut atteindre 30 cm. A l'aube des 3 premiers jours du troisième quart de la lune, en octobre et en novembre de chaque année, des millions de vers abandonnent leurs queues contenant les œufs et le sperme. Les queues arrivent à la surface de la mer où les gamètes se dispersent en grand nombre, ce qui assure une fertilisation maximale. De nombreux prédateurs, y compris les habitants des îles voisines, se rassemblent pour les pêcher car elles sont considérées comme un plat particulièrement fin.
On ne comprend toujours pas comment ces vers agissent avec synchronisation, les mouvements de la lune ne coïncidant pas avec ceux de la Terre.

États-Unis
LA TOUR DU DIABLE

Un monolithe élancé de roches volcaniques monte la garde au-dessus du fleuve Belle Fourche, sur les plaines du nord-est du Wyoming.

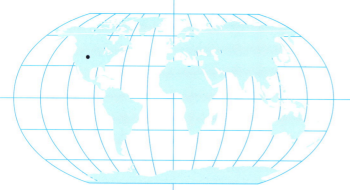

La Tour du Diable se trouve à l'extrémité nord-est du Wyoming, non loin de la frontière avec le Montana et le Dakota du Sud. L'aéroport le plus proche est à Rapid City, dans le Dakota du Sud, à environ 160 km par route.

Chimney Rock

Il y a environ 25 millions d'années une couche de sable argileux qui se déposa dans l'ouest du Nebraska fut par la suite couverte de grès. L'érosion a fait disparaître de la région la plupart de ces dépôts, dont seuls de petites parties, plus dures, sont restées. Chimney Rock, dôme de 100 m de haut recouvert d'un sommet de grès, est l'un de ces restes. La montagne, visible à 50 km de distance, servit de point de repère pour les pionniers de l'Oregon Trail qui se dirigeaient vers l'ouest. Bien qu'il se trouve sur cette route d'autres formations géologiques à qui l'on a donné un nom, Chimney Rock reste le symbole de la conquête de l'ouest américain au XIXe siècle.

La gigantesque colonne de laves de la Tour du Diable se forma il y a environ 50 millions d'années.

L'AMÉRIQUE DU NORD

Une légende indienne raconte comment sept jeunes filles fuyant un ours géant vinrent se réfugier sur le sommet plat de la Tour du Diable. L'ours dans une tentative désespérée pour attraper les jeunes filles, aurait creusé de ses griffes les entailles profondes qui marquent les flancs de la montagne. Quand il réussit enfin à en atteindre le sommet, les jeunes filles sautèrent sur un rocher peu élevé qui les sauva en les emportant dans le ciel. Un autre mythe veut que la montagne devrait son nom ("Tour du Diable") à une divinité malveillante qui jouait du tambour au sommet, déclenchant la foudre et terrorisant toute personne à portée d'oreille. Plus récemment la Tour du Diable est devenue célèbre en servant d'arrière-plan à la scène de l'atterrissage des extra-terrestres dans le film *Rencontres du troisième type*.

Les deux rochers connus sous le nom de Mittens ("les mitaines") sont des formations caractéristiques de Monument Valley.

Cette montagne gigantesque se dresse dans les grandes plaines du Wyoming, non loin des forêts de pins des Black Hills qu'elle domine majestueusement. C'est le point le plus élevé de la région, et le sommet est, par beau temps, visible à plus de 150 km. La hauteur de la montagne mesurée à sa base est de 265 m, mais elle domine le fleuve Belle Fourche de 395 m. Elle fait 305 m de diamètre à la base et 85 m au sommet.

La Tour du Diable se forma il y a quelque 50 millions d'années, quand le Wyoming était recouvert par la mer et des couches de roches sédimentaires comme le grès, le calcaire, le schiste et le gypse étaient en train de se déposer. Des pressions provenant du plus profond de l'écorce terrestre forcèrent alors une masse de magma à pénétrer dans les roches sédimentaires. Le magma commença à refroidir et à cristalliser, et ce faisant se contracta et se fissura en colonnes polygonales semblables à celles de la Chaussée des Géants.

La roche ignée formée par l'intrusion du magma était bien plus dure que les roches sédimentaires qui l'entouraient, et pendant des milliers d'années, alors que le fond de la mer émergeait pour devenir la terre ferme, l'érosion commença à attaquer les roches sédimentaires, laissant ce gros bloc de roche ignée seul. Mais même les roches les plus résistantes peuvent être entamées par l'érosion ; l'eau qui remplissait les espaces entre les colonnes s'est dilatée et rétractée suivant les variations de température et a ainsi désolidarisé certaines colonnes de roches de la masse principale. Ces colonnes brisées sont encore visibles au pied de la montagne où elles forment des talus. L'érosion se poursuit, et la Tour du Diable finira sans doute par disparaître entièrement, mais certainement pas avant quelques millions d'années au moins.

Monument Valley

Des blocs de grès de formes étranges, de 305 m de haut, se dressent abruptement sur le sol du désert du nord-est de l'Arizona. Ces énormes monolithes étaient sacrés pour les indiens Navajo, et il suffit de les regarder rosir au soleil couchant, dans les vastes étendues du désert, pour comprendre la crainte et l'admiration qu'ils ont put inspirer pendant des milliers d'années.

La formation de ces monolithes procède du même phénomène que celle de la Tour du Diable, mais la roche est ici du grès. Toute la région était jadis recouverte de roches sédimentaires, qui ont subi pendant des millions d'années les effet de l'érosion jusqu'à ce qu'il n'en reste que des blocs isolées de roches plus résistantes. La plupart de ces formations portent des noms. Les Mittens sont ainsi deux blocs rocheux flanqués à une certaine distance de colonnes plus minces, semblables aux pouces d'une paire de mitaines. La Prioress ("la prieure") ressemble à une silhouette agenouillée les mains jointes, vêtue d'une longue robe à capuchon.

États-Unis
DINOSAUR NATIONAL MONUMENT

Un cimetière de fossiles dans le désert.

Dinosaur National Monument est situé à environ 225 km à l'est de Salt Lake City, sur l'autoroute 40. Pour atteindre l'entrée, quittez l'autoroute à Jensen, dans l'Utah, et tournez au nord.

Ci-contre, le paysage des Bad-lands de Dinosaur National Park au printemps.

Page de droite, en haut, les os fossiles de dinosaures sont soigneusement extraits du rocher.

On trouve des restes fossiles de dinosaures dans de nombreuses régions du globe, mais ils sont les plus nombreux dans les zones centrales des continents qui sont restés relativement stables depuis 200 millions d'années. Les endroits où se sont accumulés des sédiments depuis le mésozoïque (de - 245 à - 65 millions d'années) et qui ont subi peu de plissements semblent avoir le mieux préservé les restes de dinosaures. Le Dinosaur National Monument, situé sur les fleuves Green et Yampa quand ils traversent la frontière entre les États du Colorado et de l'Utah, est l'un de ces endroits.

Des os de dinosaure y furent découverts pour la première fois en 1909, à Dinosaur Quarry ("la carrière des dinosaures"), et l'on en a depuis déterré plus de 450 t. Cette carrière fait environ 12 m de haut, 12 m de large et 120 m de long – un immense cimetière de dinosaures. On ne sait toujours pas pourquoi on retrouve tant de cadavres accumulés là, mais ils semblerait que leurs corps, portés par

L'AMÉRIQUE DU NORD

un fleuve jusqu'à un banc de sable, soient restés là et aient été progressivement recouverts par des couches de sable. Une découverte de fossiles comme celle-ci est une véritable aubaine pour le paléontologue. Le plus difficile en effet est de découvrir le premier fossile, et on peut ainsi espérer en trouver d'autres. Dans le cas de Dinosaur National Monument, personne n'aurait pu soupçonner la richesse du site, et les recherches ne sont pas encore terminées.

Cette région est d'une très grande beauté. Les deux rivières ont creusé dans les couches horizontales de grès des canyons et des gorges profondes, mettant ainsi à nu, sur toute leur longueur, des portions de falaises magnifiquement stratifiées. Le mieux est sans aucun doute d'explorer la région en suivant en bateau le cours des rivières, mais la vitesse du courant et la présence de rapides rendent le voyage quelque peu hasardeux. Il suffit de jeter un coup d'œil aux noms des différents endroits de la carte – Big Joe Rapids, Whirlpool Canyon ("le canyon aux tourbillons") et Hell's Half Mile ("à 1 km de l'enfer") – pour avoir une idée du danger. Mais il est également possible d'admirer le paysage du sommet du plateau, et la descente est dans de nombreux endroits assez simple.

Dinosaur Quarry est situé à l'extrémité ouest de Dinosaur National Monument, là où le fleuve Green se tourne vers le sud avant de rejoindre le Colorado à environ 320 km en aval. L'accès à la carrière est interdit au public car elle continue d'être explorée par les scientifiques, mais vous trouverez à Monument headquarters un excellent musée. C'est là qu'on a découvert une omoplate bien plus grande que celle d'un humain ; les reconstitutions effectuée à partir de cet os indiquent que l'animal d'origine a pu peser jusqu'à 100 t, le poids de 15 éléphants, ce qui justifie bien son surnom de "Supersaurus". Le musée comprend également des spécimens de tortues et de crocodiles. Une partie du musée est un centre de recherches qui dispose d'un bâtiment construit sur un terrain truffé de centaines d'os de dinosaures. On peut y voir des techniciens dégageant minutieusement des os qui seront examinés par les paléontologues.

La disparition des dinosaures

Plusieurs théories tentent d'expliquer pourquoi les dinosaures ont disparu, mais aucune d'elles n'est pleinement satisfaisante. Un changement brusque, quelle qu'en soit la nature, représenté par seulement quelques couches de sédiments peut avoir en réalité duré plusieurs millions d'années. De nombreux géologues pensent maintenant que le nombre de dinosaures baissa relativement rapidement (sur 5 à 10 millions d'années), et qu'ils disparurent il y a environ 65 millions d'années. Mais les espèces de plus petites dimensions, comme les ancêtres de nos crocodiles, ont pu toutefois survivre.

La présence d'iridium dans de nombreuses couches sédimentaires de cette époque donne des indications très utiles. Elle pourrait être causée par une période de volcanisme intense qui aurait empli l'atmosphère de poussières et de gaz toxiques et les plus grands dinosaures auraient été incapables de s'y adapter. Selon une autre théorie, l'impact d'un gros météorite aurait été à l'origine de la hausse du taux d'iridium, et l'on a découvert en 1991, dans la région du Yucatan, en Amérique centrale, le cratère d'un météorite que l'on estime âgé de 65 millions d'années.

États-Unis
LE PARC NATIONAL DE YOSEMITE

Des falaises de granit à pic se dressant au-dessus des lacs isolés et des prairies dans l'un des parc nationaux les plus populaires du pays.

Le parc national de Yosemite est situé dans la chaîne montagneuse de la sierra Nevada au centre de la Californie ; le parc est facile d'accès en voiture.

Peu de régions du monde peuvent se vanter d'avoir autant de sites spectaculaires réunis au même endroit que la vallée de Yosemite, chef-d'œuvre de la nature de 15 km de long d'une beauté et d'une diversité de paysages tels que le grand naturaliste John Muir en vint à dire que : "Dieu lui-même semble vouloir toujours faire de son mieux ici".

La vallée de Yosemite, nichée au cœur de la sierra Nevada en Californie, abrite de magnifiques spectacles naturels. On y trouve la rivière Merced et les chutes de Yosemite, qui, avec 740 m, sont les troisièmes au monde pour la longueur. Il y a également nombre de sommets et de pics splendides, et certaines des parois rocheuses les plus grandes du monde – la plus impressionnante étant El Capitan, un bloc de granit qui s'élève presque à la verticale et domine de 1 100 m la vallée.

La vallée de Yosemite ne représente qu'une petite partie des 3 100 km² du parc national de Yosemite. Elle devint en 1864 le premier parc d'état du pays, et la région, classée comme parc national en 1890, incorpora le parc d'état en 1906.

Mariposa Grove, situé non loin de la porte sud du parc, comprend d'immenses séquoias, dont certains sont âgés de plusieurs centaines d'années. A l'est se trouvent les terres hautes bien connues de Tuolomne Meadows, où d'immenses sommets rocheux dominent la verdure des prés et où les lacs sont d'une pureté rare. Puis vient le col de Tioga (3 030 m), le point culminant du parc, qui mène par une route escarpée à la forêt nationale d'Inyo, du côté est de la sierra Nevada. Au nord de toute cette région se trouve la High Sierra de Yosemite, très peu visitée, qui comprend le Grand Canyon de la rivière Tuolomne et le réservoir Hetch Hetchy, créé en 1913 et qui couvre une vallée aussi belle que celle de Yosemite.

Yosemite resta inconnu des Européens jusqu'en 1851, lorsque les volontaires

Ci-contre, le paysage exceptionnel de Yosemite se reflète dans les eaux de cristal de la rivière Merced.

Page de droite, en haut, l'énorme masse d'El Capitan, l'une des falaises de granit les plus importantes du monde.

L'AMÉRIQUE DU NORD

du bataillon Mariposa entrèrent dans la vallée à la poursuite de plusieurs indiens Ahwahneechee, qu'ils devaient emmener dans une réserve. Le nom du parc vient d'une déformation du nom indien de l'ours grizzly "uzumati". Quelques années plus tard des visiteurs venaient régulièrement admirer le panorama de la vallée, le même que celui que l'on peut voir de nos jours à la sortie du tunnel de Wawona : à gauche, la majesté imposante d'El Capitan ; à droite, les belles chutes de Bridalveil (190 m) franchissant les Cathedral Rocks, puis l'inaccessible Sentinel Rock ; droit devant la paroi gravée par les glaciers de Half Dome.

Mais ce fut John Muir qui fit réellement entrer Yosemite dans la conscience collective américaine. Muir, qui a joué un rôle important dans la politique de préservation des forêts des États-Unis, passa une grande partie de sa vie à explorer et décrire les sierras, et particulièrement Yosemite. Ce rôle de pionnier fut ensuite repris par le grand photographe américain Ansel Adams, dont les clichés en noir et blanc révélèrent la beauté de Yosemite.

Escalade dans le Yosemite

Le parc national de Yosemite est la Mecque des escaladeurs du monde entier. Ils trouvent dans la vallée toutes sortes de terrains : fissures, cheminées, falaises, surplombs, aides artificielles, angles élevés et angles bas – tout ce dont un alpiniste peut rêver. Les immenses murs qui surplombent la vallée et demandent parfois jusqu'à 5 jours d'escalade – Half Dome, Sentinel Rock, Royal Arches, et l'impressionnant El Capitan, l'une des plus grandes falaises de granit au monde – sont particulièrement spectaculaires.

Yosemite devint le centre d'escalade mondialement connu des États-Unis dans les années 50 et 60, lorsque Royal Robbins, Yvon Chouinard et Warren Harding escaladèrent des falaises rocheuses que l'on tenait jusqu'alors pour invincibles. Robbins, Jerry Galwas et Mike Sherrick furent les premiers à atteindre le sommet imposant (610 m) de la face nord-ouest de Half Dome en 1957, et Harding, Wayne Merry et George Whitwore effectuèrent la première ascension de la "Nose Route" d'El Capitan l'année suivante. La génération suivante bénéficia des nombreux progrès technologiques, et l'on trouve parmi les héros de l'escalade à Yosemite des années 70 et 80 Bev Johnson, l'une des plus célèbres femmes à pratiquer ce sport.

États-Unis
LE PARC NATIONAL DE ZION

Les grès rouges du petit, mais superbe, parc national de Zion, curieusement érodés, prennent des formes étranges.

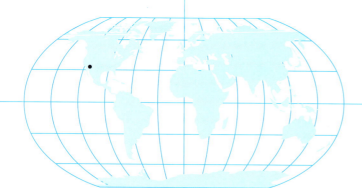

Le parc national de Zion est situé à l'extrémité sud-ouest de l'Utah, dans une grande région désertique. L'aéroport le plus proche est celui de Las Vegas, à 260 km par la route.

Les beautés naturelles des États-Unis

Les États-Unis comprennent toutes sortes de merveilles naturelles, du Grand Canyon et de Yosemite à la zone de préservation de la faune et de la flore dans le John Day Fossil Beds National Monument. Trois cent vingt sites différents, couvrent au total quelque 77 millions d'acres (310 000 km²) ont été placés sous l'autorité du National Park Service. Les sites historiques dépendent aussi du Park Service. Ils comprennent des champs de bataille (comme Saratoga et Gettysburg), d'anciens relais commerciaux et des sites archéologiques où l'on a découvert des traces d'occupations et d'habitations indiennes. Le premier parc national, fondé en 1872 et qui reste l'un des plus populaires du pays, est Yellowstone, où se trouve le geyser Old Faithful.

Les crevasses aux motifs étrangement réguliers de la mesa Checkerboard ont été gravées par les vents et les eaux.

L'AMÉRIQUE DU NORD

Il y a de cela plusieurs milliers d'années un petit cours d'eau coulant vers le sud serpentait sur les roches tendres d'un plateau. Puis la terre commença à se soulever, et la rivière à creuser son lit, attaquant la roche avec les particules de sable qu'elle avait arrachées en amont. C'est ainsi que se forma le canyon de Zion, cette gorge en lacets qui atteint par endroits une profondeur de 760 m, creusant les grès Navajo pour atteindre la couche inférieure de calcaire de Kaibab, plus ancienne. D'autres canyons et gorges sont apparus à cette époque, mais c'est le canyon de Zion de la rivière North Fork Virgin qui a surtout frappé l'imagination des hommes.

Les Mormons découvrirent le canyon de Zion dès les années 1860 et lui donnèrent son nom, mais ce n'est qu'en 1872 que l'endroit fut cartographié ; en 1919, 383 km² de la région sauvage alentour furent classés parc national ; il fut élargi en 1956 de façon à couvrir une zone de 596 km². Le parc national de Zion est un incroyable rassemblement de formations rocheuses, pour la plupart taillées dans les grès Navajo qui dominent dans cette région. Le paysage est une succession de falaises à-pic, d'impressionnants sommets montagneux et de failles profondes, dont les coloris varient d'un rouge intense à une délicate nuance de rose. Les couleurs changent sans cesse au gré du soleil et des saisons, comme dans le Grand Canyon.

Le parc de Zion comprend nombre de formations naturelles extraordinaires. La mesa Checkerboard est une grande plaque de grès qui domine la route, dont la surface a été curieusement quadrillée par le vent et les eaux. Dans le canyon de Verkin, un arc naturel relie deux falaises qui se font face, alors que le Great White Throne dresse son sommet plat parmi les falaises rouges. Le point culminant du parc est West Temple, qui s'élève à 1 158 m au-dessus du fond du canyon. Les tours de la Vierge sont un groupe de sommets de grès déchiquetés alignés le long de la face ouest du canyon, et l'on peut du haut de l'amphithéâtre naturel du Temple of Sinawava admirer les splendides falaises et sommets des alentours.

Weeping Rock ("le roc pleureur") est un autre endroit célèbre du parc ; l'eau jailli des sources tout en haut et ruisselle sur le rocher puis goutte comme des larmes sur les surplombs. On peut observer un phénomène similaire à Hanging Gardens, mais l'eau est là absorbée par les plantes qui s'accrochent tant bien que mal sur les pentes. Sur le bord occidental du canyon de Zion on voit clairement les différentes strates de grès Navajo. Les courants rapides des eaux y ont creusé des niches et des cavernes où viennent s'abriter oiseaux, petits mammifères et insectes ; les archéologues ont découvert de grandes grottes des objets fabriqués par les anciens Indiens Pueblo.

Les sommets impressionnants de Bryce Canyon changent de couleur à la lumière du soleil.

Bryce Canyon

Le parc national de Bryce Canyon est situé à peu de distance de Zion. L'eau a gravé dans les roches sédimentaires, des ravins et crevasses, et ce processus se poursuit de nos jours, lorsque de soudaines inondations fissurent les parois et renversent les colonnes de rochers. Des minéraux métalliques donnent au rocher de riches teintes de rouge et d'orangé, ou même de violet.

Pink Cliffs ("falaises roses") est peut-être l'endroit le plus célèbre ; c'est un ensemble hétéroclite de sommets rocheux, de gorges, de ravins et de piliers aux formes étranges.

Le canyon de Zion

Le canyon de Zion ne fait que 24 km de long, mais il n'en est pas moins impressionnant pour autant. A son extrémité nord se trouve une zone connue sous le nom de Narrows, où les hautes falaises se rapprochent jusqu'à n'être séparées que par une distance de 6 m. Il est possible de s'y promener durant la saison sèche, mais il faut prendre garde car une inondation peut toujours surgir. Au printemps, lorsque la rivière est gonflée, la promenade est dangereuse, et l'on imagine bien alors comment les eaux ont creusé un lit de 610 m dans le rocher.

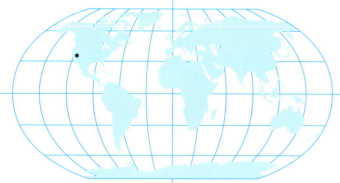

États-Unis
LE GRAND CANYON

"Tous ces canyons se rejoignent pour n'en former plus qu'un, immense, qui est sans doute le paysage le plus impressionnant de la Terre." Major John Wesley Powell.

Le Grand Canyon est situé dans l'Arizona, entre le lac Mead et le lac Powell. La grande ville la plus proche est Las Vegas, à 40 km du lac Mead, mais il est plus simple de se rendre à Grand Canyon Village, le principal centre touristique, en partant de Flagstaff, situé à environ 130 km au sud par la route.

Roosevelt et le Grand Canyon

L'un des premiers visiteurs du Grand Canyon fut, en 1903, le président Theodore Roosevelt, qui déclara le canyon monument national en 1908. Roosevelt était, déjà à cette époque, conscient de la fragilité de l'équilibre écologique de la région. Il exhorta les Américains à "le laisser dans son état naturel", disant : "vous ne pouvez pas l'améliorer. Le temps a fait ici son œuvre, et l'homme en intervenant ne pourrait qu'abîmer le paysage."

Les restes découverts dans les grottes suggèrent que le Grand Canyon fut habité environ 2 000 ans avant notre ère.

Aucune description ne peut préparer le visiteur aux dimensions et à la majesté de cette immense gorge qui s'étend à perte de vue dans une succession ininterrompue et complexe de canyons, cascades, grottes, pics rocheux, surplombs et ravins. Le Grand Canyon semble ne jamais présenter deux fois le même visage : le soleil et l'ombre des nuages dans le ciel modifient sans cesse la couleur des rochers, qui passe par toute une gamme de teintes délicates, du noir et du brun-mauve au rose pâle ou au bleu-gris.

Lorsqu'on regarde du haut des falaises rocheuses le fond du canyon, il est difficile d'imaginer que le minuscule filet d'eau marron qui s'écoule tout en bas est à l'origine de cette immense

gorge, mais la rivière Colorado, vue du fond du canyon, est à la fois rapide et puissante – on dit des chutes de Lava Falls que ce sont les rapides navigables les plus impétueux du monde – et l'on conçoit bien alors que l'eau ait pu tailler ainsi son chemin dans le rocher.

Il y a de cela moins de 10 millions d'années, la rivière Colorado serpentait paisiblement sur une vaste plaine. Puis son socle a été surélevé, et la rivière commença à creuser son lit dans le roc. Les calcaires tendres, âgés de 2 millions d'années, furent les premiers à être érodés, suivis par les schistes argileux et les grès des couches inférieures. Les roches les plus anciennes sont les granites et les schistes, qui forment la base du canyon actuel.

Le canyon principal fait 365 km de long et environ 30 km de large au point le plus fort. Il atteint par endroits 1 600 m de profondeur. Aucun pont ne franchit cet abîme, et pour se rendre des North Rim Headquarters à Grand Canyon village sur la rive sud, à 20 km à vol d'oiseau, il faut faire un détour de 320 km.

Le Grand Canyon n'est pas qu'une gorge unique. De nombreux autres canyons le rejoignent, chacun ayant son originalité, et l'ensemble forme ce que l'on appelle le Grand Canyon National Park. Il y a nombre de choses à voir dans ce parc : le Vulcan's Stone, un grand cône de scories volcaniques, formé il y a environ 10 000 ans, se dresse au-dessus de la rivière ; l'Esplanade est une terrasse de grès rouges très érodés, qui prennent au soleil couchant une teinte pourpre foncé ; des sommets de grès dominent les précipices, offrant aux visiteurs des panoramas inoubliables.

Bien que des millions de touristes viennent chaque année admirer les endroits les plus célèbres, comme le Grand Canyon Village, il reste encore des havres de solitude. Le canyon de Fern Glen, célèbre pour son microclimat, offre le spectacle étonnant d'une profusion de fleurs et de plantes au milieu du désert. A North Canyon Wash, des lacs d'eaux vertes et immobiles s'étendent au pied de falaises blanc crème.

En 1948 moins d'une centaine de personnes avaient parcouru toute la longueur de la rivière Colorado. Le voyage est maintenant organisé, et des milliers de touristes le font chaque année. Le parcours croise à plusieurs reprises des rapides, dont les plus dangereux sont les Lava Rapids.

La découverte du Grand Canyon

Les Indiens connaissaient le Grand Canyon des milliers d'années avant que les Européens ne le découvrent. Les grottes et les cavernes du parc sont riches en sites archéologiques dans lesquels on trouve des peintures murales, des poteries et des statuettes en bois. Ce ne fut qu'en 1540 qu'un petit groupe d'aventuriers espagnols atteignit le Grand Canyon, mais voyant qu'il n'y avait pas l'or qu'ils cherchaient, ils poursuivirent leur chemin. Le canyon ne fut entièrement exploré qu'en 1857, lorsqu'une expédition fut mise sur pied pour le descendre en bateau ; mais les embarcations furent détruites dès les premiers temps du voyage, et il fallut poursuivre à pied. L'expédition la plus célèbre fut celle que dirigea le Major John Wesley Powell en 1869. Powell, un professeur d'université et vétéran de la guerre civile, emmena 9 hommes originaires de la limite des terres colonisées, cartographier et explorer le canyon, mais le récit de ce voyage ne fut publié que plus de 20 ans plus tard.

États-Unis
LES SÉQUOIAS GÉANTS

*Les séquoias – les arbres les plus grands
de la planète – dressent leurs cimes au-dessus d'un tapis
de feuilles mortes depuis plusieurs siècles.*

Le Sequoia National Park est situé à environ 130 km par route de Fresno, au centre de la Califormie ; le Redwood National Park, lui, s'étend le long de la côte entre Crescent City et Eureka.

L'exploitation des géants

Le bois des séquoias, d'excellente qualité, est particulièrement apprécié et recherché (construction de maisons ou de mobilier, de wagons-lits, de poteaux de clôture). Les arbres poussent bien droit, présentent très peu de nœuds, et la finesse de leur grain en fait un matériau à la fois léger et résistant ; en outre ses huiles et résines naturelles le rendent presque imputrescible et très résistant aux attaques des termites ou d'autres insectes. L'exploitation massive de la seconde moitié du XIXe siècle les a presque entièrement fait disparaître. L'U.S. National Parks Service s'efforce de faire entrer les dernières forêts dans des zones de préservation déjà existantes.

Ci-dessus, ces séquoias géants sont connus sous le nom de "Senate Group".

Page de droite, des séquoias géants à l'écorce épaisse et résistante au feu dans le Sequoia National Park.

Les séquoias rouges ne se trouvent maintenant que dans une étroite bande de terres littorales qui s'étend des monts Klamath au sud de l'Oregon à la baie de Monterey au nord de la Californie, et les séquoias géants ne poussent que sur les pentes de la sierra Nevada. Les plus beaux séquoias rouges sont dans le Redwood National Park, au nord de la côte californienne et les séquoias géants dans le Sequoia National Park, au centre de la Californie.

L'étude des fossiles montre que ces arbres gigantesques existaient déjà au jurassique (de - 200 à - 144 millions d'années), et que leur zone de distribution couvrait alors de vastes régions de l'hémisphère Nord. Ils se cantonnent aujourd'hui à une région d'environ 450 km de long. Une exploitation intensive de ces arbres a réduit considérablement la dimension des forêts : alors qu'on estime qu'elles couvraient à l'origine non moins de 6 130 km^2, elles n'occupent de nos jours que deux zones protégées, le Redwood National Park et le Site de Patrimoine Mondial, qui font ensemble 425 km^2, et le Sequoia National Park et la réserve de Biosphère, de 1 630 km^2.

L'espèce dominante du Redwood National Park est le séquoia rouge, *Sequoia sempervirens*, l'arbre le plus grand du monde. Ces plantes peuvent atteindre une hauteur de 90 m, et l'on a trouvé un arbre de 112,1 m. Ils poussent sur les versants maritimes et dans les vallées de cette zone littorale humide, où ils baignent presque quotidiennement dans les brumes marines tièdes de l'océan Pacifique. Leur tronc est recouvert d'une écorce épaisse et fibreuse, résistant au feu. Les jeunes arbres développent des branches sur toute leur hauteur, mais les branches inférieures meurent avec l'âge pour ne laisser qu'une cime très dense. Ceci empêche la lumière de percer, et le sous-bois, où ne peuvent pousser que des fougères, des végétaux qui aiment l'ombre ou de jeunes séquoias, est relativement dégagé. Les séquoias produisent beaucoup de graines, mais très peu d'entre elles arrivent à germer, et il leur faut alors arriver à se développer malgré l'absence de lumière. Une telle lenteur dans le processus de reproduction ne poserait pas de problème dans des circonstances naturelles, car ces arbres peuvent avoir une durée de vie de plus de 3 000 ans, mais l'accroissement du taux d'exploitation de la forêt compromet son renouvellement dans la mesure où les jeunes arbres ne se développent pas suffisamment vite pour remplacer ceux qui sont coupés.

Le Sequoia National Park est le dernier bastion du séquoia géant, *Sequoiadendron giganteum*, ainsi nommé en l'honneur du chef indien Cherokee Sequoyah. Si le séquoia rouge est l'arbre le plus haut de la Terre, le séquoia géant est le plus gros. Il peut vivre jusqu'à 4 000 ans et n'est en cela dépassé que par certains pins des montagnes désertiques de la sierra Nevada, qui peut parfois atteindre un âge de 4 900 ans. Le séquoia géant mesure environ 100 m de haut, et son tronc peut atteindre un diamètre de 5 à 10 m. Le plus grand spécimen connu, "General Sherman", est âgé d'environ 4 000 ans et l'on estime son poids à 2 995 796 kg.

Redwood et Sequoia National Park sont également importants pour les animaux, très divers, qui y vivent : l'élan, l'ours noir, le castor, le cerf à queue blanche entre autres.

L'AMÉRIQUE DU NORD

États-Unis
LE MOJAVE ET LE SONORAN

Cette région aride a une beauté qui lui est propre, subtile et silencieuse, aux couleurs changeantes après la pluie.

Le désert de Mojave se trouve à l'extrémité sud-est de la Californie et se prolonge jusqu'au Nevada et à Las Vegas à l'est. Il cède la place au sud au désert de Sonoran, qui s'étend à travers le Nevada jusqu'au Mexique.

Les hautes montagnes et les déserts froids du Great Basin forment une vaste zone de terres qui s'étend du nord de l'Oregon vers le sud et comprend presque la totalité des États du Nevada et de l'Utah. Au sud de cette région le Great Basin se fond dans le désert chaud de Mojave, d'une superficie d'environ 65 000 km², qui couvre une grande partie du sud-est de la Californie. Plus au sud encore, vers l'Arizona et le Mexique, le désert devient celui de Sonoran.

Une grande partie de cette région est faite de dépôts géologiques relativement récents, âgés de seulement 1,6 million d'années environ, même si les chaînes de montagnes avoisinantes, elles, sont plus anciennes. L'érosion due aux vents, à la pluie et à des rivières maintenant asséchées a, au cours de longues années, créé un paysage austère d'une étonnante beauté, que l'on ne retrouve nulle part ailleurs au monde.

Le climat est dans ces régions extrêmement sévère ; il n'y a presque jamais de nuages dans le ciel, les radiations solaires sont très intenses et le taux d'humidité très bas. La température annuelle moyenne des déserts de Mojave et de Sonoran avoisine les 23 °C, et atteint 25 °C dans la Vallée de la Mort. La température varie considérablement en l'espace de 24 h et peut passer de plus de 40 °C durant la journée à seulement 1 ou 2 °C pendant la nuit. Située à 82 m au-dessous du niveau de la mer, la Vallée de la Mort est à la fois le point le plus bas du continent nord-

Ci-dessus, l'extraordinaire et austère paysage de la Vallée de la Mort.

Ci-contre, les pavots de Californie du désert de Mojave fleurissent brusquement après une averse.

L'AMÉRIQUE DU NORD

américain et l'un des endroits les plus inhospitaliers de toute la planète. Les précipitations y sont en moyenne inférieures à 5 cm par an, et de vastes zones sont couvertes de bancs de sel, mosaïque irrégulière de cristaux blancs qui s'étend à perte de vue dans toutes les directions. Les déserts de Mojave et de Sonoran, eux, ont des précipitations annuelles de l'ordre de 5 à 15 cm, mais les pluies y sont très irrégulières et certaines zones connaissent des périodes de sécheresse totale pendant plusieurs années consécutives.

La végétation doit, pour survivre à de telles conditions, être très spécialisée. Celle du désert de Mojave est dominée par des buissons d'arbres de Josué et occasionnellement quelques cactus. Le désert de Sonoran est par endroits couvert d'épineux. Indépendamment de ces plantes vivaces, il y pousse également de nombreuses espèces annuelles ou éphémères comme le pavot, l'hélianthème et des herbes. La plupart des plantes passent la majeure partie de leur existence sous forme de graines, à attendre les conditions favorables à leur germination – d'ordinaire juste après la pluie. Quand la pluie se met enfin à tomber les plantes du désert réagissent sans tarder.

La germination, la croissance et la floraison sont donc très rapides, et le désert devient, en l'espace d'une nuit, un milieu coloré, par exemple par les étendues orange vif de pavots de Californie.

Les cactées conservent également leur énergie pour, de temps à autre, fleurir de façon spectaculaire. Ces fleurs ont le plus souvent une durée de vie très courte, et les floraisons sont synchronisées pour assurer une production de graines et une pollinisation maximales. Elles sont de couleurs vives et d'apparence cireuse, et s'ouvrent souvent le soir pour se flétrir dès le lendemain matin, quand la chaleur du soleil redevient intense. Les graines de toutes ces plantes du désert peuvent rester pendant des années.

Les animaux du désert sont eux aussi très spécialisés et tout à fait adaptés à leurs sévères conditions de vie. On trouve là plusieurs sortes d'insectes et de reptiles, des serpents et des lézards, des oiseaux et quelques mammifères, dont la plupart sont nocturnes ; ils passent la majeure partie de la journée, lorsque la chaleur est intense, dans des tanières souterraines et ne sortent que la nuit.

Un poisson dans le désert

Il est étonnant de constater que des poissons, les *Cyprinodons*, sont capables de survivre dans un environnement aussi sévère que celui de la Vallée de la Mort. La plupart d'entre eux forment des populations isolées, confinées à une seule rivière ou à un seul trou d'eau. Ils se sont adaptés pour pouvoir survivre à des températures extrêmes, qui varient de 43 °C à 1 ou 2 °C, et à de grandes variations de taux de salinité des eaux. C'est cette souplesse qui leur a permis de survivre dans la Vallée de la Mort depuis au moins 30 000 ans. Mais le *Cyprinodon diabolis* est menacé d'extinction par la destruction de son habitat.

États-Unis
METEOR CRATER

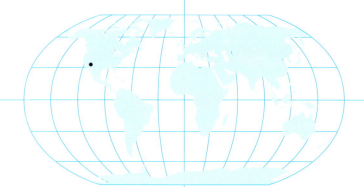

Un trou béant dans le désert de l'Arizona marque l'endroit où un météorite s'écrasa sur la Terre.

Meteor Crater est situé non loin de l'autoroute 40, entre Flagstaff et Winslow.

Il y a des milliers d'années une trace lumineuse traversa le ciel de l'Arizona. La boule de feu s'approcha de la Terre à une vitesse estimée à 19 km par seconde et s'écrasa sur le sol dans une immense explosion, faisant jaillir des millions de tonnes de roches et creusant ce qui sera connu sous le nom de Meteor Crater. L'énergie libérée lors de l'explosion était l'équivalent d'un millier de bombes atomiques du type de celle d'Hiroshima.

Le grand trou en forme de soucoupe creusé par le météorite fait environ 1 200 m de diamètre.

L'AMÉRIQUE DU NORD

Le cratère est un grand trou en forme de soucoupe de 1 200 m de diamètre et de 180 m de profondeur, dont le bord s'élève à 45 m au-dessus du niveau de la plaine. Les débats sur la taille du météorite se poursuivent, mais selon des estimations récentes l'immense boule de fer et de nickel devait atteindre 40 m de diamètre et peser quelque 300 000 t. Le météore heurta le sol avec une violence telle qu'il se désagrégea, et on a retrouvé des fragments à 10 km du point d'impact.

De tels météorites n'entrent heureusement que rarement en collision avec la Terre. On estime toutefois qu'environ 50 t d'aérolithes entrent chaque jour dans l'atmosphère de notre planète. La plupart d'entre eux ne sont que de petites particules de poussière qui se désintègrent avant d'atteindre le sol sous l'effet de la chaleur consécutive à la friction avec l'atmosphère.

Ceci explique que l'on ne trouve que relativement peu de météorites à la surface de la planète. La plupart de ceux que l'on découvre contiennent du fer, plus aptes à supporter l'intense chaleur dégagée lors de la traversée de l'atmosphère. Le météorite le plus grand du monde, Hoba, fut découvert en 1920 près de Grootfontein, en Namibie. On estime son poids à environ 66 t, malgré ses dimensions assez modestes : 2 m x 2 m x 1 m. Le second plus grand météorite, trouvé à Cape York dans l'ouest du Groenland, avait été utilisé pendant de nombreuses années par les inuits comme source de fer pour leurs outils, avant l'arrivée de l'explorateur américain Robert E. Peary qui se l'appropria pour le compte du musée d'Histoire Naturelle de New York en 1897. Nombre de météorites ont également été trouvés en Antarctique, et l'on pense que certains d'entre eux proviennent de la Lune ou de Mars.

Bien que les météorites n'entrent que rarement en collision avec la Terre, plusieurs de ces phénomènes ont néanmoins été décrits. En 1908 une explosion se produisit 10 km au-dessus de la surface du sol à Tunguska, en Sibérie. La détonation fut audible à 1 000 km de distance, et les arbres renversés sur une zone de 2 000 km². Cette énorme explosion a pu être causée par un astéroïde ou un fragment de comète.

Certains scientifiques pensent qu'un météorite a pu être responsable de la disparition, il y a 65 millions d'années, des dinosaures. Selon cette théorie un immense morceau de matériau extra-terrestre aurait traversé l'atmosphère pour s'écraser au sol et creuser dans l'océan un cratère de 40 km de profondeur et 200 km de diamètre. Des millions de tonnes de poussières et de roches, ainsi que des matériaux volcaniques et des gaz brûlants auraient alors été projetés dans les airs, interdisant le passage de l'énergie solaire. La flore et la faune auraient alors péri. Un très grand cratère récemment découvert au large de la côte du Mexique pourrait étayer cette théorie.

Les bords du cratère, qui s'élèvent à 45 m au-dessus du niveau de la plaine, pourraient faire croire qu'il s'agit là d'un phénomène volcanique. Ils sont visibles à plusieurs kilomètres à la ronde.

Les météorites

Jusqu'à l'arrivée de l'homme sur la Lune, les météorites étaient les seuls matériaux extra-terrestres que les scientifiques pouvaient étudier. Nombre de météorites datent de la formation de notre système solaire, il y a quelque 4,6 billions d'années de cela, et certains contiennent des particules provenant d'étoiles ou de planètes antérieures à notre système solaire.

Il y a deux explications possibles quant à leur origine. Ils peuvent provenir de la ceinture d'astéroïdes située entre Jupiter et Mars, dans laquelle se trouvent d'énormes quantités de roches datant de l'époque de la formation des planètes du système solaire. Des fragments de ces roches sont de temps à autre projetés vers la Terre par la force gravitationnelle de Jupiter. La seconde possibilité est que ces rochers seraient repoussés vers notre planète à la suite d'une collision avec une comète.

Il en existe trois types différents, selon leur composition chimique et leur structure physique : les roches, les roches contenant du minerai de fer et les météorites de fer. Les plus courants sont les roches qui contiennent souvent des parcelles sphériques de silicates qui ne se forment pas sur Terre.

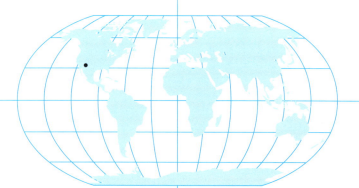

États-Unis
LA FORÊT PÉTRIFIÉE

D'immenses arbres pétrifiés provenant d'un ancien marécage sont dispersés dans toute la région.

Le Petrified Forest National Park est situé non loin de l'autoroute 40. Les grands aéroports les plus proches se trouvent à Albuquerque, au Nouveau Mexique, à environ 320 km à l'est et à Phoenix, en Arizona, à environ 370 km au sud-ouest.

Le plateau du Colorado, au sud-ouest des États-Unis, est situé au point de rencontre de quatre États, l'Utah, le Colorado, l'Arizona et le Nouveau Mexique. C'est une région désertique, bordée à l'ouest par les montagnes de Californie et à l'est par les Rocheuses, et dont les paysages sont spectaculaires. On trouve là, dans un rayon de 320 km, non moins de 27 parcs et monuments nationaux, pour la plupart directement liés au désert. Le Petrified Forest National Park est l'un de ces endroits protégés.

Morceaux d'un tronc d'arbre fossilisé de la mesa bleue, dans la forêt pétrifiée.

L'AMÉRIQUE DU NORD

La plupart des roches de la région sont des grès déposés lors du mésozoïque (- 245 à - 65 millions d'années), lorsque le climat était très différent de celui de nos jours. La majeure partie de cette zone était une plaine marécageuse basse où poussaient de nombreux conifères dont certains de 60 m de haut, comme le montrent les troncs d'arbres fossilisés que l'on y trouve actuellement. Des arbres qui poussaient sur des collines plus au sud, furent renversés par des tempêtes et emportés jusqu'à leur emplacement actuel par les inondations qui s'ensuivirent. Des sables et des limons des collines recouvrirent peu à peu les arbres des marécages.

Les arbres ainsi abattus se seraient, dans des conditions moins exceptionnelles, décomposés, mais les sédiments qui les ont recouverts en ont facilité la conservation. Des couches de cendres mélangées aux sédiments témoignent d'une activité volcanique. L'eau, en suintant

à travers les sédiments, a dissous certains des minéraux qui s'y trouvaient et a déposé à nouveau dans les cellules du bois des silices qui remplacèrent progressivement le matériau ligneux. C'est ainsi que les arbres furent pétrifiés – littéralement transformés en pierre – et qu'ils sont restés intacts, enfouis sous des couches de sédiments de plus en plus épaisses. La région fut ensuite recouverte par une mer de faible profondeur, et d'épais dépôts d'autres sédiments comprimèrent et durcirent les sables et les limons jusqu'à ce qu'ils deviennent des grès et des schistes.

Vers la fin du mésozoïque, il y a environ 65 millions d'années, d'importants changements géologiques commençaient à former à l'est ce qui allait devenir les Rocheuses. Les eaux de cette mer peu profonde se retirèrent peu à peu et les forces de l'érosion se mirent à l'œuvre sur le sol marin qui commençait à émerger. Les roches sédimentaires déposées durant les millions d'années précédentes disparurent petit à petit, mettant à nouveau à jour les troncs pétrifiés des arbres.

Ces arbres du parc national sont aujourd'hui protégés des collectionneurs. Leurs couleurs, extrêmement variées, s'expliquent par les variations dans la composition des minéraux de remplacement : le jaspe donne une teinte de brique opaque et l'améthyste un pourpre clair, alors que l'agathe peut avoir de nombreux coloris. Certains des arbres sont énormes et peuvent atteindre jusqu'à 30 m de long, mais les plus grands sont d'ordinaire en plusieurs morceaux, telles les pièces démesurées d'un puzzle géant.

Le bois de ce tronc fossile a été remplacé par de l'agathe, mais ses anneaux restent bien visibles.

Les trésors du désert

Il est possible d'admirer, non loin de la forêt pétrifiée, toutes sortes d'autres phénomènes naturels du désert. Le Painted Desert, très coloré, est situé au nord-ouest, entre la forêt pétrifiée et le Grand canyon. En Utah, plus en amont du fleuve Colorado, se trouvent Rainbow Bridge, Natural Bridges National monuments et Arches National Park, où des cours d'eau ont taillé d'immenses arcs dans le roc. Rainbow Bridge, l'arc naturel le plus grand du monde, mesure 82 m de long et plus de 6,5 m de large, mais le plus long est Landscape Arch dans le Arches National Park, avec 89 m de long pour 1,8 m de large. A l'ouest se trouve l'extraordinaire Bryce Canyon.

153

États-Unis
LES GROTTES DE CARLSBAD

Les kilomètres de grottes et de tunnels merveilleux qui parcourent les monts Guadalupe dans le Nouveau Mexique sont habités par d'énormes colonies de chauves-souris.

La grande ville la plus proche du parc national des grottes de Carlsbad est El Paso, au Texas, à environ 190 km au sud-ouest. L'autoroute 180 relie directement la ville au parc national.

Ci-dessus, des milliers de chauves-souris vivent dans les grottes où elles passent la journée n'en sortant que le soir, quand il fait plus frais, pour chercher leur nourriture.

Page de droite, l'éclairage met en valeur les étonnantes formations rocheuses de cette grotte.

L'entrée des grottes de Carlsbad est au crépuscule toute noire : des millions de chauves-souris quittent leur lieux de repos diurnes dans la sombre fraîcheur de la Grotte des Chauves-Souris pour sortir chasser. Malgré le nombre des animaux, aucune collision ne se produit grâce à leur système très sophistiqué de repérage spatial par écho. Bien que l'air soit alors rempli du bruissement de leurs ailes et de leurs cris, les sons émis par les sonars naturels de ces mammifères volants ne sont pas perceptibles à l'oreille humaine.

Les chauves-souris de Carlsbad ne sont que l'un des spectacles remarquables de cet immense ensemble de cavernes souterraines. La grotte la plus profonde explorée jusqu'ici se trouve à environ 300 m au-dessous de la surface du sol, et la plus grande de la soixantaine de cavernes, le Big Room, a une superficie supérieure à celle de 14 terrains de football réunis.

L'histoire des grottes de Carlsbad commença il y a 250 millions d'années, lorsqu'une épaisse couche de calcaire se déposa dans la région. Des fissures et des failles se formèrent dans la roche où l'eau suinta, dissolvant les matériaux les plus tendres et creusant des grottes et des tunnels. Les dépôts calcaires se relevèrent par la suite pour former les monts Guadalupe. La crête de Guadalupe, sous laquelle se trouvent les grottes, fait environ 1 900 m d'altitude. L'eau s'écoula hors des grottes, mais continua à suinter, les minéraux qu'elle contenait se solidifiant petit à petit en stalactites et stalagmites.

Cinq kilomètres de tunnels traversent aujourd'hui les grottes les plus célèbres de Carlsbad, mais il reste aussi plus de 30 km de tunnels moins souvent visités. Le couloir principal amorce tout d'abord, en une série de zigzags, sa descente de 250 m dans les profondeurs ; la première grande caverne, qui est aussi l'une des plus profondes, est la Grotte du lac vert, au centre de laquelle se trouve une étendue d'eau couleur émeraude. La grotte est remplie de fines stalactites, et l'on peut y admirer une superbe cascade qui, reliée à des stalagmites forme une colonne nommée la Statue Voilée.

La Chambre de la Reine est couverte de magnifiques draperies, avec des stalactites qui forment des rideaux de pierre traversés par la lumière, alors que le Temple du Soleil présente des formations d'une délicate gamme de jaunes, de roses et de bleus pastels. Partout se trouvent des rochers aux formes étranges : l'Éléphant Timide a la forme d'un éléphant tournant le dos à la piste, et le célèbre Roc des Ages est une gigantesque stalagmite qui se dresse, isolée et majestueuse, dans sa sombre alcôve.

Dans le Hall des Géants, trois grandes stalagmites en forme de dôme semblent monter la garde, alors que de la voûte du Palais du Roi pendent toute une série de stalactites éblouissantes. Les draperies de la Grande Chambre sont si fines qu'elles résonnent quand on les heurte (mais cette pratique est interdite pour ne pas abîmer la grotte), et les perles des cavernes ; ces perles se forment lorsque de petits grains de sable se couvrent de couches de carbonate de calcium.

L'AMÉRIQUE DU NORD

Mammoth – le plus grand ensemble de grottes du monde –

Les 320 km du dédale de tunnels des grottes de Mammoth, dans le Kentucky, en font le plus grand ensemble souterrain du monde. Même si les stalactites et les stalagmites n'y sont pas comparables à celles de Carsbald, ses dimensions sont impressionnantes. L'une des grottes, le Temple, fait 165 x 88 m pour 38 m de haut, et la plus grande rivière, Echo River, atteint par endroits 12 m de large, et 8 m de profondeur. L'une des formations rocheuses les plus célèbres de Mammoth, le Niagara Gelé, ressemble à s'y méprendre à une chute.

Cavernes de glace

Eisriesenwelt est un groupe de grottes situé dans les hautes Alpes autrichiennes, que l'on estime faire 40 km de long. Les grottes sont, comme c'est souvent le cas dans les sols calcaires, remplies de stalagmites, de stalactites et d'élégantes colonnes de pierre. La différence est que celles d'Eisriesenwelt sont faites de glace. Le mot Eisriesenwelt signifie en effet "pays des géants de glace", nom tout à fait approprié pour les plus grandes grottes du monde toujours couvertes de glace.
  Ces grottes se sont formées il y a plusieurs millions d'années, lorsque de l'eau suinta dans des failles et des fissures du calcaire. La température est toujours dans ces grottes égale ou inférieure à zéro, et l'eau qui goutte du rocher gèle en formant d'immenses glaçons, d'épais piliers blancs ou de fins rideaux colorés.

États-Unis
LES EVERGLADES

Une vaste étendue de marais d'eau douce à l'extrémité sud de la Floride.

Les Everglades se trouvent à l'extrémité de la péninsule de la Floride, entre le golfe du Mexique à l'ouest et les îles de Florida Keys au sud. De nombreuses routes parcourent la région, que l'on peut également explorer par bateau.

Cette région subtropicale et sauvage, que les Indiens d'Amérique appelèrent "pa-hay-okee" (marécages herbeux) couvre 7 000 km². Si elle faisait autrefois 10 360 km², elle n'en reste pas moins l'une des plus grandes zones de marais d'eau douce du monde. Le parc national des Everglades (5 680 km²), ainsi que les 190 km² de Fort Jefferson National Monument, sont des zones protégées et reconnues comme Site de Patrimoine, Réserve de Biosphère et Site Ramsar.

comme les nénuphars et les utriculaires, prolifèrent. Ces dernières, parfaitement adaptées à la vie dans ces eaux pauvres en éléments nutritifs, sont munies de petites outres remplies d'air avec lesquelles elles attrapent les insectes et les larves.

Les petites îles qui se sont formées là où le calcaire s'est élevé au-dessus du niveau de l'eau abritent toutes sortes de bois de feuillus, d'orchidées et de fougères et de nombreuses espèces d'animaux. Les marais d'eau douce

Le lamantin de Floride

Ce mammifère herbivore, de tempérament pacifique, fait partie de ce groupe d'animaux connus sous le nom de siréniens et que les marins d'autrefois croyaient être des sirènes. Le lamantin se nourrit des herbes qui poussent dans les eaux peu profondes de la forêt littorale de palétuviers. Cette créature charmante et inoffensive est menacée par le développement des infrastructures touristiques, qui réduisent d'autant les dimensions de son habitat, et lui font courir des risques de mort ou de blessures causées par les collisions avec les bateaux.

Ci-dessus, les lamantins, sont menacés par la destruction de leur habitat et le passage des bateaux.

Page de droite, vue de la végétation luxuriante des marécages qui couvre de vastes zones des Everglades.

Cet immense marécage est alimenté en eau par le lac Okeechobee, le plus grand lac d'Amérique du Nord après les Grands Lacs. L'eau du lac traverse le calcaire du sous-sol, puis une série de nappes phréatiques avant d'atteindre les marais. Les Everglades sont dominés par une végétation très dense, et même parfois impénétrable. La région est quadrillée par toute une série de canaux naturels et de petits lacs où d'autres plantes,

cèdent près de la côte la place à une frange de palétuviers rouges, l'unique forêt dans des marécages marins d'Amérique du Nord.

Malgré les pressions humaines sur l'environnement, la région est encore relativement intacte, et la richesse et la diversité de ses habitats témoignent de celles de la faune et de la flore qui y vivent. On y trouve plus de 1 000 espèces de plantes à graines, y compris 25 sortes

L'AMÉRIQUE DU NORD

d'orchidées et 120 essences d'arbres, qui vont du palmier tropical et du palétuvier jusqu'au chêne, au frêne et à des plantes du désert comme le yucca et les cactées, en passant par les essences des forêts tempérées.

La plupart des êtres vivants dépendent de plus d'un seul élément dans cette mosaïque d'habitats – les oiseaux nichent dans les forêts de cyprès et de palétuviers, mais vont se nourrir dans les marais. Les Everglades sont d'une importance capitale pour les oiseaux, dont on a recensé 320 espèces différentes, y compris la cigogne des bois, l'aigrette rouge et l'aigle chauve des régions du sud, tous très rares. Le milan des Everglades ne se nourrit que d'escargots, dont il extrait la chair à l'aide de son long bec incurvé. Les marais d'eau douce sont également habités par plusieurs espèces d'oiseaux ichtyophages, et l'on peut voir dans les palétuviers du littoral, la spatule rose, le pélican, l'ibis des bois, le héron et l'aigrette.

Les eaux du littoral abritent plus de 150 espèces de poissons, dont se nourrissent les oiseaux, les reptiles et les mammifères de la région, ainsi que 12 sortes de tortues et le lamantin de Floride. La panthère de Floride, très rare, est avec la loutre, le principal prédateur des marais.

L'empiétement sur le milieu naturel

La préservation des Everglades n'est pas facile, et le parc national est menacé par les travaux de drainage et de protection contre les inondations. La zone de marais a ainsi diminué, et avec elle est morte une partie de la vie sauvage. Il y avait, en 1930, 1,5 million d'oiseaux, ils sont aujourd'hui 50 000. La population des alligators, elle, a baissé de 90 %.

Océan Atlantique
LA MER DES SARGASSES

Une étrange région d'eaux chaudes et presque stagnantes dans l'Atlantique Nord.

La mer des Sargasses se situe entre les Bermudes et les Antilles. La région n'est accessible que par bateau, mais il n'y a pas de croisières organisées.

Pourquoi cette migration ?

L'anguille d'Europe comme sa cousine américaine retournent pondre dans la mer des Sargasses. Ce comportement date de 100 millions d'années, lorsque les continents européen et nord-américain n'étaient séparés que par le mince ruban des eaux de l'Atlantique. Il est possible qu'à cette époque elles aient découvert la richesse de la nourriture dans les estuaires et les eaux douces et aient commencé à migrer entre les deux milieux, prenant ainsi une habitude qu'elles ont encore aujourd'hui, malgré les distances considérables que leur impose la dérive des continents.

Ci-dessus, l'instinct qui pousse les anguilles est si fort que l'on en voit parfois ramper à travers des prairies humides à la recherche du cours d'eau qui les mènera à la mer.

Page de droite, en haut, les herbes des sargasses flottent à la surface de l'océan.

Page de droite, en bas, civelles transparentes vers la fin de leur voyage de deux ans et demi entre la mer des Sargasses et l'Europe.

La mer des Sargasses est entourée par un ensemble de courants d'eaux chaudes qui tournent dans le sens des aiguilles d'une montre : le Gulf Stream, qui part du détroit de Floride. En remontant la côte est de l'Amérique du Nord, il déclenche d'autres phénomènes de rotation et c'est l'un de ceux-ci qui entoure la mer des Sargasses. Les restes du Gulf Stream poursuivent leur chemin à travers l'Atlantique en s'intégrant à la dérive nord-atlantique et longent la côte ouest des îles Britanniques avant de disparaître parmi les courants de l'océan Arctique.

Les mer des Sargasses est un étrange endroit : l'eau y est chaude et presque immobile ; toutes sortes d'herbes s'y développent et flottent à la surface, soutenues par des multitudes de petites vessies remplies d'air. Ces algues rendent cet environnement plus proche de celui des régions de marées que des eaux océaniques ; la faune y est elle aussi très riche, et certaines espèces sont indigènes à la région.

La mer des Sargasses et son habitat flottant d'herbes représente aussi le début et la fin d'un long trajet pour l'anguille d'Europe. C'est là en effet que ce poisson vient se reproduire et amorce son étonnant cycle naturel, qui ne fut pas pleinement élucidé avant le début du XXe siècle.

Les anguilles adultes vivent d'ordinaire dans les eaux douces des rivières et des lacs d'Europe, où elles passent plusieurs années à se nourrir, à accumuler des réserves de graisse et à grandir. L'instinct de la ponte se déclenche en automne, quand les mâles font jusqu'à 40 cm et les femelles jusqu'à 60 cm de long. Les poissons commencent alors à se métamorphoser : ils passent du jaune au noir et leurs yeux s'élargissent. Se déplaçant surtout de nuit, ils se mettent à descendre les cours d'eau vers la mer. L'appel du large est si fort qu'il arrive que des anguilles enfermées dans une mare sans accès à la mer se contorsionnent hors de l'eau et traversent ainsi des prairies humides jusqu'à ce qu'elles trouvent le moyen d'atteindre des eaux salées. Une fois arrivées à la mer les anguilles nagent vers le sud-ouest à une profondeur d'environ 60 m jusqu'au bord de la plate-forme continentale, où elles plongent jusqu'à 420 m. Le voyage leur prend 80 jours, pendant lesquelles elles parcourent quelque 5 600 km. En arrivant à la mer des Sargasses, elles descendent à environ 1 200 m, pondent, et meurent.

Les œufs se développent et deviennent de minuscules petites créatures transparentes en forme de feuilles, si différentes d'aspect de leurs parents que le lien entre les deux formes de vie ne fut établi qu'à la fin du XIXe siècle. Ces larves (les leptocéphales) montent des fonds marins jusqu'à une profondeur d'environ 200 m,

L'AMÉRIQUE DU NORD

où elles sont emportées par les courants du Gulf Stream vers l'Est. Le voyage de retour dure presque deux ans et demi. A l'approche des côtes européennes, les larves commencent à ressembler à des anguilles, mais sont encore transparentes. Certaines traversent le détroit de Gibraltar pour entrer en Méditerranée, ou aller même en mer Noire. d'autres longent la côte nord de l'Europe, pénétrant dans ses nombreux estuaires. Quelques jeunes anguilles parviennent jusqu'en mer Baltique. Ce n'est qu'après plusieurs mois de vie en eaux douces qu'elles prennent la teinte qu'on leur connaît. Quelques années plus tard, elles partiront pour leur dernier voyage vers la mer des Sargasses.

États-Unis
LES ÎLES HAWAII

Une zone volcanique d'importance capitale dans le nord de l'océan Pacifique.

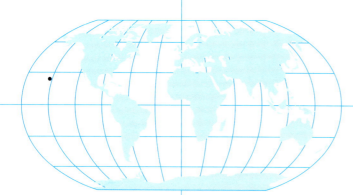

Les îles Hawaii se trouvent dans le nord du Pacifique. Il y a un aéroport international à Honolulu, sur l'île d'Oahu, relié par des vols réguliers avec, entre autres, l'Amérique du Nord. Pour voir les éruptions de Kilaeua, prenez un vol pour Hilo ou Kona, à Hawaii, puis un tour organisé.

Ci-contre, l'eau de l'océan Pacifique bout au contact de la lave basaltique incandescente à Kalapana, sur la côte sud-est de Hawaii.

Page de droite, une fontaine de lave en fusion jaillit d'une cheminée sur le flanc d'un volcan.

Les îles Hawaii s'étendent sur environ 2 415 km dans le nord de l'océan Pacifique, entre 19° et 29° de latitude nord, de Kure et Midway Island à l'ouest jusqu'à l'île de Hawaii elle-même à l'est. Elles ne semblent en rien reliées aux autres volcans de la "ceinture de feu" des bords du Pacifique. La plupart des autres volcans sont situés là où se trouvent de profondes failles sous-marines associées à un déplacement de la croûte océanique aspirée dans l'écorce terrestre sous le bord continental. Ce processus, connu sous le nom de subduction, entraîne un échauffement par friction lors du mouvement vers le bas de la plaque de croûte océanique, responsable à son tour de la formation de volcans sous la tranchée.

Réciproquement les îles Hawaii se sont formées là où elles se sont formées car elles se trouvent au-dessus d'un point chaud névralgique de la croûte terrestre. Les géologues pensent qu'il y a sur Terre

une trentaine de ces points, immobiles par rapport à l'intérieur de la Terre et particulièrement durables d'un point de vue géologique.
Un tel point chaud, placé sous la croûte mobile de l'océan, produit au fur et à mesure de son déplacement une rangée de volcans.

C'est exactement ce qui s'est produit avec les îles Hawaii. La croûte de la partie occidentale du Pacifique se déplace continuellement vers l'Ouest et semblerait avoir progressé de 2 400 km pendant la vie du point chaud. Toutes les îles de la chaîne d'Hawaii sont volcaniques : les volcans les plus anciens sont à l'extrémité ouest, et les plus actifs – donc les plus jeunes –, sont sur l'île d'Hawaii elle-même, à l'extrémité est.

Hawaii, qui a approximativement la forme d'un triangle, fait 130 x 153 km. Son point culminant est le Mauna Kea (4 205 m) qui si on le mesurait du plancher océanique, situé à 6 000 m de profondeur, serait le plus haut sommet du monde. La taille de Mauna Kea, son isolement au milieu de l'océan et son atmosphère exempte de pollution l'ont fait choisir pour y installer certains des téléscopes astronomiques les plus puissants du monde.

La majeure partie de l'activité volcanique de Hawaii provient de Kilauea, cheminée secondaire des flancs de Mauna Loa, la seconde montagne de l'île, à environ 30 km du sommet (4 170 m). Ce volcan, dont l'activité est ininterrompue depuis 1983, produit continuellement de la lave à une vitesse moyenne de 5 m^3 par seconde. La caldeira, Mokuaweoweo, fait 150 à 180 m de profondeur et 10,4 m^2. Les éruptions y sont célèbres pour leurs spectaculaires fontaines projetant des laves à 90 m dans les airs ; certaines montant parfois jusqu'à 500 m.

La lave s'écoule alors sur les pentes comme une rivière de basalte cramoisi, à des températures qui peuvent atteindre 1 100 °C à 1 200 °C. Très fluide, elle peut couler à une vitesse de 30 km/h ou plus. Tout brûle sur son passage, les routes sont bloquées, et en entrant dans la mer, elle explose en se refroidissant brusquement.

Prédire les éruptions volcaniques

Les volcans qui entrent souvent en éruption, comme ceux d'Hawaii, tendent à manifester avant chacune d'elles les mêmes symptômes. Les sismographes permettent de détecter les secousses mineures qui précèdent parfois les éruptions. La pression qui s'accumule dans le volcan avant l'éruption fait gonfler la montagne : on utilise donc aussi sur les volcans des appareils très sensibles permettant de mesurer l'inclinaison des pentes.

Certaines éruptions sont à Hawaii précédées d'un grondement ou d'un bourdonnement assez bas, dont on ignore l'origine. Les habitants des îles appellent ce phénomène "entendre Pele", du nom de la déesse légendaire des volcans de Hawaii. On détecte parfois aussi, avant les éruptions, une modification des champs électro-magnétiques des environs. Des changements dans la température, dans la composition des gaz ou l'activité générale des fumerolles et des sources chaudes autour d'une cheminée sont d'autres signes avant-coureurs d'une possible éruption.

La prédiction des éruptions reste encore incertaine, mais elle l'est toutefois moins que celle des tremblements de terre. Il arrive en outre qu'une éruption ne soit précédée d'aucun signe, ce qui est particulièrement dangereux dans le cas d'un volcan considéré éteint, et donc inoffensif.

États-Unis
KAUAI : L'ÎLE ÉMERAUDE

Cette île, couverte d'une végétation dense couleur émeraude et bordée de plages dorées et de mer turquoise, est le joyau des îles Hawaii.

D'énormes vagues bleu-vert s'écrasent sur les plages ensoleillées bordées de palmiers, alors que plus à l'intérieur des terres les flancs abrupts des montagnes, couverts d'une végétation luxuriante, disparaissent dans les mystérieux nuages blancs des sommets. Kauai est une île d'une beauté stupéfiante, et qui a heureusement, pour sa plus grande part, échappé au développement. En septembre

Les îles Hawaii sont situées au nord du Pacifique. Des vols réguliers desservent la capitale, Honolulu, également reliée par avions aux autres îles. Le centre administratif de Kauai est Lihue ; des routes longent presque tout le littoral de l'île, sauf sur la côte de Na pali.

Le capitaine Cook et les îles Hawaii

Dans une clairière inondée de soleil de Waimea, petit village de Kauai, une statue embrasse du regard l'océan Pacifique. C'est celle du capitaine James Cook, cet explorateur du XVIIIe siècle qui effectua trois grands voyages scientifiques. La statue de Kauai marque l'endroit où, le 18 janvier 1778, Cook devint le premier Européen à mettre le pied sur les îles Sandwich, que l'on appelle aujourd'hui îles Hawaii. Sur la plage de la baie de Kealakekua de l'île de Hawaii, une plaque commémorative est dressée là où, un an plus tard, il fut tué lors d'une dispute sur le vol d'un bateau.

Ci-contre, les falaises vertes et abruptes et les reliefs acérés des coraux de la côte de Na Pali.

Page de droite, le Banzai Pipeline est un splendide tunnel d'eau très prisé des surfeurs.

L'AMÉRIQUE DU NORD

1992, le cyclone Iniki, dont les vents atteignaient 282 km/h, balaya les îles, tuant 10 000 personnes et détruisant 70 hôtels, ce qui entraîna un déclin certain de l'industrie du tourisme, même si la reconstruction fut amorcée aussitôt après.

Kauai fut créé il y a environ 5 millions d'années, par activité volcanique. Le centre de l'île est du reste un volcan éteint, le mont Waialeale, qui fait 1 600 m d'altitude. C'est, avec une moyenne de 1 170 cm de pluie par an, l'endroit le plus arrosé de la Terre. Ces fortes précipitations sont à l'origine de la végétation extraordinaire de l'île, dont plus de 70 % est occupée par des plantations, des parcs naturels et des terres inhabitées.

La culture de la canne à sucre était traditionnellement la principale industrie de l'île. Les premières fabriques de sucre

de canne ouvrirent en 1835, les travailleurs étant recrutés aussi bien en Chine, au Japon et aux Philippines que parmi la population locale. Des nombreux émigrants virent ainsi s'installer définitivement à Kauai, ce qui explique la richesse de l'atmosphère multiculturelle de l'endroit.

Les paysages d'une très grande beauté et diversité sont nombreux à Kauai. L'un des plus spectaculaires est la côte de Na Pali, dont les falaises à-pic plongent vertigineusement dans la mer. Des archéologues ont découvert des temples dissimulés au fond de certaines des vallées reculées.

Les pentes du mont Waialeale au centre de l'île sont couvertes de plantes minuscules qui s'accrochent aux flancs escarpés de la montagne et parcourues de cours d'eau impétueux. Le canyon de Waimea, une faille de 23 km de long est bordé d'abruptes roches volcaniques vertes ; au fond coulent les eaux rapides et boueuses d'une rivière. Dans la grotte des Fougères, sur la rivière Wailua, d'aspect plus paisible, la végétation pend comme un rideau du plafond d'une immense caverne. Kauai est sans nul doute une terre de contrastes.

Le Banzai Pipeline

Les vagues, qui naissent très loin dans les grands océans de la Terre, se forment à la rencontre des vents, des courants et de l'attraction gravitationnelle de la planète. Au fur et à mesure qu'elles avancent, d'autres facteurs, tels que le relief sous-marin, conditionnent leurs dimensions et leur forme.

Le sol de la mer de la côte ouest de l'île hawaïenne de Oahu développe une vague célèbre : Banzai Pipeline. Les immenses vagues du Pacifique qui roulent vers la côte deviennent de plus en plus hautes au fur et à mesure que l'eau devient moins profonde et finissent par s'écrouler sur elles-mêmes. Dans le Banzai Pipeline ce phénomène se produit à un angle tel qu'un grand tunnel d'eau bleu-vert se forme. C'est là un must pour les surfeurs.

Trinidad
LE LAC D'ASPHALTE

Ce chaudron rempli d'une boue visqueuse grise et noire qui bouillonne doucement est l'un des plus grands lacs d'asphalte du monde.

Le lac d'asphalte se trouve à La Brea, au sud-ouest de Trinidad, à environ 80 km de Port d'Espagne sur la route principale de la côte en direction de Bonasse dans le sud.

Ci-contre, une coulée naturelle d'asphalte noir à la surface du lac.

Page de droite, en bas, l'exploitation de l'asphalte était autrefois une importante industrie de Trinidad.

Les feuillages de palmes et de verdure de Trinidad sont interrompus par l'étendue huileuse d'une boue grise et épaisse qui, si elle est célèbre, n'est pas pour autant d'un aspect particulièrement engageant. Mais le flot des visiteurs venus voir le lac d'asphalte de Trinidad montre bien que l'endroit est fascinant.

On dit de ce lac, situé sur la côte sud-ouest de l'île, que c'est le plus grand dépôt d'asphalte du monde ; il se compose de 40 % d'asphalte, 30 % d'argile et de 30 % d'eau salée. La superficie du lac est de 45 ha, et on estime sa profondeur à 80 m. La surface du lac est parsemée, de façon assez inattendue, de petits îlots de végétation

L'AMÉRIQUE DU SUD ET CENTRALE

qui se sont formés là où les matières végétales en décomposition et les feuilles mortes enfermées dans des poches de surface ont créé une couche de riche compost sur lequel poussent des buissons.

L'asphalte du lac a été exploité sur une échelle industrielle depuis au moins un siècle, mais de l'asphalte frais suinte constamment de toutes les tranchées, effaçant toutes traces d'exploitation. Trinidad fut découverte par Christophe Colomb en 1498 ; presque un siècle plus tard l'aventurier britannique Sir Walter Raleigh visita l'île et après avoir utilisé l'asphalte pour calfater ses bateaux ; déclara

en libérant des gaz sulfureux. L'eau de pluie forme des flaques entre les plis du bitume, et l'huile flotte à la surface en taches irisées. Si l'on en croit la légende indigène, le lac occuperait le site d'un ancien village indien Chaima dont les habitants auraient été maudits par les dieux pour avoir mangé la chair des colibris sacrés.

D'après les scientifiques, le lac d'asphalte était autrefois sous la mer. Il y a quelque 50 millions d'années les corps de petits animaux marins enfouis dans le sol de l'océan se décomposèrent en huile qui traversa des roches perméables. Un soulèvement

Les lacs d'asphalte de La Brea à Los Angeles

Le lac d'asphalte de Trinidad n'est pas le seul en son genre. On en trouve un autre au Venezuela, tout proche, et les dépôts d'asphalte de La Brea sont au cœur de l'animation de Los Angeles ("brea" est simplement le mot espagnol pour "bitume"). Ils sont entourés de barrières pour empêcher que les gens n'y tombent et ne s'y embourbent – sort qui fut celui de centaines d'animaux bien avant la fondation de la ville par les Espagnols il y a 200 ans. Les géologues supposèrent dès 1875 que l'asphalte pouvait contenir des squelettes animaux bien préservés, mais ce ne fut que 30 ans plus tard que les archéologues commencèrent à le sonder. Plus d'un demi million d'os d'animaux divers, parmi lesquels on trouve le tigre-sabre, le mammouth, un type d'ours maintenant disparu, d'immenses vautours de 4 m d'envergure et toutes sortes de rongeurs, de lézards et d'insectes, ont ainsi été exhumés. La collection de restes animaux d'il y a 15 000 ans de La Brea, la plus grande du monde, est conservée dans le musée d'État de Los Angeles.

qu'il était d'une qualité bien supérieure à celle du goudron norvégien. On l'emploie surtout de nos jours pour entretenir les routes de l'île.

La surface plissée du lac est assez ferme pour que l'on puisse marcher dessus, mais des bulles se forment et éclatent sans cesse

de la croûte terrestre força à nouveau l'huile à remonter en surface, où elle fut durcie par la chaleur du soleil.

Ce lac n'est pas un organisme statique : de l'asphalte frais suinte constamment à la surface pour être repoussé vers les bords par des courants très lents.

Venezuela
LES CHUTES SALTO ANGEL

La plus grande chute d'eau du monde.

Le sud-est du Venezuela est une région encore très reculée, mais où il n'est pas très difficile de s'y rendre. Le trajet par rivière sur l'Orénoque fait environ 240 km. Des vols partent d'El Dorado (120 km) et de Santa Elena (240 km).

Les cascades

Les hommes ne peuvent s'empêcher d'éprouver un certain émerveillement même devant les petites cascades. Il y a quelque chose de fascinant dans le spectacle de l'eau qui tombe de très haut dans un bassin. Il n'est donc pas étonnant que les peuples anciens aient admiré et craint les chutes d'eau dont la puissance semblait abriter des dieux et des esprits qu'il convenait d'honorer. Les grandes cascades qui ont creusé dans leurs falaises des passages derrière le rideau d'eau ont un attrait supplémentaire. L'homme moderne, d'esprit plus pratique sinon moins superstitieux, y cherche la possibilité d'une utilisation économique. Les chutes sont un réservoir potentiel d'hydroélectricité que l'on sait mettre à profit pour produire une énergie aux multiples applications pratiques.

Ci-dessus, l'extrémité du plateau d'Auyan Tepuy surplombe la jungle.

Page de droite, la chute vertigineuse de Salto Angel.

Dans les profondeurs de l'extrémité sud-est du Venezuela, non loin de la frontière avec la Guyanne et le Brésil se trouvent les hautes terres de la Gran Sabana. Le point culminant du pays, Romaira (2 825 m) est situé sur la frontière ; sur son flanc sud se trouve la source du Caroní, affluent de l'Orénoque. Au nord-ouest se dresse Auyan Tepuy, point le plus élevé d'un haut plateau de 2 515 m, qui domine la jungle luxuriante alentour. Ce plateau est fait d'une plaque horizontale de grès rouge pâle entrecoupée par d'innombrables fractures et joints verticaux qui sont autant de voies de drainage pour les pluies tropicales qui s'abattent fréquemment sur la région. Ces pluies alimentent aussi le Rio Churun, un tributaire du Caroní qui traverse lentement le plateau en serpentant jusqu'à ce qu'il atteigne les hautes falaises de sa face nord. C'est là que s'opère une transformation spectaculaire.

La rivière prend de la vitesse en dévalant une courte pente, puis se rue dans le vide. La première chute tombe de 810 m, rebondit contre le rocher et se précipite à nouveau dans le vide avant d'atteindre, quelque 170 m en contrebas, le grand bassin entouré de jungle du pied de la falaise – la chute fait au total 980 m de hauteur. De loin on voit le mince fil blanc sur la falaise s'élargir progressivement pour devenir un nuage d'écume, puis s'effacer dans le tapis vert de la jungle. Les chutes de ce type sont par temps humide alimentées par de nombreux jets d'eau, plus petits, qui jaillissent des crevasses du grès au-dessous du bord de la falaise. Le spectacle est à la fois très élégant dans sa simplicité et immensément grand, tout à fait digne de son statut de première chute d'eau du monde.

Cette chute est connue de longue date des Indiens des environs sous le nom de Churun-Meru, et leur nom pour le plateau, Auyan Tepuy signifie "montagne du diable", description très juste des falaises lorsqu'elles se perdent dans les brumes. En 1910, Ernesto Sanchez la Cruz découvrit la chute, mais ce fut un pilote américain qui la fit connaître. Jimmy Angel explorait en avion la région à la recherche d'or lorsqu'il nota sa présence dans son journal de bord, le 14 novembre 1933. La chute prit par la suite son nom, "Salto Angel". Jimmy Angel ne trouva pas d'or, mais devint quand même célèbre.

Toute la région resta longtemps inaccessible sauf pour quelques aventuriers, mais Salto Angel est devenu de nos jours une attraction touristique. Des excursions en pirogue ou en avion sont organisées. Les amateurs de cascades y viennent également et sautent du bord du plateau en delta-plane, défi incontournable pour amateurs de sensations fortes.

Venezuela
LE BASSIN DE L'ORÉNOQUE

Des fleuves dévalent les Andes pour former l'une des plus vastes régions marécageuses de l'Amérique du Sud.

Cette vaste zone s'étend de la cordillère de Merida à l'ouest du Venezuela au bouclier de la Guyane et au fleuve Orénoque au sud et à l'est.

Ci-dessus, l'Orénoque traverse en serpentant le Venezuela, entouré de vastes zones de forêts marécageuses et de savanes périodiquement inondées.

Page de droite, au milieu, le museau court et les yeux toujours attentifs, caractéristiques du cabiai.

Les plaines inondables, ou llanos, des fleuves Orénoque et Apure et de leurs principaux affluents forment une vaste zone de marécages, qui couvre au seul Venezuela une superficie d'environ 240 km². Elle se compose de 180 km² de savane et de 60 km² des forêts semi-caduques et des terres cultivées du bassin de l'Orénoque.

Le fleuve rapide, chargé de limons traverse les contreforts des Andes en ralentissant au fur et à mesure que la pente décroît, et dépose en chemin ses riches sédiments alluviaux. Pendant la saison des pluies, de juin à octobre, de vastes zones du llanos sont inondées et deviennent quelque 101 km² de marécages – un labyrinthe complexe de cours d'eau lents et sinueux, de bras morts, de marais, de forêts inondées, de lacs d'eau douce et de savanes humides. Aux derniers jours d'avril, à la fin de la saison sèche, l'eau s'est retirée, la plupart des petites rivières ne sont plus que des mares stagnantes, et des grandes zones de savane sèche apparaissent.

L'AMÉRIQUE DU SUD ET CENTRALE

En atteignant la côte, l'Orénoque se divise en un réseau dense de petits canaux séparés par des îlots. Le delta de l'Orénoque, avec ses 36 260 km², domine le littoral atlantique du Venezuela. Il abrite toutes sortes d'habitats différents, parmi lesquels on trouve des forêts côtières de palétuviers, des marécages d'eau douce permanents dans lesquels poussent des bosquets de palmiers, des étendues de savane régulièrement inondées, des forêts inondées et les forêts tropicales d'arbres à feuilles persistantes des hautes terres.

Le delta de l'Orénoque et les llanos sont d'une importance capitale pour toutes sortes d'échassiers, et plus de 100 espèces différentes y vivent en colonies. La population de magnifiques ibis rouges qui nichent dans les bosquets d'arbres des llanos ne compte pas moins de 65 000 couples, ce qui représente un pourcentage conséquent de la population totale du globe. Un grand nombre de cigognes des bois – environ 5 500 couples –, de jabirus, ainsi que plusieurs espèces de hérons, d'aigrettes et de canards y vivent également. Le llano est aussi tout particulièrement important pour deux espèces de canards des bois, le canard des bois à face blanche et le canard des bois à ventre noir. La savane abrite aussi nombre d'oiseaux parmi lesquels on trouve le nandou, le tinamou, plusieurs espèces de petites fauvettes, des faucons, des milans et des vautours.

La majeure partie du delta est utilisée pour l'élevage du bétail, y compris le cabiai, de plus en plus exploité pour sa viande. Cet animal semi-aquatique, le plus grand rongeur du monde, peut atteindre jusqu'à 80 kg. Son élevage, qui fournit plus de quatre fois plus de viande que celui du bétail en poids et pour une superficie donnée, est donc très productif. On trouve aussi dans la savane le cerf à queue blanche, accompagné de ses prédateurs félins comme le couguar, l'ocelot et le jaguar.

De nombreuses créatures, parmi lesquelles l'anaconda, le plus grand serpent du monde, vivent dans les lacs d'eau douce et les rivières du delta. Le caïman à lunettes survit, malgré de trop nombreux chasseurs, mais le crocodile de l'Orénoque a moins bien résisté et est classé comme espèce en voie de disparition. Le nombre de lamantins et de loutres géantes a lui aussi baissé de façon inquiétante ces dernières années.

Tio Tigre – le jaguar –

Le jaguar, ou Tio Tigre (l'Oncle Tigre) comme l'appellent les habitants de la région, sait grimper aux arbres et nager. Cet animal majestueux a beaucoup souffert des chasseurs et des braconniers qui l'abattent pour sa fourrure aux motifs splendides. Le nombre de jaguars a ainsi diminué de façon inquiétante, et il fait partie des animaux classés en voie de disparition. On ne le trouve plus que dans les forêts les plus inaccessibles. C'est est un animal solitaire, actif surtout de nuit, et un mâle adulte peut dominer un territoire de 50 à 80 km². Il se nourrit de tapir, de caïman et de cabiai.

Les grenouilles des arbres des llanos

On trouve dans le delta toutes sortes d'espèces de grenouilles. La grenouille des arbres s'est ainsi magnifiquement adaptée à sa vie dans les hauteurs : elle dispose d'orteils et de doigts spéciaux, munis de coussinets qui sécrètent un liquide adhésif et qui, joints à son remarquable sens de l'équilibre, lui permettent de s'accrocher au feuillage des arbres. Ces animaux nocturnes, qui se nourrissent surtout d'insectes, sont d'une couleur vert vif qui leur permet d'échapper à leurs prédateurs.

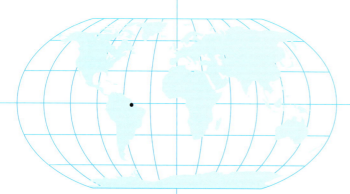

Brésil
LE BASSIN DE L'AMAZONE

*La meilleure façon d'apprécier à sa juste valeur
cette région fascinante est de la survoler en hélicoptère.*

Le bassin de l'Amazone s'étend, dans le nord du Brésil, des hauteurs des Andes à la côte atlantique et couvre une vaste zone drainée par les nombreux affluents de ce grand fleuve. Peu de routes traversent cette région, mais les petites pistes d'atterrissage y sont nombreuses.

La loutre géante

Les pressions d'une chasse indiscriminée et de la pollution et la destruction de son habitat ont fait de cette créature curieuse et douce l'un des animaux les plus rares de la planète. Les loutres géantes vivent toute leur vie en couple dans un groupe familial étendu d'une trentaine d'animaux au maximum. Un mâle adulte peut faire jusqu'à 1,8 m de long et peser 30 kg. La loutre se nourrit presque exclusivement de poissons qui font d'ordinaire environ 25 cm de long, mais certaines attrapent parfois des spécimens de 60 cm.

Les cimes de la forêt tropicale émergent de la brume.

L'Amazone (6 565 km) est le second fleuve le plus long du monde, après le Nil (6 700 km). C'est dans le bassin de l'Amazone que pousse la plus grande forêt tropicale de la planète (presque 6 millions de km^2), qui s'étend sur neuf pays différents. L'Amazone et ses affluents, qui représentent à eux seuls environ un quart des eaux transportées par tous les cours d'eau du monde, irriguent sans cesse la forêt, qui ne pourrait vivre sans eux.

Cette vaste région tropicale, qui abrite plus d'un million d'espèces animales et végétales, est le véritable réservoir de l'héritage génétique du monde. La diversité des espèces représentées y est extraordinaire, même si l'on se contente de n'en observer qu'une fraction : 10 km^2 de forêt tropicale peuvent contenir jusqu'à 1 500 espèces de fleurs, 750 d'arbres, 125 de mammifères, 400 d'oiseaux sans compter d'innombrables insectes ou invertébrés. La plupart de ces espèces ne sont d'ailleurs encore ni recensées ni identifiées. Les scientifiques en sont réduits à spéculer sur la véritable richesse et diversité des ressources naturelles de cet environnement.

L'Amazone et ses affluents abritent plus de 2 000 espèces de poissons et de nombreux mammifères et reptiles singuliers, y compris le lamantin amazonien, le dauphin de la rivière rose, la loutre géante et le caïman à lunettes. La diversité des poissons est extraordinaire, du petit, mais combien inquiétant, piranha à ventre rouge – carnivore féroce, qui vit en larges bancs – à d'autres espèces proches qui se nourrissent des graines et des fruits tombés des arbres. L'arowana peut faire jusqu'à 1 m de long et saute hors de l'eau pour attraper les scarabées sur les branches basses des arbres.

L'exploitation de cette forêt tropicale se poursuit à un rythme alarmant : plus de 4 km^2 d'un milieu naturel irremplaçable disparaissent toutes les heures. La destruction sauvage de cet écosystème complexe et très riche n'est pas sans conséquences sur tout le reste de la planète ; elle met en danger la survie de la faune, de la flore, ainsi que le mode de vie des Indiens aborigènes, qui habitent la forêt depuis des siècles. Le gouvernement colombien a reconnu officiellement que les Indiens étaient les meilleurs exploitants de la forêt. Le parc

L'AMÉRIQUE DU SUD ET CENTRALE

national de Chiribiquete, créé en 1989, couvre une zone de 10 000 km² dans laquelle toute exploitation extérieure est interdite et la gestion de la forêt entièrement confiée aux Indiens. Ceci peut paraître considérable, mais le parc ne représente en réalité que 0,17 % de la surface totale de la forêt tropicale. La façon de procéder traditionnelle des Indiens consiste à couper de petites zones de forêt, les "chagra" ou "jardins de la forêt" et à y cultiver des yuccas, des poivrons, des mangues, etc. Quand la terre perd de sa fertilité la tribu se déplace et crée un nouveau chagra, laissant le précédent se reboiser naturellement. Une clairière naturelle, causée par exemple par un incendie, redeviendra une forêt naturelle adulte en seulement une quarantaine d'années ; pour un chagra, il faut compter jusqu'à 200 ans, ce qui est tout de même bien préférable à la destruction complète et irréversible de l'abattage brutal.

Le redoutable piranha rouge a des dents acérées et des mâchoires puissantes.

Pas assez d'arbres

L'exploitation des forêts a entraîné la destruction de nombreuses espèces, et beaucoup d'autres sont aujourd'hui également en voie de disparition. Le palissandre a longtemps été très apprécié pour son bois magnifique, utilisé dans la fabrication de mobilier. On ne l'emploie plus maintenant qu'en placages très fins sur d'autres bois, mais il ne reste même plus assez d'arbres de nos jours pour cela, et l'espèce est classée en voie de disparition. L'acajou du Rio Palenque figure sur la liste des dix plantes les plus menacées de la planète : seuls douze arbres adultes survivent, mais de nombreuses pousses commencent à se développer. Ce ne sont là que deux illustrations d'un problème beaucoup plus vaste, et il est clair que nombre d'espèces encore inconnues sont elles aussi en voie de disparition.

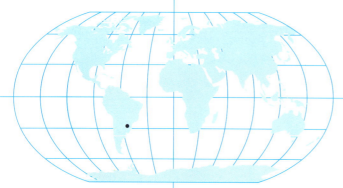

Brésil
CHUTES D'IGUAÇU, CATARACTES DO OGIASSI

De spectaculaires cascades toutes blanches dans une jungle vert émeraude.

Les chutes de l'Iguaçu se trouvent sur la frontière entre l'Argentine et le Brésil, à environ 320 km à l'est de Asuncion au Paraguay. Une grande route qui part de l'aéroport d'Asuncion traverse le Paraguay jusqu'à la rive brésilienne des chutes ; une bifurcation mène à un pont qui permet d'atteindre la rive opposée.

Ci-contre, vue aérienne du Paraná entre le Brésil (à gauche) et l'Argentine (à droite) au moment où le fleuve plonge dans les chutes de l'Iguaçu.

Page de droite, en haut, les eaux en crue franchissent les cascades entre des îlots et se précipitent dans le torrent en contrebas, sur la rive brésilienne des chutes.

172

L'AMÉRIQUE DU SUD ET CENTRALE

Le fleuve Iguaçu prend sa source dans la Serra do Mar, non loin de la côte au sud de São Paolo et s'écoule vers l'intérieur des terres (vers l'ouest) sur environ 1 320 km. Il traverse en serpentant le plateau de Paraná jusqu'à ce que, gonflé des eaux de ses affluents, il commence à descendre par une série de quelque 70 chutes d'eau. La plus grande d'entre elles, Nacunday, plonge de 40 m de haut (presque autant que les chutes du Niagara). Les chutes de l'Iguaçu sont situées à l'endroit où le fleuve atteint le bord du plateau, peu avant qu'il ne se jette dans le fleuve Paraná.

La rivière fait là environ 4 km de large, et ses eaux plongent sur toute la distance de la splendide falaise en forme de croissant. On compte jusqu'à 275 cascades distinctes, dont certaines plongent directement, de 80 m, dans le chaudron bouillonnant en bas et d'autres se décomposent en séries de cascades plus petites, dont la chute est brisée par des surplombs de roche plus résistante qui disperse l'eau en nuages et en écume. Le soleil joue sur les eaux où ne cessent d'apparaître et de disparaître de petits arcs-en-ciel. Les rochers entre les cascades sont recouverts de bosquets d'arbres et de feuillages denses : les palmiers, les bambous, les fougères et les lianes semblent des avant-postes de la jungle de l'arrière-plan. Sous les arbres poussent des fleurs tropicales sauvages – bégonias, broméliacées et orchidées – qui, avec les perroquets, les aras et les autres oiseaux multicolores de la forêt, font des taches vives dans le sous-bois.

Des parcs nationaux brésiliens et argentins bordent les deux côtés des chutes, qu'il faut traverser pour y accéder. Le mieux est souvent de prendre l'hélicoptère, mais la façon la plus excitante d'aborder les chutes est de prendre la passerelle qui les traverse et d'aller d'une rive à l'autre. Il arrive qu'elle soit emportée par les eaux en crue, mais ce n'est que d'aussi près que l'on ressent réellement la puissance immense de l'eau qui plonge dans l'abysse en contrebas.

Les chutes sont les plus spectaculaires pendant la saison des pluies, de novembre à mars, mais elles restent impressionnantes tout au long de l'année. Mais malgré l'impression de permanence qu'elles dégagent, les chutes font parfois faux bond : en mai et juin 1978, lors d'une période de temps très sec, la rivière cessa progressivement de couler et durant 28 jours pas une goutte d'eau ne franchit le rebord du plateau, une déception certaine pour les touristes mais aussi une excellente démonstration de perfidie naturelle. C'était la première fois, depuis 1934, qu'une telle chose se produisait.

Sur le cours de l'Alto Paraná, à environ 160 km en amont de son point de rencontre avec l'Iguaçu, se trouve le Salto dos Sete Quedas, ou Guaira. Cette cascade, dont la hauteur moyenne ne fait que 34 m, est pourtant la plus grande du monde pour son débit moyen annuel. Son rebord fait 5 km de large, et l'on estime son débit à 13,300 m^3/s – quantité d'eau suffisante à remplir en 0,6 s le dôme de la cathédrale Saint-Paul de Londres.

Le plus grand barrage du monde

On a construit sur le Paraná, cinquième fleuve le plus grand du monde, une grande centrale hydroélectrique. L'endroit choisi fut Itapu, sur la frontière entre le Paraguay et le Brésil. Un canal fut creusé, où l'on détourna le fleuve à l'aide d'une série de barrages pour commencer les travaux de construction du barrage principal. Un barrage fut construit sur le côté est (brésilien) du fleuve pour retenir l'eau dans le nouveau réservoir, et un canal de déversement creusé du côté ouest (paraguayen). Sur le barrage principal ont été installés la centrale hydroélectrique et ses 18 générateurs. Les eaux sont retenues dans un lac-réservoir de 160 km de long et de 1 550 km^2. Après 14 jours de travail durant lesquels on utilisa plus de 28 millions de tonnes de béton, la plus grande centrale hydroélectrique du monde fut achevée en 1988. Ses générateurs ont une capacité de 12 600 mégawatts – une énergie qui suffit à alimenter tout le Paraguay ainsi que Rio de Janeiro et São Paulo au Brésil.

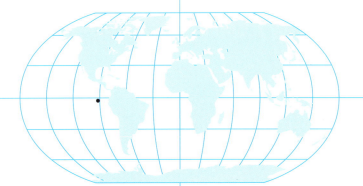

Équateur
LES ÎLES GALÁPAGOS

*L'un des archipels les plus beaux
et les plus isolés du monde.*

Les îles Galápagos se trouvent dans l'est de l'océan Pacifique, à une distance de 800 à 1 000 km du continent le plus proche.

Darwin et les pinsons

Si Charles Darwin formula sa théorie de l'évolution en se basant sur des observations faites durant tout son périple à bord du *Beagle*, il est indéniable que les pinsons des Galápagos furent pour lui une source majeure d'inspiration. Tous ces oiseaux descendent d'une souche provenant d'Amérique du Sud, arrivée sur l'archipel par hasard. Ces oiseaux ont évolué en 13 espèces différentes par la taille, la couleur, le bec, le chant, l'alimentation et le comportement. Cette diversité se reflète bien dans la forme du bec des différentes espèces : certaines ont le bec typique des oiseaux qui se nourrissent de grains, d'autres, qui mangent des cactées, ont développé un bec long et pointu, alors que les insectivores ont un petit bec rond.

Ci-dessus, faucon des Galápagos perché sur le dos d'une tortue géante, sur l'île Isabela.

Page de droite, 7 espèces différentes d'iguane de mer – le seul lézard d'eau salée – se sont développées sur l'archipel

Les visiteurs des îles Galápagos sont toujours impressionnés par leur beauté, leur richesse et leur rareté. Ce fut le cas de Charles Darwin, qui arriva aux Galápagos en 1835, durant son extraordinaire voyage d'exploration à bord du *Beagle*. Il y fit de nombreuses observations, qui allaient inspirer sa célèbre théorie sur l'origine des espèces.

Les Galápagos sont un groupe d'îles océaniques formées par l'accumulation de laves issues du sous-sol marin. L'archipel s'étend du nord au sud sur 300 km et se compose de 15 îles principales, de 42 îlots et 26 autres rochers ou récifs de corail. Il couvre un ensemble de quelque 7 800 km^2, dont 96,6 % sont maintenant un parc national entouré d'une réserve marine d'environ 79 000 km^2. Ces îles sont très contrastées. La végétation des terres littorales, arides et sèches, se compose surtout de cactées. Le taux d'humidité augmente avec l'altitude et les collines entre 200 et 500 m sont recouvertes de forêts denses d'arbres à feuilles persistantes, alors que les régions les plus élevées sont dominées par les laîches et les fougères.

De nombreuses espèces animales des Galápagos sont uniques, non seulement sur l'archipel mais également sur certaines de ses îles. Les iguanes de mer, par exemple, ne se trouvent qu'aux Galápagos. Ces lézards, qui se nourrissent exclusivement d'algues, se sont adaptés à la vie amphibie en développant des pattes partiellement palmées. Il en existe 7 espèces différentes. On trouve également, sur 6 des îles Galápagos, un iguane terrestre unique au monde.

Mais les Galápagos sont surtout connues pour un autre reptile, la tortue géante, qui peut atteindre à l'âge adulte un poids de 135 à 180 kg. Quinze espèces différentes de tortues ont ainsi évolué, mais 4 espèces ont maintenant disparu une 5e n'est plus représentée que par un seul spécimen mâle.

Les eaux des Galápagos abritent 2 espèces de phoques, tous deux indigènes. Le phoque à fourrure des Galápagos, l'unique représentant tropical d'un genre subantarctique, est actif durant la nuit, alors que le lion de mer est un animal diurne. Il faut également noter la présence de 2 espèces de chauves-souris, indigènes à ces îles, et de 3 sortes de rats, dont une race récemment découverte de rats géants, que l'on ne connaissait auparavant que sous forme fossilisée.

Les populations d'oiseaux des Galápagos comprennent des oiseaux de mer migrateurs comme l'albatros des Galápagos qui vient s'y reproduire et 28 espèces indigènes d'oiseaux de terre. On y trouve plus de 750 000 couples d'oiseaux de mer, y compris la plus grande colonie connue de fous masqués, ainsi que des espèces propres à l'archipel comme le manchot des Galápagos et le pétrel des Galápagos à croupe sombre.

L'AMÉRIQUE DU SUD ET CENTRALE

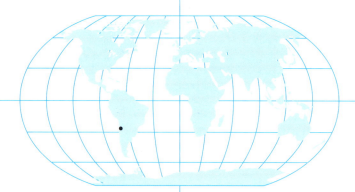

Chili
LE DÉSERT D'ATACAMA

Une zone littorale aride et froide au nord du Chili et au sud du Pérou.

Le désert d'Atacama est situé au nord du Chili, entre les Andes et l'océan Pacifique. On peut pour s'y rendre passer par les villes de Iquique, Tocopilla ou Antofagasta, qui disposent toutes d'un aéroport. L'extrémité sud du désert se trouve à environ 800 km au nord de Santiago.

Le désert d'Atacama s'étend sur une longueur de 1 000 km environ le long des côtes du nord du Chili, entre l'océan Pacifique à l'ouest et les Andes à l'est. Les montagnes de la Cordillère des Andes d'une altitude moyenne de 3 000 m culminant à l'Aconcagua (6 950 m). Elles descendent vers l'est à-pic sur la côte, où elles forment souvent de brusques falaises de 500 m de hauteur. Le désert d'Atacama est une zone de dépression à haute altitude sur le flanc oriental de la Cordillère de la Costa, qui s'étend au pied des premiers contreforts de la Cordillère des Andes à l'est.

C'est un désert salé, dont le bord oriental est formé des terres alluviales qui longent les contreforts de la Cordillère des Andes. Ces terres sont souvent formées d'accumulations de galets, ou parfois de sables et de dunes. Toute la région est très sèche : le peu d'eau qui arrive jusqu'au désert s'évapore immédiatement ou s'écoule dans le sous-sol. Le climat y est bien plus froid que dans d'autres régions de même latitude, et la température moyenne en été n'atteint que 19 °C sur la côte ; le désert, situé à une altitude plus élevée, est plus froid encore.

Le courant froid du Humboldt qui part de l'Antarctique et remonte vers le nord en longeant les côtes du Chili, entraîne une inversion de température de l'air froid au-dessus de la mer, surmontée d'une couche d'air plus chaud. Il en résulte la formation de fréquents brouillards et de couches de nuages, mais sans pluies. Les relevés météorologiques montrent que les villes côtières de Iquique et de Antofagasta ne connaissent de fortes précipitations que de 2 à 4 fois par siècle.

Deux phénomènes naturels extraordinaires se combinent là pour former l'un des climats les plus secs de la planète. A l'est des Andes, dans le bassin amazonien du Brésil, il pleut en abondance, mais l'air humide de la région ne peut franchir les montagnes et atteindre le désert d'Atacama. On sait qu'il y a, à plusieurs endroits, des eaux artésiennes, mais son taux de bore très élevé la rend impropre à l'irrigation. De vastes zones ont toutefois été plantées de *tamarugo* (Prosopis), plante proche de l'acacia, dont les racines se développent

Quelques lamas paissent dans une des rares zones de broussailles, sur le bord du désert d'Atacama.

L'AMÉRIQUE DU SUD ET CENTRALE

rapidement pour atteindre les nappes d'eau souterraines, que l'on utilise pour nourrir les troupeaux de moutons.

La région n'est que peu habitée, l'activité principale étant l'industrie minière. Les mines de nitrate du nord du désert qui, au début du siècle, avaient une production pouvant atteindre jusqu'à 3 millions n'en produisent plus de nos jours que 780 000 t par an, principalement utilisés pour la fabrication d'engrais artificiels.

La région est riche en cuivre, extrait dans les mines de Chuquicamata dans les Andes et à Paposo sur la côte. Les roches sont souvent recouvertes d'une mince couche verte produite par l'oxydation des minéraux cuivrés. Cette couche se compose d'Atacamite, un chlorure de cuivre hydraté typique de l'oxydation du cuivre dans les régions au climat sec, découvert dans ce désert.

Des dépôts se forment par évaporation là où les cours d'eau riches en minéraux descendent des Andes sur le bord oriental du désert.

Les déserts

La formation d'un désert est due à la combinaison de plusieurs facteurs. De hautes pressions atmosphériques sont à l'origine des déserts des régions polaires, du Kalahari, du Sahara et des déserts d'Arabie ; le Gobi et les autres déserts d'Asie centrale sont soumis à un régime continental ; le désert de Mohave dans l'ouest des États-Unis et celui de Patagonie en Amérique du Sud sont causés par la barrière montagneuse des Rocheuses et des Andes, qui arrêtent les pluies, alors que les courants froids qui remontent en longeant les côtes occidentales de l'Afrique et de l'Amérique du Sud y jouent un rôle prédominent.

Les déserts sont en général situés dans une zone d'une latitude de 20° à 50° au nord et au sud de l'équateur. Un désert se définit par des précipitations annuelles inférieures à 25 cm, et la végétation y est d'ordinaire très réduite. Il existe aussi des déserts de pierre, à la surface recouverte de fragments rocheux brisés par de brusques variations de température ; des steppes, et seuls ceux des banquises de l'Antarctique sont réellement dépourvus de toute trace de vie.

Chili/Argentine
LA TERRE DE FEU

Cette terre sauvage et désolée s'avance vers le sud et le point de rencontre où s'affrontent trois grands océans.

La Terre de Feu est un archipel situé à l'extrême pointe du continent sud-américain. Des vols partent des grands aéroports de Buenos Aires et de Santiago vers de plus petits, à Ushuaia, Porvenir ou Rio Grande, d'où l'on peut explorer la Terre de Feu.

Ci-dessus, les impressionnants monts Martial (Cerro Martial), derrière Ushuaia, dans la partie de la Terre de Feu appartenant à l'Argentine, font partie d'un splendide parc national.

Page de droite, au centre, les teintes de l'automne à Lago Alto, dans le parc national.

En hiver de féroces tempêtes balayent la côte aride de l'extrémité du sud du continent sud-américain, amenant avec elles les vents glacés et chargés de neige des mers antarctiques. Le climat des régions côtières est en été assez doux, mais de brusques bourrasques rappellent sans cesse que la Terre de Feu est voisine de l'Antarctique. L'archipel fait au total 75 km², dont 70 appartiennent au Chili et le reste à l'Argentine.

La Terre de Feu termine le continent sud-américain, et pointe vers les vastes étendues glacées de l'Antarctique. Elle touchait d'ailleurs autrefois le continent antarctique dont elle s'est séparée il y a 25 millions d'années. Les similitudes dans la structure et le type des roches en témoignent. L'étude des fossiles suggère également que de nombreuses espèces vivant en Amérique du Sud se trouvaient aussi en Antarctique.

L'AMÉRIQUE DU SUD ET CENTRALE

L'archipel qui forme la Terre de Feu fut découvert en 1520 par Magellan, qui lui donna ce nom à cause des feux allumés par les Indiens le long de la côte alors qu'il descendait le détroit qui devait porter plus tard son nom. En 1578, Sir Francis Drake aperçut le petit groupe d'îles nommé par la suite par les explorateurs néerlandais Cape Hoorn (le cap Horn). L'exploration complète de la Terre de Feu n'eut lieu qu'au XIXe siècle, quand l'amirauté britannique y envoya deux expéditions. La seconde fut dirigée par le capitaine Robert Fitzroy, du petit bâtiment nommé *H.M.S. Beagle*. Fitzroy, qui voulait qu'un naturaliste l'accompagnât ; il choisit pour cette tâche Charles Darwin, alors âgé de 22 ans.

Le 27 décembre 1831 le *Beagle* quitta Plymouth et partit pour un voyage qui allait durer presque cinq ans. Il atteignit la Terre de Feu en décembre 1832, et Darwin, qui mit pied à terre, déclara alors : "il est difficile d'imaginer quoi que ce soit de plus splendide". Fitzroy donna alors son nom aux montagnes couvertes de neige qui bordent le chenal de Beagle. Pendant que le petit bateau avançait dans ce bras de mer, Darwin cherchait à voir des Indiens aborigènes. On estime qu'il y avait dans les années 1830 environ 3 000 Indiens yahgans, mais leur population a été décimée par les maladies occidentales, la destruction de leurs terres de chasse et les changements apportés par les colons européens.

Darwin observa les dures conditions de vie des populations locales dépendant d'une végétation pauvre et de la pêche en fragiles pirogues dans les mers cernées de montagnes. Les Yahgans étaient sans cesse menacés par la famine, mais il ne furent pas les seuls à souffrir du climat rigoureux et du manque de ressources de cette terre ingrate : en 1580 un groupe de 300 colons espagnols, installé à 60 km de Punta Arenas, fut aussi complètement décimé par la faim ; il n'y eut qu'un seul survivant.

La Patagonie

La Patagonie, bien connue pour sa beauté sauvage, comprend de splendides montagnes, des plaines désolées, et deux glaciers peu connus. D'un point de vue géographique, on peut diviser la région en deux : les Andes et les plateaux. Ces derniers, qui montent de la côte jusqu'aux Andes, sont couverts de roches sédimentaires tendres creusées de gorges orientées est-ouest. Des rivières permanentes ne coulent que dans quelques-unes d'entre elles, et la plupart des canyons sont secs. Des lacs d'eau salée se sont formés dans certaines gorges. La partie chilienne de la Patagonie a de magnifiques fjords creusés par les glaciers qui couvraient jadis la région.

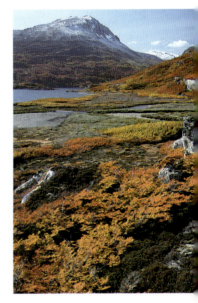

Les Andes

Les Andes, qui forment la partie occidentale de la Patagonie, sont une arête rocheuse qui traverse le continent sud-américain sur toute sa longueur. La chaîne fait environ 8 850 km de long, et 640 km de large à son point le plus fort, en Bolivie. Son point culminant est l'Aconcagua (6 950 m). Les Andes continuent à pousser – des mouvements de la croûte terrestre forcent les montagnes vers le haut à un rythme estimé de 10 cm par siècle. On y trouve encore des glaciers, qui datent de la dernière glaciation, et qui continuent à tailler des pics et à creuser des vallées en U.

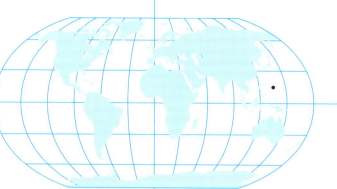

Océan Pacifique
LA FOSSE DES MARIANNES

Une entaille au fond de l'océan Pacifique traverse la mer des Philippines.

La fosse des Mariannes est située à 15° de latitude nord et 147° 30' de longitude est, mais rien à la surface de l'océan n'indique qu'il devient subitement beaucoup plus profond. La région est traversée par des navires de toutes tailles et de toutes sortes, surtout par des bateaux de marine marchande qui font route entre les Philippines et l'Amérique du Nord et entre le Japon et l'Australie.

Ci-contre, les silhouettes pâles des crabes, des mollusques et des anémones de mer qui vivent au bord de la fosse des Mariannes.

Page de droite, en haut, la gueule impressionnante du Pseudoscopalus des eaux profondes, qui peut engloutir des proies d'une taille supérieure à la sienne.

L'AUSTRALIE ET L'OCÉANIE

L'homme n'a jamais su résister au défi que représente l'exploration de l'inconnu, et ses remarquables prouesses technologiques lui ont permis de sonder les mystères des milieux les plus inhospitaliers de la Terre – les plaines et tranchées sous-marines des grandes profondeurs. Il reste encore beaucoup à explorer, car 365 millions de km^2 de la surface de la planète sont recouverts par des océans et des mers d'une profondeur moyenne de 3,7 km, contre seulement 63 millions de km^2 de terres. Les sols sous-marins situés entre 2 et 6 km de profondeur commencent seulement à nous être accessibles mais demandent l'emploi d'équipements spéciaux très sophistiqués. Quand il y a, au fond de l'océan, une activité

géologique importante tels des volcans, on trouve aussi des fosses qui peuvent atteindre plus de 6 km de profondeur. Tous les océans du monde présentent de telles tranchées, mais les plus importantes se trouvent dans le Pacifique, la fosse des Mariannes, à l'est des Philippines, étant la plus profonde de toutes.

L'exploration de ces profondeurs abyssales et la compréhension de leurs diverses formes de vie représente donc pour l'homme un défi sans égal. Le simple fait d'y prélever des échantillons à l'aide d'une benne demanderait plus de 11 km d'un câble d'une résistance exceptionnelle. La pression à ces profondeurs dépasse les 1 100 atmosphères. Pour le moment, l'homme ne peut descendre dans un appareil submersible fait de titanium qu'à 6 km de profondeur, c'est-à-dire jusqu'au bord de la fosse.

Mais ces régions abyssales ont été explorées à l'aide de sondes, de détecteurs et, plus récemment, de caméras vidéo, ce qui a permis de découvrir toute une population, très prospère, d'animaux appartenant à des groupes marins plus ou moins connus. La diversité des espèces vivant dans la fosse, réduite, si on la compare à celle des plaines abyssales, comprend toutefois quelques étoiles de mer, ainsi que de nombreux types de crabes et d'autres crustacés, des vers (polychètes), des mollusques bivalves et des concombres de mer. Aucune lumière naturelle ne peut atteindre ces profondeurs, mais on s'aperçoit, en éclairant ces créatures, qu'elles ne sont pas moins colorées que leurs parentes des eaux plus proches de la surface.

De nombreux animaux semblent dans la fosse devenir beaucoup plus grands qu'ailleurs. Près de certaines des cheminées hydrothermales les anémones de mer, qui ne font ailleurs pas plus d'une dizaine ou une quinzaine de centimètres de long, atteignent jusqu'à 1,2 ou 1,5 m, avec des tentacules de plus de 90 cm de long.

Les cheminées hydrothermales

L'existence de cheminées ou d'orifices hydrothermaux ne fut découverte qu'en 1976. Des sources chauffées par des roches en fusion au-dessous des fonds marins peuvent chauffer les eaux des grandes profondeurs et les faire passer de 2 °C à 380 °C. La faune de ces régions, très particulière, comprend notamment des créatures "géantes" – palourdes, moules vivement colorées et anémones de mer.

Ces eaux hydrothermales prennent la forme soit d'émissions diffuses à des températures de 5 °C à 250 °C, soit d'émissions à très hautes températures, comprises entre 270 °C et 380 °C. Les émissions à haute température traversent des cheminées noires formées par des précipitations de minéraux, ou des cheminées blanches d'où s'échappent rapidement un nuage de fluides brûlants. Malgré ces températures considérables le liquide ne tarde pas à se dissiper et à retourner à la température ambiante de 2 °C.

Certains des animaux qui habitent les bords des cheminées noires, comme les vers (polychètes) vivant en tubes et quelques espèces de mollusques à ventouses qui se nourrissent des bactéries qui poussent sur leurs parois, peuvent supporter des températures de 350 °C.

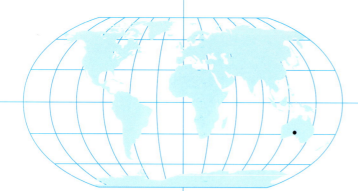

Australie
LES OPALES DE COOBER PEDY

Des pierres précieuses aux feux uniques.

Coober Pedy est situé dans les monts Stuart de l'État de l'Australie-Méridionale, à l'extrémité est du grand désert de Victoria. Les mines se trouvent à environ 800 km d'Adelaïde sur l'autoroute Stuart ; la ligne de chemin de fer d'Adelaïde aux sources Alice passe à proximité.

L'Australie est bien connue pour sa production de minéraux, l'une des plus riches du monde, mais l'un d'entre eux

Ci-dessus, cette magnifique opale permet d'admirer les feux pour lesquels ces pierres sont célèbres.

Page de droite, en haut, un mineur tenant à la main une opale brute, qui lance un éclair bleu.

est célèbre entre tous : l'opale. Jusqu'à 90 % des opales naturelles du monde proviennent d'Australie, dont les trois-quarts environ de l'État de l'Australie-Méridionale. Et tout comme l'opale, ses techniques d'extraction et le mode de vie de la communauté minière sont eux aussi typiquement australiens.

Les premières opales courantes furent découvertes en Australie en 1849, mais on trouva en 1915, à Coober Pedy, des opales précieuses. On en découvrit par la suite également

à Andamooka en 1930 et à Mintabie en 1931, ce qui a permis de les exploiter. Bien que l'extraction de l'opale reste une opération d'envergure relativement réduite, elle n'en contribue pas moins de quelque 30 millions de dollars par an à l'économie du pays.

Coober Pedy ne se différencie en rien, à première vue, de nombreux autres zones minières isolées. La région est traversée de pistes, et il y a ici et là des tas de débris de rocs, mais on n'y voit pas de derricks, de mécanismes de bobinage surmontant des puits de mine, ni presque de bâtiments. D'étranges collines circulaires percées d'un trou pourraient faire

L'AUSTRALIE ET L'OCÉANIE

croire à une région volcanique constellée de multiples petits cônes de cendres. Pour trouver les mines et les mineurs de Coober Pedy il faut, littéralement, descendre sous terre. Chacune des petites collines est percée d'un puits permettant d'accéder au monde souterrain. Les grès tendres du désert peuvent facilement être creusés à la bêche et à la pioche, même si l'on utilise aussi des explosifs. La plupart des opales se trouvent dans les premiers 25 m de profondeur, mais beaucoup de mines sont plus proches de la surface. Certaines opales sont enfermées dans des poches du rocher, d'autres forment de filons. Chaque mineur s'occupe d'une petite zone clairement délimitée. La technique de fouille laisse une large part au hasard, et chacun creuse son territoire dans l'espoir de tomber sur un filon qui fera sa fortune.

Des histoires courent sur le compte de malchanceux venus creuser à Coober Pedy qui ont abandonné, au bout de plusieurs mois d'un dur travail, bredouilles et leurs économies épuisées. Parfois un autre mineur venu chercher au même endroit tombera sur une veine. Les chanceux sont l'exception, et si la plupart des mineurs réussissent à survivre, très peu en fait font fortune.

A partir de 6 m de profondeur environ, la chaleur torride du soleil a été absorbée par les roches et il fait relativement frais. Les premiers mineurs découvrirent très vite qu'il serait confortable d'habiter sous terre, dans des grottes qui ne coûteraient presque rien à creuser. Les familles des mineurs actuels vivent donc dans un confort moderne et souterrain. De nombreuses maisons sont très vastes et luxueuses – certaines disposent même d'une piscine creusée sous le rocher. Mais la vie dans les mines d'opale est dure, et de nombreuses familles finissent par aller s'installer ailleurs.

La formation d'une opale

L'eau qui suinte à travers le sol est souvent riche en minéraux ; les eaux saturées de carbonate de calcium qui traversent les calcaires pour former des stalactites et des stalagmites en sont peut-être l'exemple le mieux connu. Dans certaines conditions très particulières ces eaux, au lieu de se décharger ainsi de leurs minéraux en solution, formeront des dépôts concentrés. L'opale est pour les géologues de la silice hydratée amorphe (SiO_2), dans laquelle l'eau est d'ordinaire inférieure à 10%. Elle se forme par dépôts d'eaux riches en silices et dérive probablement d'un gel de même nature ; autrement dit l'opale est un gel solide, bien plus tendre que le quartz. Lors du processus de solidification de nombreux films très fins sont pris dans le gel, et ce sont eux qui jettent ces éclairs colorés dans la pierre précieuse. La différence entre un simple dépôt opalin et une pierre précieuse est considérable. La couleur d'une opale peut varier du noir, très rare, jusqu'au blanc, mais les plus célèbres sont peut-être les opales rouges ou orange. Une opale de bonne qualité que l'on oriente vers la lumière semble vivante ; une belle opale rouge orangée ressemble à une petite boule de feu. De telles pierres peuvent coûter extrêmement cher, et sont souvent taillées en cabochon.

Australie
AYERS ROCK ET LE MONT OLGA

Le plus grand monolithe du monde se dresse au beau milieu du désert australien.

Les sources d'Alice, dans le centre de l'Australie, sont accessibles depuis Adélaïde par route, par rail et par air. Le parc national d'Uluru se trouve à quelque 400 km plus au sud. Il est aussi possible de se rendre à Ayers Rock directement, en voiture ou en avion.

Ayers Rock se trouve près de l'extrémité sud-ouest du Territoire du Nord, au centre rouge et aride de l'Australie. Cet énorme rocher orange et brun mesure 2,4 km de long, 1,6 km de large et domine de ses 350 m les plaines du désert – c'est le plus grand monolithe de la planète. Des pistes poussiéreuses mènent des sources d'Alice aux motels des environs, ce qui laisse aux touristes le temps d'escalader le rocher et d'admirer ses changements de couleurs au lever et au coucher du soleil. Au crépuscule la roche, qui semble éclairée par un feu intérieur, passe successivement de sa teinte brune diurne à un rouge flamboyant, puis devient dans la lumière qui baisse, une grande silhouette noire. Ceux qui se lèvent assez tôt verront l'aurore colorer le rocher de magnifiques tons pastels. L'escalade d'Ayers Rock ne présente pas de difficultés sérieuses, mais la chaleur impitoyable du désert en fait une expédition sérieuse. Le plus important est de penser à emporter suffisamment d'eau, car les risques liés à la déshydratation et aux coups de soleil sont réels, tout comme

Les rayons du couchant teintent les étranges formations de conglomérats glaciaires d'Ayers Rock en orange vif.

L'AUSTRALIE ET L'OCÉANIE

ceux d'une exposition trop prolongée aux rayons ultra-violets (UV).

Ayers Rock fut découvert pour la première fois en 1872 lorsque l'explorateur australien Ernest Giles entreprit de traverser cette partie du désert. Mais les aborigènes, qui connaissaient le rocher bien avant que les premiers Européens n'arrivent en Australie et que les Britanniques ne commencent à y établir des colonies et des bagnes, l'appelaient Uluru. On trouve de nombreuses peintures aborigènes aux environs d'Ayers Rock, et l'endroit était particulièrement important dans leur culture. Le rocher a également inspiré des artistes, des poètes et des photographes européens.

La chose la plus impressionnante d'Ayers Rock est sa taille. Le mont Olga, à quelque 24 km plus à l'ouest, est lui célèbre pour sa beauté. Le monolithe original a été sculpté par la nature en buttes isolées : les inselbergs qui forment un paysage fascinant. Le mont Olga, qui domine les plaines avoisinantes, est situé à une altitude de 1 069 m au-dessus du niveau de la mer. Ces collines rondes ont pris le nom de monts Olga. Ernest Giles leur donna le nom de la reine d'Espagne, mais elles étaient connues des aborigènes depuis des siècles comme

le Katajuta, c'est-à-dire "la montagne aux nombreuses têtes". Les collines, qui couvrent une surface de 30 km², comprennent des gorges et des ravins profonds creusés au cours de millions de siècles par des pluies rares mais torrentielles. Ils sont bordés de falaises à-pic, qui projettent une ombre fraîche dans la chaleur du désert. Il est possible de s'y détendre et d'admirer l'œuvre de la nature sans risquer de griller vif au soleil.

Les dômes de la deuxième formation rocheuse la plus célèbre d'Australie, le mont Olga.

Histoire géologique

Ayers Rock et les monts Olga sont faits de conglomérats glaciaires qu'il semble surprenant de rencontrer au beau milieu d'un désert. Mais la roche se forma il y a environ 600 millions d'années, lorsque l'Australie se situait sous des latitudes bien plus élevées. De telles roches sont de précieux indicateurs de climat et permettent de confirmer le calcul basé, par exemple, sur le paléomagnétisme de la position des continents autrefois.

Les couches géologiques d'Ayers Rock sont à peu de chose près verticales, mais celles du mont Olga sont presque horizontales, contraste qui aide à expliquer les différences d'érosion des deux formations. Elles ont toutes deux été affectées par deux types principaux d'érosion : les pluies, et l'érosion thermale. Même le désert est arrosé de quelques centimètres de pluie par an, mais ces précipitations prennent d'ordinaire la forme d'une ou deux grosses tempêtes tous les 3 ou 4 ans, et des torrents furieux dévalent alors les flancs des roches, emportant avec eux toutes les particules mal ancrées. L'érosion thermale, elle, est due aux très fortes variations de températures.

Australie
LA GRANDE BARRIÈRE DE CORAIL

Le plus grand ensemble de récifs et d'îles corallien du monde.

La Grande Barrière de corail s'étend de l'île de lady Elliot au sud jusqu'à l'extrémité du cap York au nord. L'accès y est libre, et des croisières permettent de visiter les récifs. Seules certaines zones, très vulnérables, ne sont pas accessibles au public.

La découverte de la Grande Barrière de corail

Le capitaine Cook découvrit la Grande Barrière de corail lors de son grand périple de 1770 durant lequel il voulait cartographier les eaux au large de la côte est de l'Australie. Cook s'y était, par ignorance, engagé. Ce ne fut qu'en atteignant le cap Tribulation qu'il se rendit compte de la présence du labyrinthe de récifs et des dangers encourus. Leur bateau, l'*Endeavour*, finit par échouer sur un îlot non loin du cap Tribulation, et c'est en le délestant de provisions qu'il se dégagea.

Ci-dessus, les créatures marines qui vivent dans les coraux sont souvent très colorées, comme ce mérou.

Page de droite, en haut, Green Island est un atoll couvert de verdure qui émerge des coraux au large de Cairns.

La Grande Barrière de corail, qui s'étend le long de la côte est de l'Australie sur une distance de plus de 2 000 km, est d'un point de vue aussi bien biologique que géologique ou esthétique l'une des plus grandes merveilles naturelles du monde. Le fait qu'elle soit reconnue comme un Site de Patrimoine mondial, une Réserve de Biosphère et un parc marin reflète bien son importance en tant que site naturel.

La Grande Barrière de corail se compose d'environ 2 900 récifs dont la taille peut varier de 0,01 km^2 à 100 km^2, de plus de 300 îles ou "cays", dont une centaine sont en permanence couvertes de végétation, et de 600 grandes îles, parfois entourées de leurs propres coraux. La superficie totale de la région – 349 000 km^2 – est supérieure, par exemple, à celle de la Grande-Bretagne.

Les récifs coralliens sont des structures géologiques uniques dans leur genre, qui se composent pour la majeure partie d'organismes vivants ou polypes d'une forme semblable à celle des anémones de mer. Ces minuscules animaux primitifs vivent en immenses colonies, chacune d'elles dérivant d'un seul polype qui s'est subdivisé à de nombreuses reprises. Le corail est fait d'un corps mou entouré d'un squelette externe de calcaire qui forme le matériau du récif. Un corail vivant résulte de milliers de générations de ces animaux : les innombrables couches de squelettes vides sont recouvertes d'une mince couche d'organismes vivants.

Les récifs coralliens ne se forment que dans des eaux dont la température se maintient tout au long de l'année entre 22 °C et 28 °C, ce qui permet l'élaboration d'un habitat et d'un système écologique très complexe et le plus varié de tous ceux que l'on connaît sur Terre. La Grande Barrière de corail comprend plus de 400 espèces de coraux durs et mous. Les coraux durs qui forment les récifs ont toutes sortes de formes, de tailles et de coloris, comme les coraux en forme de champignon et de ramure, dans des teintes allant du rouge et du jaune jusqu'au noir. En outre plus de 4 000 espèces de mollusques – des chitons et des escargots aux palourdes géantes et aux pieuvres – y ont été identifiées, ainsi que d'innombrables sortes d'éponges, d'anémones de mer, de vers, de crustacés et d'échinodermes.

Les récifs coralliens sont connus pour la variété de poissons qu'ils abritent. On compte plus de 1 500 espèces de poissons dans la Grande Barrière de corail. Les récifs sont également importants pour plusieurs espèces de baleines, y compris le minke, la baleine tueuse et la baleine à bosse, qui vient y mettre bas : on voit souvent dans ces eaux des mères et des jeunes de cette dernière espèce. Six des sept espèces de tortues de mer vivent également dans ces récifs ; toutes sont en voie de disparition et dépendent pour leur reproduction des récifs coralliens. Le mystérieux dugon s'abrite dans les herbes sous-marines des eaux peu profondes près de nombreux îlots.

Les îles sont tout aussi importantes pour plusieurs espèces d'échassiers et d'oiseaux de mers. Plus de 240 espèces nichent dans les îles basses de sables et de coraux, comme des oiseaux tropicaux, des frégates, six espèces de sternes y compris la sterne rose, l'aigle de mer à ventre blanc et le balbuzard.

L'AUSTRALIE ET L'OCÉANIE

Australie
L'ORNITHORYNQUE

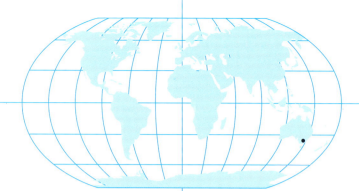

L'habitat de l'ornithorynque peut être exploré en partant d'Adelaïde ou de Melbourne, mais l'aide d'un spécialiste est indispensable. L'animal, craintif, ne se rencontre qu'accidentellement.

Le fourmilier épineux – l'échidné –

Il n'y a plus de nos jours que 2 espèces de fourmilier épineux, et ce sont, avec l'ornithorynque, les seuls monotrèmes survivants. Le fourmilier épineux à long bec est indigène à la Nouvelle-Guinée, mais le fourmilier épineux à bec court ne se trouve qu'en Australie. Il se nourrit de fourmis et de termites. Bien qu'il vive dans les déserts chauds et arides de l'intérieur des terres, il est dépourvu de glandes sudoripares et doit se protéger du soleil en s'enfouissant dans de profonds terriers qu'il ne quitte que la nuit. Comme l'ornithorynque, il détecte sa proie grâce à des capteurs extrêmement sensibles à l'extrémité de son museau. Dans les déserts, l'échidné préfère se nourrir de termites car elles contiennent plus d'eau que les fourmis.

Ci-contre, l'étrange ornithorynque représente un maillon capital dans l'évolution.

Page de droite, en haut, le fourmilier épineux à bec court est un autre mammifère qui pond des œufs.

Le timide ornithorynque habite les berges des cours d'eau de Tasmanie et de l'est et du sud de l'Australie.

L'ornithorynque est un animal très particulier, qui a évolué pour remplir une place tout à fait spécifique dans l'environnement aquatique. Son corps long et fuselé est couvert d'une courte fourrure brune. Ses pattes antérieures, en forme d'éventail et palmées, lui permettent de se propulser dans l'eau comme de creuser son terrier. Ses pattes postérieures lui servent de gouvernail et sa large queue plate, semblable à celle du castor, de stabilisateur. Ses yeux sont petits, ses narines peuvent se refermer lorsque l'animal nage sous l'eau, et il n'a pas d'oreille externe. Mais sa caractéristique la plus frappante est son large bec plat qui rappelle celui d'un canard et qui, très sensible au toucher, peut détecter les champs électromagnétiques faibles de ses proies invertébrées. L'ornithorynque soulève les sédiments du fond du cours d'eau pour se nourrir de crustacés et de mollusques. Il est dépourvu de dents, mais sa bouche est munie de zones cartilagineuses qu'il utilise pour briser les coquilles des mollusques.

L'ornithorynque et deux espèces d'échidnés, sont les seuls survivants d'un groupes de mammifères : les monotrèmes. Les fossiles des plus vieux mammifères de ce groupe que l'on ait retrouvés datent d'il y a quelque 210 millions d'années et sont ceux de petits rongeurs nocturnes qui ne pondaient probablement pas d'œufs mais donnaient naissance à des jeunes très immatures. Les ancêtres des monotrèmes actuels apparurent il y a environ 140 millions d'années, avant la division du continent du Gondwana. Des fossiles de monotrèmes ont été découverts en Amérique du Sud, mais l'évolution et la diversification rapide sur ce continent des mammifères à placenta les condamna. La séparation de l'Australie et de la masse continentale principale qui eut lieu très tôt, limita la compétition, et bien que des découvertes récentes montrent que certains mammifères à placenta aient atteint l'Australie avant cette séparation, ils ne purent y survivre. L'ornithorynque et l'échidné sont de vivantes illustrations d'une étape capitale dans l'évolution et permettent d'observer le passage progressif du reptile au mammifère à placenta.

L'AUSTRALIE ET L'OCÉANIE

L'ornithorynque est ovipare ; la femelle pond 2 ou 3 œufs blancs, caoutchouteux et mous qu'elle couve au fond d'un terrier creusé dans la berge de la rivière. Les œufs éclosent après une dizaine de jours, et les jeunes commencent alors à se nourrir du lait produit par les glandes sudoripares très spécialisées de leur mère, lait qui, en l'absence de mamelles, suinte à travers sa fourrure.

Les autres monotrèmes et marsupiaux, qui ne pondent pas d'œufs, mais donnent naissance à des jeunes très immatures, ont tous une poche pour leur transport. Le jeune, ainsi protégé des écarts de température, peut se nourrir librement sans entraver les déplacements de sa mère. L'évolution passe donc de l'ornithorynque femelle sans poche ni mamelles à l'échidné à poche mais sans mamelles, puis aux marsupiaux à poche et mamelles.

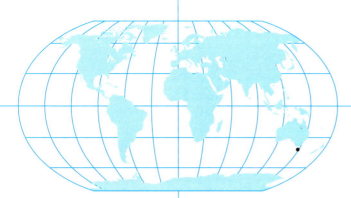

Australie
LA TASMANIE

Certaines des derniers restes d'une immense et très ancienne forêt se trouvent en Tasmanie, et plus d'un quart de l'île est encore complètement sauvage.

La Tasmanie est située au large de la côte sud-est de l'Australie, dont elle est séparée par le détroit de Bass. Le trajet est relativement court, que ce soit par avion jusqu'à Devenport, Hobart ou Launceston ou par ferry de Melbourne à Devonport.

Disparu ou non ?

Il n'y a plus, officiellement, de thylacine, ou loup de Tasmanie. Il dominait autrefois dans les forêts du continent australien, mais il a disparu il y a environ 3 000 ans par suite de la compétition avec le dingo, introduit par les aborigènes. Il fut alors confiné à la Tasmanie, où on l'a déclaré disparu en 1936. Des gens ont depuis lors régulièrement signalé l'apparition, dans les régions les plus reculées de l'île, d'un animal que l'on pense être le thylacine. Il est légèrement plus petit qu'un chien avec une tête massive et des mâchoires qui s'ouvrent très largement. Sa queue ressemble à celle du kangourou. Sa présence a récemment été signalée dans l'ouest de l'Australie, d'où il est censé avoir disparu depuis plus de 3 000 ans.

Ci-contre, la végétation recouvre d'un tapis vert les flancs montagneux reculés du parc national de South West.

Page de droite, en haut, le diable de Tasmanie est un marsupial carnivore indigène à l'île.

Il y a quelque 250 millions d'années de cela la Tasmanie, tout comme le reste de l'Australie, la Nouvelle-Zélande, l'Antarctique, l'Amérique du Sud, l'Afrique et l'Inde, était une partie de l'immense continent méridional du Gondwana. Ce continent, qui occupait plus de la moitié du globe, était pour une vaste part couvert de forêts tropicales tempérées. Certains des plus beaux restes de cette forêt sont encore visibles de nos jours en Tasmanie. La majeure partie (10 800 km²) de la forêt forme le Site de Patrimoine mondial de Tasmanie, qui comprend lui-même 4 parcs nationaux, 2 réserves d'État, 2 zones de conservation et de nombreuses forêts d'État. La véritable nature sauvage, est de nos jours de plus en plus rare, et elle doit être protégée et conservée avec soin.

La zone s'étend de la côte jusqu'au cœur du pays et passe progressivement du niveau de la mer à des altitudes de 1 500 m. La partie littorale de cette forêt tropicale tempérée comprend des arbres à feuilles caduques et persistantes. Les arbres poussent bien dans ce climat doux et humide, et ils atteignent parfois des hauteurs considérables donnant un bois d'excellente qualité, connu dans le monde entier, ce qui explique qu'ils soient sans cesse en danger de surexploitation.

La forêt tempérée de Tasmanie contraste fortement avec les autres forêts tropicales car elle ne comprend qu'un nombre limité d'essences – rarement plus de 8 – mais ses sous-bois sont très riches et les plantes épiphytes, les mousses, les fougères et les lichens y poussent en abondance. L'arbre le plus courant est le hêtre myrte, qui, avec le pin Huon (certains spécimens ont plus de 2 000 ans) et le pin King Billy, sont de véritables survivants de la forêt tropicale du Gondwana. Par endroits des bosquets d'eucalyptus, la plante à fleurs la plus haute du monde, poussent jusqu'à une hauteur de 90 m. Plus loin vers l'intérieur des terres et plus en altitude des plantes alpines tachent de survivre, et les arbres transis sont exposés au froid et aux vents.

L'AUSTRALIE ET L'OCÉANIE

La faune unique des marsupiaux et des mammifères monotrèmes d'Australie résulte directement de l'époque de sa séparation avec le continent du Gondwana, et la séparation ultérieure de la Tasmanie explique que nombre des espèces d'animaux, d'oiseaux et de plantes sont indigènes à l'île. La faune comprend des marsupiaux indigènes : le diable de Tasmanie, le wallaby arboricole et le thylacine, qui était autrefois très répandu mais semble avoir disparu. On trouve, parmi les 150 espèces d'oiseaux, le très rare perroquet à poitrail orange vif, de la taille d'une perruche.

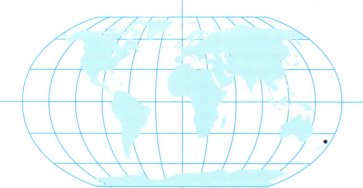

Nouvelle-Zélande
ROTORUA

*Un centre volcanique avec des geysers,
des bassins de boue, des sources chaudes
et des lacs multicolores.*

Rotorua est situé
à environ 190 km
au sud-est d'Auckland et
à environ 420 km au nord
de Wellington. Il est facile
de s'y rendre en voiture, ou
par avion jusqu'à Rotokawa,
à 8 km au nord-est
de la ville. A Rotorua,
les sources chaudes
sont partout.

*Ci-dessus, de la vapeur
s'élève de la surface
de Waiotapu, le "lac
de Champagne", dont
la température est
constante à 75 °C.*

*Page de droite, dans
les roches sulfureuses de
Rotorua des geysers projettent
leurs eaux chaudes naturelles.*

L'activité géothermale de Rotorua près du centre de l'île du nord de la Nouvelle-Zélande attire depuis de nombreuses années les touristes. Des villages maoris et l'Institut des arts et de l'artisanat maoris, qui se sont récemment ouverts aux visiteurs, donnent une idée des coutumes tribales des premiers occupants de la Nouvelle-Zélande. Les maoris utilisaient traditionnellement les sources chaudes pour cuisiner, laver et se chauffer, mais elles sont également considérées comme ayant des propriétés curatives, particulièrement pour l'arthrite et le rhumatisme, et l'hôpital de la reine Elisabeth emploie toujours dans ses traitements ces eaux sulfureuses.

On n'est jamais, à Rotorua, éloigné d'une activité thermale. Parmi les nombreuses sources de la ville se trouve le Bath House, créé en 1908, établissement plongé dans l'atmosphère sophistiquée de la Belle Époque. Une excursion très prisée consiste à prendre un bateau pour l'île de Mokoia au milieu du lac de Rotorua et d'aller se baigner dans le bassin chaud de Hinemoa. Au bord de la ville se trouvent la zone thermale de Whakarewarewa et Geyser Flat, où l'on peut voir le Pohutu, le geyser "crachant" ; c'est le plus grand geyser du pays, qui entre en action de façon assez capricieuse tous les 20 min environ et lance ses eaux à une hauteur de 30 m. Non loin de là le geyser "Prince of Whales Feathers", plus petit, le précède de peu, comme une sorte de prélude. Dans les environs, des bassins de boues sulfureuses bouillonnent, et le sol est chaud sous le pied.

A environ 10 km au sud-ouest de Rotorua sur l'autoroute H5 se trouvent les célèbres lacs bleus et verts de Waimangu – des lacs d'eau chaude dans le cratère d'un volcan éteint. L'eau, chaude jusqu'en profondeur, dissout dans son mouvement ascensionnel différents minéraux qui la colorent. Chaque lac a probablement sa propre source, dont l'eau atteint par ses propres voies la surface, détachant du rocher les divers minéraux teintés. L'oxyde de fer des falaises basses autour des lacs donne un rouge vif ; les taches jaunes par endroits sont dues à des dépôts sulfureux. Pendant la majeure partie du XIXe siècle, les Terrasses Roses et Blanches de Waimangu, qui couvraient une surface de plus de 5 ha, sont restées célèbres, et l'on disait qu'elles ressemblaient à un immense escalier de marbre ; mais une éruption des monts Tarawera, tous proches, ensevelit le 10 juin 1886 ces formations, ainsi que plusieurs villages avoisinants, sous une pluie de cendres et de débris incandescents. Les sources chaudes de la région continuèrent toutefois à bouillonner, et en 1900 un nouveau geyser, le geyser de Waimangu, apparut. C'était à l'époque le plus puissant du monde, et il projetait à 460 m un mélange explosif de boues, de vapeur et d'eau. Il s'affaiblit au bout de 4 ans et en 1908 il était éteint.

Sources chaudes et geysers

Trois éléments sont nécessaires à la formation d'une source chaude : une certaine quantité d'eaux souterraines, une source de chaleur et un orifice reliant le réservoir souterrain à la surface du sol. Le climat humide de la Nouvelle-Zélande favorise l'apparition d'abondantes nappes phréatiques, et les roches en fusion du sous-sol fournissent la chaleur. Il arrive souvent qu'après une éruption volcanique des laves résiduelles s'écoulent dans la chambre magmatique et laissent dans les roches supérieures des vides qui se remplissent d'eau. Quand le passage entre le réservoir et la surface reste libre, l'eau chaude remonte doucement jusqu'au niveau du sol et forme une source.

Les geysers fonctionnent suivant le même principe, mais leurs eaux brûlantes jaillissent en fontaine, par éruptions successives ; certains entrent en action toutes les 2 ou 3 min, pour d'autres les éruptions sont espacées de plusieurs heures ou plusieurs jours, à un rythme parfois irrégulier. Il faut pour qu'une source chaude devienne geyser que le passage entre le réservoir et la surface soit obstrué : la dilatation par la chaleur de l'eau du réservoir, comprimée par l'obstruction, fait monter la pression, et avec elle le point d'ébullition. La pression, qui ne peut plus alors être contenue, projette l'eau vers le haut, puis retombe brusquement, ce qui entraîne une ébullition immédiate et un dégagement explosif de vapeur, qui repousse à nouveau l'eau vers le haut avec une grande violence. Le geyser entre ainsi en éruption et relâche de grandes colonnes d'eaux surchauffées et de vapeurs fumantes.

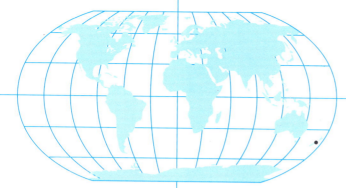

Nouvelle-Zélande
LES GLACIERS DES ALPES NÉO-ZÉLANDAISES

Des langues de glace qui s'avancent dans des forêts subtropicales.

Le glacier de Tasman est situé à quelque 95 km par route de Christchurch, sur South Island en Nouvelle-Zélande. Le parc national de Westland, qui se trouve à environ 225 km de Westport, est accessible par avion de Christchurch.

Les Alpes du Sud sont une haute chaîne de montagnes qui s'étend le long de la côte ouest de South Island en Nouvelle-Zélande. Leur point culminant, le mont Cook (3 764 m), qui est également celui du pays tout entier, n'est qu'à 30 km à l'ouest de l'océan Pacifique. Les terres, à l'est, descendent progressivement sur 130 km à travers la plaine de Canterbury jusqu'au littoral. Lorsque les vents d'ouest venus de la mer de Tasman, chargés d'humidité, remontent les flancs des montagnes, il se met à neiger, ce qui alimente les glaciers ; les trois plus célèbres sont le Tasman, le Fox et le Franz Joseph.

Ci-contre, un groupe de touristes aux prises avec les caprices de l'arête du glacier Franz Joseph.

Page de droite, en haut, le long museau du glacier Fox pénètre dans la forêt.

L'AUSTRALIE ET L'OCÉANIE

Les glaciers à l'ouest de la chaîne sont trapus et escarpés et plongent en avant comme des cascades gelées pour pénétrer dans les denses forêts subtropicales toujours vertes des contreforts. Cette juxtaposition de glaces et d'arbres est un spectacle extraordinaire, et il est très rare que deux types de climat aussi opposés se côtoient. Partout ailleurs sur notre planète chacun d'eux reste sur son quant-à-soi, et ils ne se mélangent jamais. Les glaciers du côté est de la chaîne ont un caractère très différent : les pentes les plus hautes, abruptes et déchiquetées, sont marquées de réseaux de crevasses qui rendent toute progression difficile. Ils s'écoulent plus en aval jusqu'à des altitudes très basses, et le Tasman atteint presque la plaine centrale.

Le Franz Joseph qui, comme le Fox, coule vers l'ouest, fait 11 km de longueur, mais tous deux ont reculé ces dernières années. A 24 km l'un de l'autre, ils sont situés dans le parc national de Westland, zone de 87 817 ha qui comprend des pics alpins, des champs de neige, des glaciers, des forêts, des rivières et des lacs. Du lac Mathieson on peut admirer trois des principaux sommets – le Cook, le Tasman et le La Pérouse – qui se reflètent dans ses eaux calmes.

Le glacier de Tasman, qui descend le mont Cook, a été décrit comme un joyau unique, et le paysage y est réellement splendide. Il forme une étroite langue de glace de 27 km de long qui s'élargit par endroits jusqu'à atteindre 3 km, couvre une superficie totale d'environ 52 km² et mesure parfois 610 m d'épaisseur. C'est à la fois le plus grand de Nouvelle-Zélande et un glacier très actif, qui peut avancer de 50 à 65 cm par jour. Mais il recule car le front glaciaire ne se trouve qu'à 760 m au-dessus du niveau de la mer, et il fond et s'évapore plus vite qu'il ne progresse.

Les variations climatiques de la Nouvelle-Zélande

Le climat de Nouvelle-Zélande a varié avec le temps. Indépendamment des changements climatiques propres à la planète dans son ensemble, les continents ne cessent de se déplacer et la tectonique des plaques, ou dérive des continents, influe sur leur latitude.

Voici plus de 500 millions d'années, la Nouvelle-Zélande faisait partie du Gondwana. Elle se trouvait sur son bord oriental, entre l'Australie, la Tasmanie et l'Antarctique, à environ 35° au nord de l'équateur. Pendant les 250 millions d'années suivantes le Gondwana dériva vers le sud jusqu'à ce que l'Australie et la Nouvelle-Zélande soient proches du Pôle Sud, où elles subirent de fortes glaciations. Une rotation continue, pendant encore 120 millions d'années, orienta à nouveau la Nouvelle-Zélande au nord, dans des régions plus chaudes et ses glaces disparurent.

Il y a environ 80 millions d'années la mer de Tasman commença à s'ouvrir entre l'Australie et la Nouvelle-Zélande, et lorsque ce mouvement cessa quelque 20 millions d'années plus tard, l'Australie, puis la Nouvelle-Zélande amorcèrent leur séparation d'avec l'Antarctique. La Nouvelle-Zélande partit vers le nord, et l'Antarctique vers le sud. La Nouvelle-Zélande subit une seconde glaciation pendant la dernière ère glaciaire.

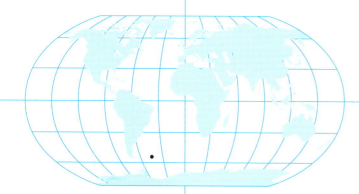

Mers australes
LA BALEINE BLEUE

Les baleines bleues, qui parcourent de vastes zones des océans de la planète, migrent des eaux polaires glaciales aux océans Atlantique, Pacifique et Indien.

De plus en plus de croisières-safari sont organisées dans les mers australes, pour voir la baleine bleue.

La baleine bleue est de loin le plus grand animal à avoir vécu sur notre planète. Une baleine bleue adulte peut atteindre le double du poids du plus grand dinosaure de tous les temps, le brachiosaure, ou 30 fois celui d'un éléphant d'Afrique mâle.

C'est un vrai léviathan : si elle mesure en moyenne 26 m de long, elle atteint parfois jusqu'à 33 m ; son poids moyen, est de 150 t, soit 2 400 hommes. Une créature de cette proportion a besoin d'une quantité conséquente de nourriture. Une baleine bleue adulte consomme 1 million de calories par jour, soit 1t de krill – ce petit animal semblable à une crevette et qui forme l'essentiel de ses menus. La baleine nage dans les bancs de krills en avalant d'énormes gorgées d'eau. Les krills sont poussés par la langue qui fonctionne

LES MERS AUSTRALES

comme une sorte de piston et l'eau passe à travers les fanons. La langue d'une baleine bleue fait plus de 3 m d'épaisseur et pèse plus lourd qu'un éléphant.

Il y avait autrefois des baleines bleues dans tous les océans du monde, et l'on estime que dans les seules mers australes vivaient 250 000 individus. La chasse à la baleine les a décimées jusqu'à moins de 1 % de ce chiffre. Il est très difficile de déterminer avec exactitude le nombre de baleines bleues, et les estimations actuelles de la population en Antarctique varient de quelques centaines à 11 000. Quel que soit le chiffre correct, il est en tous cas bien inférieur à ce qu'il a pu être.

Les baleines bleues migrent sur de très grandes distances. Elles habitent en été les eaux polaires, où elles se nourrissent des immenses bancs de krills des bords de la banquise, et partent à l'approche de l'hiver pour, après des milliers de kilomètres, atteindre les eaux équatoriales plus chaudes. On sait que l'une d'elles a parcouru plus de 3 055 km en seulement 47 jours. De tels voyages les éloignent considérablement des endroits où elles se nourrissent, et elles jeûnent donc, parfois pendant 4 mois, brûlant les réserves qu'elles ont accumulées.

La période de gestation de la baleine bleue est de 11 mois, mais le jeune mesure environ 7 m de long, pèse au moins 2 t, consomme plus d'une demi-tonne de lait par jour et double de poids en une semaine. Une fois sevré, vers 6 mois, il aura doublé de longueur, mais il faudra attendre encore quatre ans et demi avant qu'il soit sexuellement adulte et qu'il cesse de grandir.

Les baleines bleues, qui ont peuplé tous les océans du monde, voyagent seules ou en couple, et peuvent vivre jusqu'à 120 ans. Malgré leur existence solitaire elles ont développé des modes de communication sur des distances incroyables en émettant des notes de très basse fréquence mais de très haute intensité. Le son fait environ 188 décibels ; c'est le plus fort que l'on sache pouvoir être produit par un être vivant. Une note peut se prolonger 30 s, et être perceptible par d'autres baleines à plus de 1 600 km de distance.

Ci-dessus, à gauche, la baleine bleue, le plus grand animal de la planète, remonte en surface pour respirer.

Ci-dessus, à droite, l'ordinaire d'une baleine se compose de krill.

Enfin !

Les baleines bleues ont considérablement souffert d'une chasse intensive à but commercial, et l'on estime que leur nombre a baissé de 250 000 à 2 250 individus, dont 500 à 700 vivraient dans les mers australes. Malgré les restrictions imposées depuis 50 ans et l'interdiction totale de chasse en 1967, le massacre des autres espèces s'est poursuivi, camouflé en expéditions scientifiques. En 1994, une vaste zone de protection des baleines a enfin été créée en Antarctique.

Le krill – la nourriture des géants –

Les eaux de l'océan Antarctique abritent une très forte concentration de zooplancton. L'une de espèces, le krill (*Euphausia superba*), petit animal en forme de crevette, représente environ la moitié de cette biomasse. Les baleines bleues des mers australes s'en nourrissent presque exclusivement. Les immenses bancs de krills transforment la surface de la mer en une sorte de soupe brun-rouge.

Antarctique
LA BANQUISE DE ROSS

La plus grande banquise de l'Antarctique.

Pour se rendre sur la banquise de Ross il faut prendre en Nouvelle-Zélande l'un des avions ou hélicoptères qui transportent le personnel de la station U.S. McMurdo et de la base néo-zélandaise de Scott. Des bateaux de tourisme permettent rarement de voir autre chose que les falaises littorales.

Barrière et voie d'accès

Quand le capitaine Cook et Ernest Shackleton se rendirent en Antarctique au début du siècle, ils désignaient encore la banquise sous le nom de "barrière", mais elle était pour eux la voie d'accès vers le sud. Lors de l'expédition *Discovery* de 1901-1903, Scott établit un nouveau record en s'enfonçant de 640 km vers le sud. Shackleton le dépassa lors de sa propre expédition Nimrod de 1907-1909 et découvrit le glacier Beardmore qui traverse les monts Transantarctiques. Shackleton n'atteint pas le pôle ; l'honneur en revint, 4 ans plus tard, au Norvégien Roald Amundsen, lorsque celui-ci découvrit une nouvelle voie, par le glacier Axel Heiberg, sur le bord de la banquise.

Ci-contre, la banquise de Ross fut longtemps impénétrable.

Page de droite, en haut, les premiers explorateurs comparaient les falaises de glace aux falaises blanches de Douvres.

Lors de son second grand périple de 1772-1775, le capitaine James Cook fut le premier à contourner l'Antarctique en naviguant sous de très hautes latitudes, mais il ne vit jamais ce continent : toutes ses tentatives pour aller plus en avant furent bloquées par les glaces. Ce ne fut qu'en 1840 que le capitaine James Clarck Ross, le marin britannique qui connaissait le mieux les mers arctiques, naviguant vers le sud réussit à percer la ceintures de glaces et à atteindre ce que l'on connaît maintenant sous le nom de mer de Ross. Il découvrit l'île de Ross, et, à l'est, ce qu'il appela la "Terre Victoria" et dont il écrivit "...nous pourrions avec tout autant de chances de succès tenter de traverser à la voile les falaises de Douvres, plutôt que de pénétrer dans cette masse."

Ross, comme tous les voyageurs, était impressionné : des falaises de glace, hautes

L'ANTARCTIQUE

de 45 à 60 m, entouraient ses bateaux et lui cachaient le sud, ne révélant que des étendues de glaces sans fin. La banquise de Ross est en réalité une plaque à peu près triangulaire, dont l'épaisseur varie de 185 m côté mer à plus de 1 300 m côté terre. Sa superficie (542 300 km²) est supérieure à celle de l'Espagne et presque aussi grande que celle de la France. Elle flotte, et monte et descend avec les marées. De gros morceaux de banquise se détachent et deviennent des icebergs tabulaires ; le plus grand que l'on ait mesuré faisait 335 x 97 km, couvrait 31 000 km², ce qui est plus que la Belgique.

La banquise de Ross est alimentée par des glaciers. Nombre d'entre eux, comme

Les banquises

Dans l'Antarctique, une banquise se forme d'ordinaire là où des glaciers progressent vers la mer. Au fur et à mesure que les glaciers franchissent le rebord du continent, la glace commence à flotter et à former une grande plaque. Celle-ci se rompt alors et des icebergs se forment. Une banquise fond aussi par le dessous et c'est là la source des courants froids profonds qui remontent vers les eaux tropicales et les oxygènent. Bien que la banquise s'épaississe constamment du fait des chutes de neige en surface, elle ne cesse de s'amincir au fur et à mesure qu'elle avance vers le large. Son front océanique fait environ 180 m d'épaisseur et les falaises de glace mesurent de 20 à 30 m de haut.

le Beardmore, coulent par les monts Transantarctiques, et les rivières de glace qui alimentent Marie Bird Land y contribuent également. Un navire qui traversait dans les années 50 la mer de Ross rencontra un iceberg sur le coin duquel se dressait encore une hutte, que l'on identifia comme un morceau de la base de Petite-Amérique de l'amiral Byrd construites quelque 30 ans auparavant.

La majeure partie de la banquise ne présente pas de crevasses, et les déplacements y sont aisés. Le sol est relativement plat, mais c'est l'état de sa surface qui dictera la progression d'un groupe de traîneaux. Des neiges molles les ralentissent, qu'ils soient tirés par des hommes, des chiens ou des tracteurs. Des crêtes de neige durcie formées par les vents sont fréquentes.

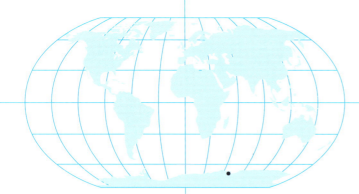

Antarctique
LE GLACIER LAMBERT

Le glacier le plus large et le plus long du monde.

Le glacier Lambert en Grande Antarctique coule à peu près vers le nord le long du méridien 90°E à travers les monts du Prince Charles pour atteindre la baie de Prydz. Des croisières sont organisées dans les environs, mais il faut, pour voir le glacier, prendre l'hélicoptère pour s'enfoncer plus loin dans l'intérieur des terres.

Le glacier Lambert en Antarctique est probablement le plus grand du monde. Il atteint parfois 65 km de large en traversant les monts du Prince Charles, et environ 710 km de long si l'on compte la banquise Amery, qui le prolonge dans la mer. Il draine environ un cinquième des glaces de Grande Antarctique ; en clair, cela signifie que 12 % de toutes les eaux douces du globe passent par le Lambert. Ce chiffre incroyable est presque aussi difficile à concevoir que ne l'est le glacier lui-même, quand on se trouve en Antarctique. L'image que l'on se fait d'ordinaire d'un glacier des Alpes ou de l'Himalaya s'écoulant à travers les montagnes comme une rivière de glace est difficilement, à causes de telles dimensions, applicable au Lambert. La meilleur façon d'en voir assez pour réaliser qu'il s'agit bien d'un glacier est de regarder une image satellite.

Les glaciers se déplacent lentement. Le plus rapide du monde, le Jakobshavn au Groenland, avance de 7 km par an, et le Lambert, lui, progresse à travers les monts du Prince Charles à une vitesse moyenne de 0,23 km, et accélère jusqu'à 1 km par an en atteignant le bord de la banquise Amery. Il est donc assez lent, mais aussi très puissant, et il charrie chaque année quelque 35 km³ de glaces.

Vue d'avion la surface d'un tel glacier est rayée de lignes d'écoulement – reliefs naturels

L'ANTARCTIQUE

La langue glaciaire se jetait dans la mer est souvent un spectacle magnifique ; ici, un glacier anonyme à la pointe Wild, sur l'île Elephant.

Les glaciers de l'Antarctique

Les glaciers de l'Antarctique sont les plus grands du monde. Nombreux parmi eux ceux qui n'ont pas de bords très fixes, et qu'il serait plus correct d'appeler des fleuves de glace. Quand un glacier atteint la côte au fond d'une baie, il commence à flotter et devient une banquise. Mais un glacier s'écoulant à travers un littoral rectiligne ne forme pas de banquise et progresse simplement dans la mer en commençant à flotter. Une telle projection, que l'on appelle la langue du glacier, est souvent très instable, mais Celle du glacier Erebus qui s'écoule dans le McMurdo Sound peut se projeter 10 km dans la mer avant de casser. Les plus grandes banquises de l'Antarctique – Ross et Filchner – sont si larges qu'elles sont alimentées par plusieurs glaciers et fleuves de glace. Le glacier Rutford, qui traverse les monts Ellsworth à l'extrémité sud-ouest de la banquise de Ronne, fait là où il commence à flotter près de 1,6 km d'épaisseur – c'est la glace flottante la plus épaisse de la planète.

A gauche, ces 2 photos satellites montrent les 320 km du cours inférieur du glacier Lambert, quand celui-ci rejoint la banquise Amery (à droite). Le lac Beaver situé au niveau de la mer est soumis aux marées. Les lignes d'écoulement (matérialisées par des flèches dans le dessin ci-dessous) indiquent la direction du mouvement.

qui marquent la direction du mouvement –, comme les coups d'un pinceau sur une toile panoramique géante. Les crevasses de la surface parfois imperceptibles, s'organisent ailleurs en zones de crevasses en échelons, causées par des variations du taux d'écoulement du glacier, ou deviennent irrégulières, quand il rencontre des obstacles. Il arrive alors que se forme une zone très chaotique où la pente de la surface change sans cesse ; ce phénomène, appelé "chute de glace", est l'équivalent d'une cascade pour une rivière. Certaines crevasses au-dessous de l'île de Gillock, qui apparaissent lorsque le glacier se trouve contraint de contourner l'île à son arrivée sur la banquise Amery, font plus de 400 m de large et de 40 km de long – et sont parfois même plus grandes que certains glaciers des Alpes.

Ces énormes crevasses comblées par les neiges, sont le cauchemar des voyageurs. Pourtant leurs dimensions mêmes les rendent plus faciles à traverser dans la mesure où le poids supplémentaire d'un tracteur est infiniment petit comparé à celui de la neige que porte la crevasse. L'expédition trans-antarctique de sir Vivian Fuch de 1955-1958, qui rencontra des crevasses similaires après avoir quitté le Pôle Sud, raconta comment elle put descendre en glissant le long de la pente et remonter de l'autre côté sur sa lancée. Le danger principal était plutôt les petites crevasses de l'arête elle-même. Les déplacements sur le glacier sont partout ailleurs relativement simples, si l'on prend garde d'éviter les crevasses. Tout comme les fleuves pour les premiers explorateurs du continent africain, les glaciers de l'Antarctique sont souvent les meilleures routes vers l'intérieur des terres. Shackleton découvrit le glacier Beardmore qui ouvrit une voie d'accès directe à la banquise de Ross jusqu'au plateau polaire ; Scott et ses 4 compagnons empruntèrent la même route lors de leur fatale expédition vers le pôle.

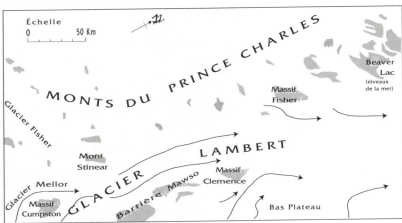

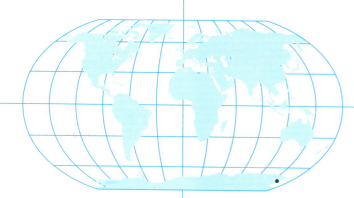

Antarctique
LE MONT EREBUS

Un volcan qui monte la garde sur le chemin du Pôle Sud.

Le 9 janvier 1841 James Clark Ross et Francis Crozier, naviguant respectivement sur le *H.M.S. Erebus* et le *H.M.S. Terror*, émergèrent des glaces dans les eaux ouvertes de la mer de Ross.

Trois jours plus tard ils virent une magnifique chaîne de montagnes, dont les pics culminaient à 2 438 m, que Ross nomma la chaîne de l'Amirauté. Les explorateurs poursuivirent leur route vers le sud

Le mont Erebus se trouve au nord de l'île de Ross, sur la pointe de la mer du même nom. Les bateaux et les avions partis approvisionner la station américaine de McMurdo, ainsi que les navires pour la visite des huttes où séjournèrent Scott et Shackleton, permettent par beau temps de bien voir les paysages magnifiques de cette montagne.

Ci-contre, un nuage de fumée s'élève du sommet de l'un des points de repère les plus connus de l'Antarctique, vu d'une mer de glaces brisées.

Page de droite, en haut, la cabane du grand explorateur de l'Antarctique Shackleton et le mont Erebus à l'arrière-plan.

L'ANTARCTIQUE

en longeant les montagnes et furent stupéfaits de voir, le 21 janvier 1841, s'il faut en croire le témoignage de Robert McCormick, chirurgien à bord de l'*Erebus*, "une incroyable montagne volcanique en pleine activité". Ce volcan fut nommé le mont Erebus, et un cratère éteint plus petit, à l'est, le mont Terror.

La science de la géologie était encore jeune à l'époque, et il semblait très mystérieux qu'un volcan puisse être actif dans les glaces et les neiges d'un continent gelé. Les géologues d'aujourd'hui, qui connaissent le phénomène, peuvent expliquer pourquoi un volcan se trouve à un endroit précis ; l'influence du climat n'a pas grand chose à y voir. Les roches volcaniques sont courantes sur le continent antarctique, bien que la plupart d'entre elles, géologiquement très anciennes, étaient

actives à des époques où le continent n'occupait pas sa place actuelle sur le pôle. Les roches volcaniques indiquent souvent la présence de mouvements des continents, et peuvent s'avérer très utiles pour suivre à la trace leurs déplacements à la surface du globe. La région volcanique jeune de McMurdo dans la mer de Ross et les volcans de la Terre Marie Byrd qui y sont associés témoignent simplement de mouvements continentaux récents en Antarctique.

Le mont Erebus de l'île de Ross est un point de repère. L'ascension de la montagne a aussi représenté, bien sûr, un défi pour les premiers explorateurs et alpinistes. Lors de l'expédition Nimrod d'Ernest Shackleton en 1907-1909, 6 hommes dirigés par le professeur David Edgeworth atteignent le sommet, à 3 794 m d'altitude ; c'était le 10 mars 1908. Ils virent là un cratère de 800 m de diamètre et de 275 m de profondeur, au fond duquel se trouvait un petit lac de lave en fusion. Ce lac est toujours là, et fait du mont Erebus l'un des trois seuls volcans du monde ayant un lac de laves permanent. En 1974-1975 un groupe de géologues néo-zélandais descendit dans le cratère principal, où ils établirent un camp, mais une violente éruption les empêcha d'aller plus loin dans le cratère intérieur. Le 17 septembre 1984 le volcan entra à nouveau en éruption, projetant à l'extérieur du cratère principal des scories brûlantes. Les recherches s'y poursuivent intensivement.

Les explorateurs modernes ne peuvent résister à la tentation de photographier les moindres sautes d'humeur de la montagne, tout comme leurs prédécesseurs les peignaient à l'aquarelle.

Les volcans de l'Antarctique

Il existe de nombreux volcans en Antarctique et ceux des îles des mers australes, ont été actifs durant les deux derniers siècles. Beaucoup d'éruptions sont passées inaperçues, et n'ont été enregistrées que partiellement du fait de la très faible densité de population de la région. On ne trouve des stations d'études à proximité immédiate d'un volcan que sur l'île Déception. Sur le mont Melbourne, situé de l'autre côté du détroit de McMurdo par rapport à l'île de Ross, l'activité des fumerolles est intense. La vapeur y a formé, au contact de températures négatives, de délicates colonnes de glace, et, malgré l'altitude, une flore s'est développée autour des fumerolles. En 1893, le Norvégien C.A. Larsen, parti pour un grand périple vers le sud dans la mer de Weddel le long de la côte est de la péninsule antarctique, nota la présence d'activité volcanique à Seal Nunataks. Son témoignage fut pendant plusieurs années considéré avec scepticisme par de nombreux géologues, qui pensaient qu'il n'avait vu qu'un nuage, mais des recherches plus récentes ont montré qu'il y avait dans la région des fumerolles actives, et il se pourrait qu'il ait eu, finalement, raison.

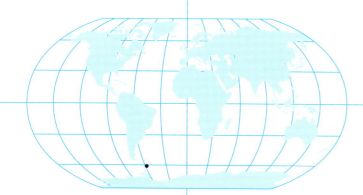

Antarctique
L'ÎLE DÉCEPTION

Un port naturel à l'intérieur d'un volcan en activité.

L'île Déception se trouve au large de la côte sud de l'île de Livingstone, dans le détroit de Bransfield. Elle fait partie des Shetland du Sud et son port est une escale régulière pour les bateaux de tourisme et les yachts privés qui se rendent en Antarctique durant la saison d'été.

L'île Déception, qui fait partie des Shetland du Sud, a une forme de fer à cheval : c'est une crête à peu près circulaire et ouverte vers la mer au sud. L'île était jadis un volcan, dont le cône central, en s'effondrant, a formé une caldeira maintenant occupée par un lac de cratère ouvert sur la mer. Il y a eu depuis de nombreuses petites cheminées et centres d'activités sur le bord de la caldeira, qui ont contribué à renforcer cette forme caractéristique de l'île. Les Shetland du Sud, majoritairement volcaniques, ont été formées par l'affrontement de la croûte océanique le long de leur bordure nord-ouest ; le détroit de Bransfield, également d'origine volcanique, est apparu lorsque le fond marin s'est étendu derrière l'arc volcanique des îles. Les îles de Penguin et de Bridgeman sont elles aussi de jeunes volcans mais qui, contrairement à Déception, ne sont plus actifs.

En 1819 l'annonce de la découverte des Shetland du Sud se propagea rapidement parmi les chasseurs de phoques de la Georgie du Sud, et ceux-ci furent prompts à exploiter ces nouvelles côtes, plus prometteuses. Le massacre lors des deux saisons de chasse 1819-1820 et 1820-1821 fut tel que les phoques ne s'en remirent pas, rendant ainsi infructueuses d'éventuelles expéditions ultérieures. Mais l'île Déception était maintenant connue, et prête à tenir son rôle dans l'exploration et l'exploitation de l'Antarctique.

Les baleiniers parcouraient déjà les eaux des mers australes au XVIIIe siècle, mais ce ne fut qu'en 1912 qu'une station fixe, Aktieselskabet Hektor, fut établie dans la baie de Whalers sur l'île Déception. Un juge du tribunal de police correctionnelle fut désigné par le gouvernement des îles Malouines pour les saisons de chasse à la baleine 1911-1912 et 1912-1913, qui résida sur Déception jusqu'à la fermeture de la station ; la chasse à partir de cette île cessa en avril 1931. Un bureau de poste fonctionna durant cette période, et le premier timbre fut oblitéré le 6 mars 1913. C'est aussi de Déception que partit, le 16 novembre 1928, le premier vol à propulsion de l'Antarctique.

Sir Hubert Wilkins survola à plusieurs reprises la péninsule antarctique, mais ne put atteindre son but qui était de descendre vers l'ouest la côte de la mer de Ross.

Le bord circulaire du volcan de Déception faisait office, pour les baleiniers, d'excellent port naturel.

En 1944 une base britannique fut construite sur Déception, suivie en janvier 1948 et février 1955 de stations de recherches argentine et chilienne. Le 4 décembre 1967 une soudaine éruption à l'extrémité nord-ouest de Port Foster recouvrit la station argentine de cendres et de pierres ponces, et tous ses résidents furent promptement évacués par le navire chilien *Piloto Pardo*. Certains retournèrent à Déception l'année suivante pour évaluer les dégâts, et les bases furent de nouveau partiellement occupées ; en 1969 et 1970 de nouvelles éruptions se produisirent sur le mont Pond, non loin des bases britannique et chilienne ; des pluies de cendres tombèrent sur les bâtiments, et la station chilienne s'effondra, à l'exception du porche de briques de l'entrée. Un lahar – rivière de boue, de cendres et de blocs de glace – déclenché par la chaleur de l'éruption traversa la base britannique. Des tremblements de terre secouèrent le sol et renversèrent quelques cuves à mazout. Le *Piloto Pardo* vint une fois de plus à la rescousse. Les évacués se félicitaient que l'éruption ait eu lieu en été, quand des navires étaient dans les parages : si elles s'étaient produites durant l'hiver, ils ne s'en seraient probablement pas tirés à si bon compte.

L'île Déception se trouve sur le trajet des bateaux de tourisme, non seulement à cause de son volcan spectaculaire, mais aussi parce qu'il chauffe les eaux de Port Foster, où les visiteurs peuvent se baigner. L'eau devient très chaude lorsque les fumerolles sont particulièrement actives, et les krills qui s'approchent trop des cheminées sous-marines sont parfois alors rejetés tout cuits sur la rive.

L'ANTARCTIQUE

Un groupe de touristes dans les sources chaudes naturelles de l'île Déception.

La découverte de Déception et du continent antarctique

L'île Déception fait partie des Shetland du Sud, ainsi nommées car elles se trouvent à la même latitude au sud que les îles Shetland d'Écosse au nord. Les îles furent découvertes en février 1918 par William Smith, dont le brick avait été dérouté par les vents vers le sud alors qu'il contournait le cap Horn. Il n'est pas impossible que le Néerlandais Dirck Gherritz les ait aperçues en 1599, et l'on peut aussi supposer que les chasseurs de phoques américains les connaissaient, mais ne l'avaient pas annoncé pour des raisons commerciales. L'amirauté envoya durant l'été antarctique de 1819-1820 *Le Williams*, sous le commandement d'Edward Bransfield et piloté par Smith, cartographier les Shetland du Sud.

L'équipage du *Williams* aperçut l'île Déception le 29 janvier 1820 et le lendemain, après avoir traversé le détroit de Bransfied, entra en vue de la Terre de Trinity (aujourd'hui nommée "péninsule de Trinity"). On peut supposer que ces marins furent les premiers à voir le continent antarctique, mais le doute persiste, car, le 27 janvier 1820, le capitaine russe Thaddeus von Bellingshausen nota dans le livre de bord du *Vostok* que sa position était de 69° 21" sud et 2° 14' ouest, et décrivit des collines de glace continues. Il avait donc très probablement vu ce continent, mais il ne s'en rendit pas compte et ne longea pas la côte.

Antarctique
L'ÎLE BOUVET

L'île la plus reculée du monde se trouve dans les mers australes.

On ne peut atteindre l'île Bouvet qu'après un long voyage en mer, souvent très mouvementé. Quelques yachts privés et quelques navires anciens ou modernes ont fait la traversée, mais il n'est pas toujours possible de mettre pied à terre.

Ci-contre, l'île Bouvet, recouverte par les glaces et balayée par des vents très puissants, est à la fois l'un des endroits les plus reculés et les plus isolés de la planète.

Page de droite, en bas, les taches brunes que l'on distingue sur la côte découpée de l'île sont des phoques.

L'île Bouvet, dans les mers australes, est la terre la plus isolée de toute la planète, mais l'enthousiasme que peut ressentir un explorateur retombe très rapidement devant un endroit aussi peu engageant. L'île se compose d'un volcan actif entouré de falaises à-pic, le tout coiffé d'une calotte de glaces. Le temps y est le plus souvent maussade, et les tentatives pour mettre pied à terre échouent fréquemment. Une personne abandonnée là s'y sentirait très seule ; la terre la plus proche est la côte inhabitée de Dronning Maud Land en Antarctique, qui se trouve à 1 690 km plus au sud ; Le Cap en Afrique du Sud est à 2 560 km au nord-est.

L'île fut découverte le 1er janvier 1739 par le navigateur français Jean-Baptiste Charles Bouvet de Lozier, parti à la recherche d'un paradis tropical mythique décrit au début du XVIe siècle par un autre français, Paulmier de Gonneville. Des brouillards persistants, ainsi que son équipage malade, empêchèrent Bouvet de mettre pied à terre et il dut rebrousser chemin. Il croyait avoir découvert l'extrémité du continent sud, et appela donc cette terre le cap de Circumcision. Il nota néanmoins la latitude et la longitude de l'île, et put donc, à son retour en France, déclarer que ce qu'il avait découvert n'était en rien un paradis tropical. De nombreux explorateurs, parmi lesquels de célèbres navigateurs comme le capitaine James Cook et James Clark Ross, partirent par la suite à la recherche de l'île, mais sans succès car ils ne cherchaient pas au bon endroit. Bouvet, tout comme les autres marins de son époque, n'avait pas les moyens de déterminer avec exactitude les longitudes. Il leur aurait fallu disposer d'un chronomètre précis, qui n'existait pas encore. L'île, qui ne fait que 57 km², et dont l'altitude ne dépasse pas les 935 m, est trop petite pour être trouvée sans une navigation très précise.

L'existence de l'île fut donc mise en doute après sa découverte par Bouvet, mais elle fut redécouverte quelque 70 années plus tard, en 1808, par deux baleiniers britanniques, James Lindsay et Thomas Hopper. L'Américain Benjamin Morrel, qui fut en 1822 le premier à y mettre le pied, lui donna le nom de celui qui l'avait découverte. Le 16 décembre 1825 l'île fut à nouveau redécouverte par un Britannique, George Norris, à la tête d'une expédition de chasse au phoque, qui la rebaptisa île de Liverpool et en prit possession au nom du roi George IV. Norris donna à une autre île proche, décrite comme d'origine volcanique, le nom de Thompson. Elle n'a jamais été revue depuis et l'on pense qu'elle n'existe pas ; elle pourrait avoir été détruite par une éruption en 1895 ou 1896. Les visiteurs successifs calculèrent à nouveau la position de l'île Bouvet, mais ce ne fut qu'en 1898-1899 qu'une expédition allemande la fixa définitivement à 54° 26' sud et 3° 24' est, ce qui représente une différence considérable avec la longitude de 28° 30' est déterminée par Bouvet. La faune et la flore y sont typiques des mers australes, mais l'île est trop exposée pour que la végétation soit abondante. Des pingouins et des phoques y vivent. Les expéditions de chasse du XIXe et du début du XXe siècle rapportaient des peaux de phoque et de l'huile d'éléphant de mer. Peu d'autres visiteurs se rendent sur l'île, et personne n'y a jamais passé l'hiver. La terre la plus reculée de la planète semble donc destinée à rester aussi la plus isolée.

L'ANTARCTIQUE

L'île Bouvet au XXe siècle

L'île Bouvet a eu une longue histoire de découvertes et de redécouvertes, et de chasse au phoque. En 1926 l'office colonial britannique vendit les droits de pêche sur l'île à une compagnie norvégienne, et le 1er décembre 1927 l'expédition antarctique norvégienne Christensen la déclara appartenir à la Norvège. Les membres de l'expédition y construisirent une cabane pour explorer, cartographier l'île et faire des observations océanographiques.

Le 23 janvier 1928, l'île Bouvet fut officiellement annexée par la Norvège, et le 19 novembre 1928 le parlement britannique annonça que son pays renonçait entièrement à cette terre au bénéfice de la Norvège. En 1928-1929 la 2e expédition norvégienne antarctique de Christensen voulut y établir une station météorologique, mais ne put trouver d'endroit convenable pour le faire ; la cabane construite en 1927 avait été détruite par les tempêtes. Une 3e expédition en 1929-1930 réussit à construire une nouvelle cabane et à prendre des vues aériennes de l'île. En 1955 l'équipage d'un navire sud-africain réussit à établir une station météorologique, puis abandonna le projet. Ce n'est qu'en 1978-1979 qu'une petite station fut construite et occupée pendant une dizaine de semaines.

INDEX

Afrique de l'Est 90-91
Afrique du Nord 88-89
Afrique du Sud 114-117
Alaska 122-123
Allemagne 34
Alpes 43, *43*, 49
Alpes néo-zélandaises (glaciers des) 194-195
Amazone (bassin de l') 170-171, *170-171*
amplitude des marées 133
Anak Krakatoa 85, *84-85*
Andes 179
Angleterre 22-23
Antarctique 111, 198-207
arc naturel 153
arc-en-ciel 8, *8*
Argentine 178-179
Argin Shan (réserve d') 76
ascension des météores 50
asphalte (lac d') 164-165, *164-165*
Atacama (désert d') 176-177, *176-177*
Atlantique (océan) 158-159
Atoll d'Aldabra 102-103, *102-103*
Aughrabies (chutes d') 109
aurore boréale 8-9, *9*
Australie 182-191
Autriche 40-41
Axel Heiberg (forêt fossile d') 120-121, *120-121*
Ayers Rock (Uluru) 184-185, *184-185*

bad-lands 49
Baïkal (lac) 56-57, *56-57*
Bandiagara (falaises de) 23
Bangladesh 70-73
banquise 198-199, 201
Banzai Pipeline 163, *163*
Belgique 26-27
Bengale (baie du) 73, *72-73*
Beppu (sources de) 80-81, *80-81*
Bialowieża (forêt de la) 36-37, *36-37*
Botswana 112-113
Bouvet (île) 206-207, *206-207*
Brésil 170-173
Bryce Canyon 49, 143, *143*
Burgess (shistes de) 128-129, *128-129*
Burren 20, *21*
Burton, Richard Francis 87

calottes glaciaires 13, 119
Camargue 30-31, *30-31*
Canada 120-121, 124-133
canal calédonien 16
Carlsbad (grottes de) 154-155, *155*
ceinture de feu du Pacifique 79, 83, 160
Cévennes (parc des) 28-29, *28-29*
Chad (lac) 89
Chaussée des Géants 18-19, *18-19*
Checkerboard (mesa de) 143, *142-143*
cheminées hydrothermales 181
Chili 176-179
Chimney Rock 136
Chine 64-69
chutes d'eau 108-109, 130-131, 140, 166-167, 172-173
Ciutad Encandata 55
colonnes basaltiques 18, 19, *19*
Colorado (plateau du) 152
Colorado (rivière) 145, *145*
Congo voir Zaïre
Coober Pedy 182-183, *182-183*
Cook, capitaine James 162, 186, 198
cyclones 73, 162-163

Danube (delta du) 38-39, *38-39*
Darwin, Charles 174, 179
Déception (île) 204-205, *204-205*
dérive des continents 195
désertification 89
déserts 88-89, 110-111, 148-149, 153, 176-177
Dinosaur National Monument 138-139, *138-139*
Dinosaur Provincial Park 126-127, *126-127*
Dolomites 49, *49*
Douvres (falaises blanches de) 22-23, *22-23*

Écosse 14-17
Égypte 86-87
Eiger 43
Eisriesenwelt 155
El Capitan 140, *141*
Équateur 174-175
Erebus (mont) 202-203, *202-203*
Espagne 52-55
États-Unis 134-157
Etna 45, *45*
Everest (mont) 74, 75, *75*
Everglades 156-157, *157*

Fair (île de) 14-15, *14-15*
falaises (formation des) 23
Fingal (grotte de) 18
Fleuve Jaune (Huanghe) 68-69, *68-69*
flore et faune
- anguille 158-159, *158, 159*
- antilope des marais 113
- artémia 30
- baleine bleue 196-197, *196-197*
- bambou 65
- bison d'Europe 37, *37*
- bouleau (Europe centrale) 36
- caribous (migration des) 124-125, *124-125*
- coco de mer 103, *103*
- cœlacanthe 104, *105*
- coques 24
- crabe des Moluques 134-135, *134-135*
- crocodile du Nil 86, *86*
- *Cyprinodon* (poisson du desert) 149
- flamant 92, *92-93*, 93
- forêt tropicale 170-171, *170-171*
- fourmilier épineux (échnidé) 188, *189*
- fourmis (colonies de) 28
- gorille des montagnes 95, *95*
- grenouille des arbres 169
- jaguar 169
- krill 197
- lamantin de Floride 156, *156*
- lemmings 122-123, *122-123*
- lémurien 107, *107*
- loup de Tasmanie (thylacine) 190
- loutre géante 170
- migrations d'oiseaux 14-15
- migrations de poissons 135, 158-159
- moules 24
- orchidées 29
- ornithorynque 188-189, *188-189*
- palétuvier 70-71, *70*
- panda géant 65, *65*
- papillons 52, *52*
- pélicans 39
- phoque de Baïkal 57, *57*
- phoque gris 25
- pinson de Darwin 174
- plantes carnivores 34
- poissons du lac de soude 93
- prairies 52, *52-53*
- primates 106
- rhinocéros de Java *85*
- rhinocéros noir 99, *99*
- séquoia géant 146, *146, 147*
- singe de Sichuan 64
- tigre du Bengale 71, *71*
- toiles d'araignée 27

failles 79
forêt bavaroise (Bayerischer-Wald) 34-35, *35*
forêt pétrifiée 152-153, *152-153*
forêts fossiles 120-121
fossiles 121, 126-127, 128, 129, 138-139, 152-153

France 28-33
Franz Joseph (glacier) 194-195, *195*
Frasassi (grottes de) 46-47, *46-47*
Fuji (Fuji-san, mont) 78-79, *78-79*
Fundy (baie de) 132-133, *132-133*

Galápagos (îles) 174, 175
geysers 13, 81, 192, 193
glaciers 13, 97, 119, 192, 193, 194-195, 200-201
Göreme (vallée de) 49
gorges 32-33
Grand Canyon 144-145, *144-145*
Grande Barrière 186-187, *187*
grands fjords du Nord 10-11, *10-11*
Great Glen 16-17, *17*
Grèce 50-51
Groenland 13, 118-119, *118-119*
Grossglockner 40, *40-41*
grottes et cavernes 46-47, 67, 154-155
Guilin (monts) 66-67, *66-67*

Hammam-Meskoutine 80
Hautes Fagnes (réserve naturelle des) 26-27
Hawaii (îles) 160-163
Helmcken (chutes de) 130
Herens (val d') 49
Himalaya 74-75, *74-75*
Hohe Tauern 40-41, *40-41*
Hunlen (chutes de) 130

Iguaçu (cataractes Do Oglassi, chutes d') 172-173, *172, 173*
Inde 70-71
Indien (océan) 104-105
Indonésie 82-85
Irlande 20-21
Irlande du Nord 18-19
Islande 12-13
Israël 62-63
Italie 43, 44-49

Japon 78-81
Java 85
Jigoku (sources chaudes de) 81
Jordanie 62-63
Jugurtha (plateau de) 115
Jungfrau (sommet) 43

karst (paysage de) 67
Kauai 162-163, *162-163*
Keli Mutu 82-83, *82-83*
Kenya (mont) 97, *97*
Kenya 92-93
Kilauea 161
Kilimanjaro (mont) 96-97, *96-97*
Kimberley 116-117, *116-117*
Krakatoa 84-85

L'aiguille 23
La Brea (lac d'asphalte) 165
lacs de cratères 82
Lambert (glacier) 200-201, *200-201*
Léna (delta de) 58-59, *58-59*
Livingstone, David 108-109
Loch Ness 17, *16-17*
lœss 69
Lofoi (chutes de) 109

Madagascar 106-107, *106-107*
Makgadikgadi (salins de) 112
Maletsunyane (chutes de) 109
Mammouth (grottes de) 155
marées 132, 133
Mariannes (fosse des) 180-181, *180-181*
marl loughs (eaux mortes) 20
Matterhorn 42-43, *42-43*
mer Morte 62-63, *62-63*
Mernsky (filon de) 116
Mesa Verde (plateau) 115
Meseta 54-55, *54-55*
Meteor Crater 150-151, *150-151*
Météores 50-51, *50-51*
météorites 150-151
Mezada 63
minéraux (dépôts de) 55, 116-117, 177, 182-183
mines de diamant 116-117, *116-117*
Mississipi 73
Mojave (désert de) 148-149, *148-149*
monastères des Météores 51, *51*
mont Blanc 43
monts de la Lune voir Ruwenzori
Monument Valley 137, *137*

Nakuru (lac) 92-93, *93*
Namibie (désert de) 110-111, *110-111*
Namibie 110-111
Natron (lac) 91
Ngorongoro (cratère du) 98-99, *98-99*
Niagara (chutes du) 130-131, *130-131*
Nil 86-87, *87*
Norvège 8-11
Nouvelle-Zélande 192-195

oasis 89
Okavango (delta de l') 112-113, *112, 113*
Ol Doinyo Lengai 91, *91*, 96
Olduvai (gorges d') 91
Olga (Kataguta, mont) 185, *185*
opales 182-183, *182-183*
or 116, 117
Orénoque (plaine inondable et delta) 168-169, *168-169*
Ouganda 94-95
Oust-Lenski (réserve naturelle d') 59

Pacifique (océan) 180-181
Painted Desert 153
Pamukkale 60-61, *60-61*
Parana (fleuve et barrage) 173
Patagonie 179
Pays-Bas 24-25
Pic d'Europe 52-53, *52-53*
pics alpins 43
plateau tibétain 76-77, *76, 77*
plateaux (célèbres) 115
platine 116
Pologne 36-37
Pompéi 44-45
Port Cambelle (parc national de) 23
pyramides de terre 49

Rainbow Bridge 153
Renon (pyramides de terre de) 48-49, *48-49*
République tchèque 34
Réseau Jean-Bernard 67
Rift Valley (de l'est africain) 90-91, *90-91*
Roraima (mont) 115
roseaux (filtres biologiques) 38
Ross (banquise de) 198-199, *198-199*
Ross, James Clark 198, 202
Rotorua 192-193, *192*, 193
rouleaux de la mer Morte *62*
Roumanie 38-39
Russie (fédération de) 56-59
Ruwenzori (monts de la Lune, monts) 94-95, *94-95*

Sahara 88-89, *88-89*
salines 31, 112
Salto Angel (chutes) 166, *166-167*
Salto dos Sete Quedas 173
Sargasses (mer des) 158-159
savane 99
Seychelles 102-103
Shackleton, Ernest 198-201
Shetland du Sud (îles des) 204-205
Sibérie 59
Sichuan (forêt du) 64-65, *64, 65*
Sognefjord 11, *11*
Sonoran (désert de) 148-149
sources géothermales 13, 60-61, 80-81, 192-193
Speke, John Hanning 87
Staffa (île de) 18, *19*
stalactites et stalagmites 47, 67, 155
Stanley (fleuve Congo) 101
Stanley, Henry Morton 87, 101
Suisse 43
Sunderbans 70-71, *70*

Table (mont) 114-115, *114-115*
Tagbaladougou (chutes) 108
Tanganyika (lac) 91
Tannogou (chutes de) 108
Tanzanie 96-99
Tasman (glacier de) 195
Tasmanie 190-191, *190-191*
Terre de Feu 178-179, *178-179*
Tibet 74-77
Tinkisso (chutes de) 108
Torcal de Antequera 55, *54-55*
Tour du Diable 136-137, *136-137*
Trentin-Haut Adige 48
Trinidad 164-165
Tugela (chutes de) 109
turloughs (eaux mortes) 20
Turquie 60-61

Ujung Kulon (parc national d') 85
Uluru voir Ayers Rock

vallée de la Mort 148-149, *148*
Vatnajökull 13
Venezuela 166-169
Verdon (gorges du) 32-33, *32-33*
Vésuve 44-45, *44-45*
Victoria (chutes) 108-109, *108-109*
Vikings 119
Virginia (chutes de) 130
volcans 13, 44-45, 78-79, 80, 82, 83, 84-85, 97, 160-161, 202-203, 204-205

Waddenzee 24-25, *24-25*
Waimangu (Terrasses Roses et Blanches du) 192

Yellowstone (parc national de) 81, 142
Yosemite (parc national de) 140-141, 140-141

Zaïre (fleuve) 100-101, 100-101
Zaïre 100-101
Zambèze (fleuve) 108-109
Zambie 108-109
Zimbabwe 108-109
Zion (canyon de) 143
Zion (parc national de) 142-143
Zugspitze 43

REMERCIEMENTS

The Automobile Association remercie les photographes, les bibliothèques et les associations suivants pour leur aide à la préparation de ce livre.

ARDEA LONDON p. 37 bison d'Europe (J.P. Ferrero), p. 39 pélicans blancs, pp. 54-55 le Torcal de Antequera (J. Mason), p. 55 Serrania de Ronda (J. Mason), p. 57 phoque de Baïkal, p. 59 zibeline (M. Iijima), p. 64 habitat du panda géant (K. & L. Laidler), p. 65 panda géant (K. & L. Laidler), pp. 150-151 Meteor Crater (J. Mason), p. 151 Meteor Crater (F. Gohier), p. 154 chauves-souris (J. Mason), pp. 188-189 ornithorynque (P. Morris), p. 192 Waiotapu "lac de Champagne" (J.P. Ferrero), pp. 202-203 mont Erebus (J.P. Ferrero) ; AA PHOTO LIBRARY pp. 16-17, p. 17 (E. Ellington), pp. 50-51 (R. Surman), p. 63 (P. Aithie) ; BRITSOCK-IFA LTD p. 193 geysers de Rotorua ; BRUCE COLEMAN LTD page de couverture : volcan Kilamea Iki, 4e de couverture : tortue géante, pp 12-13 geyser Strokkur (E. Pott), p. 13 Namaskard (A. Price), pp. 18-19 Chaussée des Géants (J. Murray), p. 19 Staffa (A. G. Potts), p. 20 chêneau des montagnes (J. Murray), p. 21 le Burren (P. Clement), pp. 24-25 oiseaux, le Waddenzee (J. Van de Kam), p. 25 marais salants (J. Van de Kam), pp. 32-33 gorges du Verdon (J. Fry), p. 41 glacier du Pasterze, pp. 42-43 le Matterhorn, (H. Merten), p. 43 les Alpes (H. Reinhard), pp. 48-49 pyramides de terre de Renon (H. Reinhard), p. 61 sources thermales, le Pamukkale (S. Prato), p. 70 Sunderbans Tiger Reserve (G. Cubitt), p. 71 tigre, Kanha Reserve (G. Cubitt), pp. 74-75 sommets de l'himalaya, p. 75 l'Everest et le Nuptse (D. & M. Plage), pp. 78-79, p. 79 mont Fuji, pp. 80-81, p. 81 macaques japonais (F. Bruemmer), pp. 82-83 Keli Mutu, trois lacs cratères (A. Compost), pp. 84-85 Anak Krakatoa (A. Compost), p. 85 rhinocéros de Java (A. Compost), p. 87 crocodile, Kruger NP, p. 89 le Sahara, graines (P. Ward), pp. 90-91 la Rift Valley (C. Fredriksson), p. 97 mont Kenya (M. P. Kahl), p. 103a sternes fées (F. Lanting), 103b coco de mer, Seychelles (H. P. Merten), 104 bateau de pêche (O. Langrand), pp. 106-107 rivière Betsiboka (K. Wothe), 107b lémuriens (C. Zuber), pp. 110-111 désert de Namibie (G. Cubitt), p. 111 scarabée (C. Hughes), p. 112 marais de l'Okavango, p. 113 cobes lechwés rouges, Okavango (P. Davey), pp. 114-115 mont Table (G. Cubitt), p. 115 mont Table et le Lion's Head (G. Cubitt), pp. 116-117 le "Big Hole", Kimberley (G. Cubitt), p. 119 huttes de trappeurs, Myggbukta Bay (O. Langrand), pp. 130-131 chutes du Niagara, p. 131b chutes du Niagara (J. Langsbury), pp. 136-137 Tour du Diable (M. P. L. Fogden), Mitten Rocks, Monument Valley (J. Cowan), p. 139 Dinosaur National Monument (J. Foot Productions), pp. 140-141Yosemite National Park (H. Reinhard), p. 140 Yosemite National Park (K. Gunnar), pp. 142-143 mesa Checkerboard (B. & C. Calhoun), p. 148a vallée de la Mort, Zabrisk Point (B. & C. Calhoun), pp. 148-149 pavots, désert de Mojave (B. & C. Calhoun), pp. 152-153 tronc d'arbre pétrifié, mesa bleue (M. Freeman), pp. 162-163 côte de Na Pali, pp. 170-171 forêt tropicale amazonienne (L. C. Marigo), p. 171 piranha rouge (J. Burton), p. 174 tortue